Regards sur le passé

Wassily Kandinsky

Regards sur le passé et autres textes

1912-1922

Édition établie et présentée par
JEAN-PAUL BOUILLON

COLLECTION SAVOIR 〔山〕 HERMANN

ISBN 2 7056 5758 4

© HERMANN, 1974
293 rue Lecourbe, 75015 Paris

A Elisabeth

Table

Introduction

1912-1922

Dix ans pendant lesquels l'art a connu des mutations plus grandes que pendant des siècles auparavant. Une guerre, une révolution. Des révolutions : celles des idées, des formes, des textes, des sociétés. Période éminemment « critique » de l'art contemporain qu'on ne cesse aujourd'hui, à nouveau, d'interroger. Kandinsky témoin privilégié du front de l'art : des avant-gardes munichoise et berlinoise à la tumultueuse avant-garde moscovite... Au centre, un livre exceptionnel, son deuxième livre qui plonge cette fois dans le temps, la durée, la réalité de la vie, de sa vie et du monde qui l'entoure : *Regards sur le Passé*. Un livre ? Deux livres plutôt, car deux versions posées aux points critiques : Munich et Berlin en 1913, Moscou en 1918, et qui inscrivent dans leurs variantes les variations d'un monde, celles qu'affrontent un même homme, un même art, plus exactement un certain type d'homme, une certaine pratique de l'art. Entre ces deux masques que donnent à un même visage les élans mystiques de *Du spirituel dans l'art* (1910-1912) et l'effort théorique de *Point — Ligne — Plan* (1923-1926) — les deux autres livres de Kandinsky — *Regards* cherche à reprendre contact avec le réel, à travers les difficiles barrières du langage, de l'écriture, du désir. C'est là, au cœur de ces dix ans qu'il faut d'abord chercher Kandinsky, et que nous avons voulu délibérément nous situer. Son ouvrage essentiel donc, dans l'aveu même de ses manques, de ses limites, et pourtant le plus méconnu, le moins étudié, autour duquel gravite comme des constellations le poudroiement des ébauches, des reprises, des répétitions, le laborieux effort des éclaircissements, des justifications, moins tourné vers les autres cependant qu'à la recherche de soi-même, comme dans *Regards* à celle du temps perdu.

Histoire

BERLIN-MUNICH 1913

L'édition allemande de « Regards »

A la fin d'octobre 1913 paraît à Berlin, aux éditions « Der Sturm » (la tempête, l'orage) un album qui porte simplement pour titre *Kandinsky 1901-1913*. A l'intérieur, un poème, une soixantaine de photos de tableaux, et un texte, suivi de trois commentaires de tableaux : c'est *Rückblicke* (Regards sur le passé), et son auteur est le peintre auquel l'album est consacré : Kandinsky.

Qu'est-ce donc que le *Sturm*, et pourquoi cet album ?

Der Sturm, c'est d'abord un homme, le directeur d'une revue, d'une galerie et des éditions qui portent ce nom, une personnalité exceptionnelle dont le rôle en Allemagne a été considérable à cette époque : Herwarth Walden [1].

---

1. « Il y a des contemporains qui prennent le « Sturm » pour une association d'artistes, d'autres pour une association de bolcheviks, d'autres pour un Konzern capitaliste, d'autres pour une escroquerie montée en société anonyme, exploitant à travers l'Europe des artistes pauvres et célèbres, d'autres pour une clique de juifs trahissant la conscience du véritable esprit populaire, d'autres enfin pour un club de danse se donnant le genre artiste (...) Qu'est-ce que le Sturm ? Le Sturm, c'est Herwarth Walden » (Lothar Schreyer, dans H. Walden, *Einblick in die Kunst*, Berlin, 1924, p. 168, cité par Michel Hoog dans *Histoire de l'Art*, Encyclopédie de la Pléiade, t. 4, Paris, 1969, p. 586); il faut toutefois tenir compte, pour expliquer les termes de ce jugement, du lieu et de la date à laquelle il a été écrit (le Berlin des années 20) et de l'évolution ultérieure de Walden (cf. n. 4).

Walden, de son vrai nom Georg Lewin [2] était né à Berlin en 1878 : musicien, écrivain, poète (il était marié à la poétesse expressionniste Else Lasker-Schüler [3]), il avait, dès 1903, animé un mouvement artistique berlinois, l'*Union pour l'Art*, auquel avaient participé des personnalités artistiques aussi importantes que Frank Wedekind, Richard Dehmel, Alfred Mombert, Van de Velde, Alfred Döblin. En 1908-1909, il éditait plusieurs revues éphémères qui l'amenèrent à entrer en relation avec Julius Meier-Graefe, Heinrich Mann, Max Brod... En mars 1910 enfin, il lançait la revue *Der Sturm* qui devait jouer bientôt un rôle de premier plan dans la vie artistique allemande [4].

A cette date, en effet, la capitale commence à supplanter Munich sur le plan culturel et artistique : une centaine de journaux, soixante théâtres, des galeries actives (comme celle de Paul Cassirer, qui vient de quitter la trop conservatrice *Sécession* pour protéger le jeune Kokoschka), des clubs, comme ce cabaret néopathétique, où l'on joue la musique de Walden précisément à côté de celle de Schönberg, animent une vie intellectuelle intense; les principaux représentants de l'avant-garde convergent maintenant vers Berlin : les peintres de *Die*

---

2. Cf. Nell Walden; *Herwarth Walden*, Mayence, 1963. Voir aussi les livres de Walden lui-même : *Expressionismus : Die Kunstwende*, 1918, *Die neue Malerei*, 1919, *Einblick in die Kunst*, 1924, tous aux éditions *Der Sturm* à Berlin.
3. Sa rupture avec elle, en 1911-1912 précisément, dépasse le simple événement de caractère privé : elle marque la séparation entre l'expressionnisme « humain » de *Die Brücke* ou de Kokoschka et l'expressionnisme « abstrait » d'un Lothar Schreyer ou d'un August Stramm, que Kandinsky pouvait aussi passer pour représenter (Cf. Camille Demange, *Les œuvres dramatiques en Allemagne et en Autriche*, dans *L'Année 1913*, Paris 1971, pp. 732-733). En 1912, E. Lasker-Schüler fut liée à Gottfried Benn à qui elle dédia un cycle de poèmes (Cf. J. C. Lombard, *G. Benn*, Paris, 1965, p. 25, qui la juge « l'une des apparitions les plus curieuses de la vie berlinoise avant la guerre de 1914 »). Walden épouse alors la musicienne Nelly Roslund.
4. La revue *Der Sturm* parut jusqu'en 1932, et après la guerre Walden continua d'organiser des expositions et de s'intéresser aux nouvelles avant-gardes : le Constructivisme, Schwitters, Eisenstein... Un engagement politique de plus en plus marqué et son ralliement au communisme après 1919 devait aboutir à l'arrêt de ses activités en 1933 : il se réfugia alors en URSS, où il disparut en 1941.

Brücke quittent Dresde pour s'y installer en 1911, Schönberg abandonne Vienne pour Berlin-Zehlendorf pendant l'été 1911.

Au milieu de cette agitation, *Der Sturm*, qui n'est pourtant pas la seule revue d'avant garde [5], est rapidement appelé à occuper une place centrale, en raison surtout de la personnalité de son directeur qui s'intéresse à tout ce qui est novateur, en Allemagne comme à l'étranger. A cet égard, la liste des collaborations qu'il s'assure et des expositions qu'il organise sans discontinuer est impressionnante; au point qu'il est permis de se demander s'il existe alors un autre centre en Europe où toutes les tendances contemporaines soient aussi bien représentées [6]. Parmi les auteurs publiés, et dans le seul domaine des arts plastiques : Apollinaire, Hans Arp, Boccioni, David Bourliouk, Cendrars, Delaunay, Fernand Léger, Franz Marc, Marinetti, et comme on le sait déjà, Kandinsky. La plupart du temps, il s'agit d'inédits, même pour les auteurs étrangers : c'est le cas, par exemple, de la célèbre polémique entre Boccioni et Delaunay en décembre 1913 et janvier 1914, ou, plus révélateur encore, du texte de Delaunay sur la lumière, publié dans une traduction de Paul Klee, en février 1913 [7]. Tout ceci s'accompagne dans la revue, de la publication de

5. Cf. pour les revues littéraires, Fritz Schlawe, *Literarische Zeitschriften*, 2e partie 1910-1933, Stuttgart, 1962, et le répertoire de Paul Raabe : *Die Zeitschriften und Sammlungen des literarischen Expressionismus*, Stuttgart 1964, ainsi que l'aperçu de André Banuls, *Présentation des revues littéraires de langue allemande en 1913* dans *L'Année 1913*, Paris, 1971, pp. 951-958 (sans que ce soit suffisamment signalé ici, plusieurs de ces revues font une large part aux arts plastiques). La seule qui aurait pu rivaliser avec *Der Sturm* est *Die Aktion*, dirigé par Franz Pfemfert (qui en septembre 1916 par exemple publia le premier ensemble de textes importants sur le peintre Egon Schiele).
6. Cf. Nell Walden et Lothar Schreyer, *Der Sturm : ein Erinnerungsbuch an Herwarth Walden und die Künstler aus dem Sturm-Kreis*, Baden-Baden, 1954. *Der Sturm* a été réédité en 1970 par Klaus Reprint, Lichtenstein. Un aperçu très rapide et très fragmentaire a été donné, pour l'année 1913, par Franck Popper, *Der Sturm et Die Aktion* dans *L'année 1913*, Paris 1971 pp. 975-978.
7. Boccioni : *Simultanéité futuriste* (n° 190-191, décembre 1913), réponse de Delaunay dans le n° 194-195 (janvier 1914); la polémique portait sur la priorité de la « simultanéité » en peinture et en sculpture. *La lumière*, article

gravures et de dessins où l'on retrouve les noms de Boccioni, Kirchner, Kokoschka, Franz Marc, Picasso et Kandinsky... mais aussi d'autres, aujourd'hui moins connus, qui soutiennent souvent la comparaison, dans ces œuvres, avec les précédents : Hans Bolz, Arthur Segal, Wilhelm Morgner... Quant aux expositions, elles voient se succéder sans interruption les diverses avant-gardes allemandes, les futuristes italiens ou encore ceux qu'il est caractéristique de voir appeler ici « les expressionnistes français » : Braque, Derain, Friesz, Herbin, Marie Laurencin, Vlaminck [8]...

Il est d'autant plus révélateur, dans ces conditions de voir Kandinsky et le groupe du *Blaue Reiter*, dont il est le principal animateur, occuper une place centrale dans les activités de Walden. C'est ce tout jeune mouvement, fondé à la fin de 1911, qu'il choisit pour l'inauguration de sa galerie, en mars 1912, en faisant venir et en complétant la deuxième exposition du groupe, qui venait de se tenir à Munich en février. A la fin de la même année, c'est lui qui organise la première rétrospective entièrement consacrée à Kandinsky, reprise ensuite seulement par le libraire Goltz à Munich : elle marque le véritable début de la carrière du peintre [9].

de Delaunay écrit pendant l'été 1912 et publié dans le n°144-145 (février 1913). Le mois précédent *Der Sturm* avait publié un autre texte inédit d'Apollinaire, relatif à Delaunay, *Réalité, peinture pure* (n° 138-139, décembre 1912). C'est l'occasion de rappeler à nouveau l'importance des rapports de Kandinsky et de Delaunay, sur le plan aussi des écrits « théoriques » : la question a été posée par P. Francastel, dans son édition des papiers inédits de Delaunay, *Du cubisme à l'art abstrait*, Paris, 1957, où l'on trouvera quelques indications sur la publication de ces textes ainsi que la traduction d'un autre article d'Apollinaire, paru dans *Der Sturm*, n° 148-149 (février 1913) : *La peinture moderne* (pp. 162-166).

8. En août 1912. Les expositions avaient lieu dans les locaux de la Königin Augustastrasse, puis, après juillet 1913, dans la Postdamerstrasse. On y voyait également les noms de Chagall, Delaunay, Gleizes, Léger, Matisse, Picasso... On peut aussi remarquer la présence de mouvements moins connus en dehors de leur pays d'origine comme le groupe tchèque Skupina, en octobre 1913.

9. L'exposition est annoncée sous le titre « Wassily Kandinsky, première exposition collective avec des peintures de 1901 à 1912 », dans le numéro 132

Kandinsky bénéficie évidemment de l'appui total de la revue, et Walden rivalise désormais avec son précédent éditeur à Munich, Reinhard Piper, qui de son côté réédite deux fois *Du spirituel dans l'art*, en 1912, et fait encore paraître l'*Almanach du cavalier bleu*, en mai, puis les poésies de Kandinsky, *Klänge* (Sonorités), en 1913 [10]. En 1912-1913, c'est le nom de ce dernier qui revient le plus souvent dans *Der Sturm* et y occupe la place la plus importante : en avril 1912, c'est *Langage des formes et des couleurs*, chapitre extrait de *Du spirituel* qui venait de paraître à Munich, en octobre *De la compréhension de l'art*, en septembre 1913, *La peinture en tant qu'art pur*. A quoi il faut ajouter les publications de dessins et les textes critiques consacrés au peintre : dessin en octobre 1912 par exemple, puis fréquemment dans les mois suivants, court article de Walden lui-même en octobre encore, puis étude de Rudolf Leonhard en novembre, et pour couronner le tout, enfin, l' « affaire Kandinsky », qui éclate en mars 1913, et sur laquelle nous reviendrons plus loin, mobilisant pendant plusieurs numéros le journal autour de la défense du peintre, avec la publication de pétition, lettres de soutien, commentaires : elle assure à Kandinsky une célébrité qu'il n'avait pas encore connue [11].

de *Der Sturm* (octobre 1912) où Herwarth Walden publie aussi une courte étude sur le peintre. Elle avait ouvert le 2 octobre. Sur le libraire et marchand Hans Goltz, qui avait accueilli la deuxième exposition du *Blaue Reiter*, en février 1912, Cf. le *Journal* de Paul Klee, trad. fr., Paris, 1959, p. 254 : « Ce marchand fut le premier à risquer et exposer à sa devanture de la peinture cubiste... ». Cf. aussi Grohmann, *Kandinsky*, trad. fr. Paris, 1958 (que nous citerons ensuite sous la seule mention « Grohmann 1958 »), p. 69. Ce premier catalogue d'exposition personnelle comportait une notice autobiographique qui anticipe sur le texte de *Regards* et qu'on trouvera citée ici note 34 p. 248.
10. Le catalogue de l'éditeur donne 1912 comme année de publication (Grohmann 1958, p. 100).
11. L'affaire Kandinsky occupe trois numéros successifs de mars : n° 150-151, 152-153 et 154-155. Voici les autres références : *Langage des formes et des couleurs*, n° 106, pp. 11 à 13 ; *De la compréhension de l'art* n° 129, pp. 147-148 ; *La peinture en tant qu'art pur*, n° 178-179, pp. 98-99 ; article de Walden, n° 132, p. 182 ; étude de Rudolf Leonhard, n° 134-135, pp. 204-205.

La publication de *Regards* apparaît ainsi comme la troisième étape d'une politique systématique de soutien et de défense de Kandinsky par Walden : après l'exposition de la fin de 1912, les divers articles et la polémique du printemps de 1913, on en arrive logiquement à la publication d'un *Album*, qui sera une sorte de pendant à *Du spirituel*, publié à Munich par Piper presque deux ans plus tôt. Cet album est annoncé dans *Der Sturm* en octobre 1913, c'est à dire au moment même où Walden organise une exposition qui sera l'un des sommets de sa carrière, le premier Salon d'automne allemand (Deutscher Herbstsalon), qui est sans doute la plus importante manifestation consacrée en Allemagne à la jeune peinture contemporaine : près de 400 peintures et sculptures, une centaine d'artistes (dont Kandinsky bien entendu). Dans le même numéro où un certain Fritz Stahl écrit que « Kandinsky ist ein Genie der Farbe » (est un génie de la couleur) on annonce la parution pour fin octobre d'une monographie avec 60 planches en pleine page, sous un titre lapidaire qui reprend intentionnellement certainement celui de l'exposition de 1912 : *Kandinsky 1901-1913* [12]. Il s'agit donc d'un complément, du couronnement du travail d'information et de présentation accompli par Walden depuis deux ans. Il est caractéristique que l'accent ne soit pas mis d'abord sur le texte autobiographique important que contient le volume, mais sur la source documentaire qu'il constitue, et qui est bien l'œuvre des éditions *Der Sturm*. Ce n'est que tardivement, en 1915, que le livre sera présenté en premier lieu comme une œuvre personnelle du peintre [13]. Au même

---

12. N° 182-183, p. 120 : « A paraître fin octobre : Kandinsky 1901-1913, monographie avec soixante reproductions en pleine page, 10 marks, édition *Der Sturm* ».
13. En décembre 1913 (n° 188-189) l'annonce est légèrement modifiée « ... reproductions en pleine page et texte de Kandinsky... ». Enfin, en septembre 1915 (n° 11-12) : « Album Kandinsky, Écrit de l'artiste sur lui-même avec soixante reproductions en pleine page de ses œuvres de 1901 à 1913 ». L'annonce du livre disparaît en août 1916 au moment où est annoncée la 44e exposition de *Der Sturm*, consacrée précisément à Kandinsky, et la publication de la première « carte héliographique » (lichtbildkarte) consacrée à son œuvre. Pour la présentation de l'Album de 1913 et la liste des reproductions, cf. la première partie de la section bibliographique, pp. 298-299.

moment d'ailleurs Walden ajoute à la collection de cartes postales qu'offraient ses bureaux la *Composition 6* de Kandinsky, dont c'est la première œuvre reproduite ainsi, après celles de Franz Marc, Delaunay, Kokoschka, et même des futuristes italiens : le choix n'est pas indifférent, il correspond au commentaire de ce tableau qui va paraître dans l'*Album* à la fin d'octobre [14].

La publication de *Regards*, c'est donc avant tout Walden, *Der Sturm*, une certaine situation de l'art moderne à Berlin dans les années 1912-1913 : que cette conjoncture favorable corresponde précisément au « moment critique » de l'évolution « intérieure » de Kandinsky résulte donc moins du jeu des coïncidences que cela ne doit amener à s'interroger sur les rapports étroits qui existent entre l'évolution d'une « manière », l'approfondissement de « réflexions » apparemment toutes personnelles, et les conditions, cette fois tout extérieures, de leur manifestation publique.

1912-1913 est en effet, on le sait, l'un des moments clefs de l'évolution de Kandinsky, à la fois pour la situation sociale du peintre et pour l'orientation désormais résolue de sa peinture dans la voie de « l'abstraction », et les deux séries de phénomènes ne peuvent être séparés. Publié à Munich au début de 1912 *Du spirituel dans l'art* ne rend pas compte, en fait, de ce tournant décisif. Le texte est ancien, il constitue la somme des réflexions antérieures, comme Kandinsky l'indique dans ses deux préfaces successives, et le rappelle à nouveau dans *Regards* [15]. Malgré l'importance de l'ouvrage et sa célébrité, il est

14. Les éditions *Der Sturm* publiaient déjà des estampes de Kandinsky à 30 marks l'exemplaire, les cartes postales étaient vendues 20 pfennigs.
15. « Les idées que je développe ici sont le résultat d'observations et d'expériences intérieures accumulées peu à peu au cours des cinq ou six dernières années » (préface de la première édition). « Ce petit livre a été écrit en 1910. Avant que la première édition parût (janvier 1912), j'y ai introduit le résultat des expériences que j'avais faites entretemps » (préface de la seconde édition). Mais *Regards* apporte des précisions importantes : « Ces expériences serviront ensuite de point de départ aux idées dont je pris conscience voici dix ou douze ans et qui commencèrent alors à s'assembler pour aboutir au livre *Du spirituel dans l'art*. Ce livre s'est fait de lui-même plutôt que je ne l'ai écrit... » etc... (p. 116, cf. aussi p. 129).

facile de voir qu'il n'est guère tourné vers l'avenir, qu'il ne rend qu'assez mal compte de la peinture de Kandinsky à la date où il paraît[16], ce que seules les conditions de sa rédaction et de sa publication, qu'on passe trop souvent sous silence, peuvent expliquer[17]. En quelque sorte « regard sur le passé » qui n'a pas conscience de lui-même, il lui manque le recul critique qu'apportera précisément *Rückblicke*, dont le titre trouve ici toute sa force et sa justification[18].

S'il y a un moment critique dans la réflexion théorique comme dans l'œuvre de Kandinsky, ce n'est pas au moment de la parution (et encore moins de la rédaction) de *Du spirituel* (début 1912), mais au moment de celle de *Regards*, fin 1913 : Kandinsky se détache maintenant du groupe social du *Blaue Reiter* (la publication d'un second Almanach, un moment envisagée, n'aboutit pas)[19], et en même temps des dernières traces de la figuration. Que ces deux faits soient étroitement liés, c'est ce que *Regards* démontre à l'évidence; les circonstances de sa publication l'expliquent pour une part, la situation de la peinture de Kandinsky dans l'Allemagne de 1912-1913 pour l'autre.

16. Voir par exemple à la fin du chapitre VII, l'évocation des « dangers » de « l'emploi entièrement abstrait, totalement émancipé, de la couleur dans une forme " géométrique " », au-delà duquel encore on trouve « l'abstraction pure (c'est-à-dire une abstraction plus poussée encore que celle des formes géométriques) ».
17. Kandinsky chercha vainement un éditeur, comme il le laisse entendre pour la première fois dans une note de *Regards* : « *Du spirituel* une fois terminé resta quelques années dans mon tiroir. Les possibilités de publier le « Cavalier bleu » n'avaient pas abouti. Franz Marc aplanit les difficultés pratiques pour le premier livre... » (p. 130).
18. On remarquera précisément que *Regards* commence par revenir à plusieurs reprises et avec insistance sur le livre précédent : *Du spirituel* (cf. les notes précédentes).
19. Cf. Klaus Lankheit, *Die Geschichte des Almanachs*, dans la réédition de l'Almanach, Munich, Piper, 1965, en particulier pp. 276-284.

Kandinsky dans l'Allemagne de 1912-1913

On hésite souvent à définir la situation réelle de la vie artistique à Munich pendant les dix premières années du siècle : les uns insistent sur ses aspects retardataires, sur la découverte tardive qu'on y fait des autres avant-gardes européennes, sur le poids de la tradition et d'un certain « goût » ou « mauvais goût » typiquement local. D'autres au contraire soulignent l'animation de cette vie artistique, son originalité, son intensité par rapport à celle des autres villes d'Allemagne, avant que Berlin ne supplante peu à peu Munich sur ce terrain. C'est ce que constate Kandinsky à son arrivée en 1896 : « ... je me sentais dans une ville d'art, ce qui était pour moi comme une ville de contes de fées »[20], et les allusions qu'il fait à la vie animée du quartier des artistes, Schwabing, vont dans ce sens[21]. Son témoignage recoupe sur ce point celui de G. Münter, qui arrive à Munich en 1901 et constate « une grande période de renouveau artistique »[22]; et Kirchner ne découvre-t-il pas l'existence de la peinture d'avant-garde lors d'un voyage à Munich[23] en 1903 ?

Tout est relatif cependant, et c'est la nature même de cette vie artistique, en effet intense et soutenue par plusieurs revues et galeries, qui doit être étudiée. Ce qui domine alors en Allemagne, ce sont les « Sécessions », celle de Munich et celle de Berlin, c'est-à-dire des mouvements constitués l'un en 1892, l'autre peu après, en réaction contre les tendances académiques du XIXe. Leur point d'appui, c'est la pein-

20. *Regards*, p. 90.
21. Cf. son important témoignage *Der Blaue Reiter : Rückblick* dans *Das Kunstblatt*, nº 14, février 1930, pp. 57-60, reproduit à nouveau dans H. K. Röthel, *Der Blaue Reiter*, Munich, 1966, pp. 138-142, et traduit ici, pour ce qui concerne Schwabing, p. 262, note 56. Cf. aussi note 12, p. 241.
22. G. Münter, *Bekenntnisse und Erinnerungen Menschenbilder in Zeichnungen*, Berlin 1952, cité par Franck Whitford, *Some notes on Kandinsky's development towards non figurative art*, dans *Studio*, tome 173, 1967, p. 17, note 12.
23. Cf. Bernard Myers, *Les expressionnistes allemands, une génération en révolte*, 1957, tr. fr., Paris 1967, p. 99, livre auquel on pourra se reporter, en français, pour la description de tout l'arrière-plan artistique en Allemagne (bibliographie très complète) et M. Hoog, op. cit., p. 584.

ture française, de Manet à Van Gogh, en passant bien entendu par les Impressionnistes qui donnent leur nom aux « Impressionnistes » allemands, actifs trente ans plus tard, environ, après les débuts des premiers : Liebermann, Corinth, Slevogt [24]. Ces dix ou quinze années d'avant-garde que côtoie Kandinsky (1896-1910) sont donc celles d'une avant-garde décalée par rapport aux autres centres de la peinture européenne, et en particulier à Paris. On expose beaucoup, on découvre aussi beaucoup, mais dans un ordre quelque peu surprenant, en pratiquant des amalgames étranges auxquels peut s'appliquer encore ce que le critique Julius Meier-Graefe écrivait des années 1890 : « Ce que nous avions dans la tête en 1890 ressemblait à un quai provisoire de chemin de fer en temps de guerre. Notre réseau de communications mentales était coupé, tronçonné à un point qu'on ne peut plus guère concevoir (...) J'ai connu Bonnard avant de connaître Manet, Manet avant de connaître Delacroix. Cet état de confusion explique beaucoup d'erreurs que notre génération connut par la suite [25]... » Cette avant-garde « de transition » ne pouvait résister à l'accélération du mouvement artistique autour de 1910 : elle devait céder sous les coups de personnalités plus éclairées comme le marchand Paul Cassirer ou le directeur du musée de Berlin von Tschudi qui, fait significatif, avaient été l'un et l'autre parmi les soutiens les plus actifs de la Sécession. Elle devait céder aussi sous les coups des artistes eux-mêmes, et en premier lieu de Kandinsky.

A Berlin, la création d'une « Nouvelle sécession » intervint en 1910, quand « l'ancienne » afficha comme porte-drapeau l'*Exécution de l'empereur Maximilien* de Manet (peinte en 1867 !) tout en refusant les œuvres de 27 jeunes artistes [26]. Paul Cassirer a quitté la Sécession en 1909 et ouvre maintenant sa galerie à Kokoschka, dont c'est la première exposition personnelle.

---

24. Sur Slevogt et l'impressionnisme allemand, cf. notre compte rendu de l'importante rétrospective Slevogt, Bâle, 1968, dans *Revue de l'Art*, n° 5, 1969, pp. 96-97 (avec bibliographie).
25. Cité dans John Willet, *L'Expressionnisme dans les arts*, tr. fr., Paris, 1970, p. 12.
26. B. Myers, op. cit., p. 37.

A Munich, la situation n'est pas différente : la Sécession expose Cézanne, Gauguin, Van Gogh, et même quand ils ne connaissent ses tableaux que par les reproductions c'est l'œuvre de ce dernier (mort en 1890) qui passionne les jeunes artistes [27] : fait hautement significatif d'un retard qui est moins celui des moyens de connaissance et de l'information, que des « modes de pensée ». C'est cette cohésion d'un système qui fonctionne admirablement mais dans d'étroites limites, d'un système « bloqué » par la vitalité même qu'il met à sa reproduction, que va contribuer à faire éclater l'introduction d'un élément « étranger » : Kandinsky.

De la vie de Kandinsky jusqu'à son arrivée à Munich en 1896, nous ne savons à peu près rien d'autre que ce qu'il a écrit lui-même dans *Regards*. Et c'est l'occasion de souligner ce qu'est aussi, en premier lieu, ce texte : un document fondamental, que la plupart des ouvrages biographiques sur le peintre s'essoufflent à paraphraser. Ce qui sévit plus particulièrement à Munich pendant son séjour, c'est la *Scholle* (la glèbe), un groupe fondé en 1899 et qui supplante ici les meilleurs représentants de la *Sécession* (Liebermann, Corinth, Slevogt dominent surtout à Berlin) : les Erler, Putz, Münzer, Feldbauer... A côté d'eux les maîtres du Jugendstil, regroupés autour de la revue *Jugend* fondée en 1896, et qui se rattachent étroitement aux courants de l'Art nouveau international apportent un semblant de liberté. Enfin quelques puissantes individualités, au premier rang desquels Franz von Stuck, dont Kandinsky va suivre les cours : de son palais dominant l'Isar, encensé, adulé, il domine avec beaucoup de panache la vie artistique munichoise qui vit au rythme de l'incroyable assemblage de ses mythologies lourdement humoristiques ou de ses scènes religieuses théâtralement pathétiques [28]. Cette vie artistique, il faut le souligner, se maintient dans ses grandes lignes jusqu'à la guerre, avec un conservatisme nettement supérieur à celui des milieux berlinois. Klee en donne un bon aperçu dans son *Journal* : s'il réussit à faire passer quelques gravures à la Sécession de 1906 c'est en se présentant comme élève

27. *Ibid.*, p. 93.
28. Cf. *Regards*, p. 121 et note 94, p. 272.

de Stuck [29]; ce qu'il a l'occasion d'admirer à Munich avant de rencontrer Kandinsky, c'est Manet, Monet, Courbet en 1907 chez Heinemann, Hans von Marées puis Cézanne à la Sécession de 1909... Mais Brakl, propriétaire d'une importante galerie refuse en 1910 d'exposer ses gravures et lui répond significativement : « Dans ces compositions... réside de l'extraordinairement insolite, et c'est pourquoi je commettrais un péché d'exposer ces planches chez moi où l'on recherche généralement des tableaux et spécialement les œuvres de l'honorable association des artistes « Scholle », et où l'on ne s'intéresse guère aux artistes graphiques de la tendance la plus moderne [30]... »

Prenons un dernier exemple : 1912, l'année où Kandinsky fait paraître *Du spirituel dans l'art*, qui est réédité deux fois, l'exposition d'hiver de la Sécession présente Vladimir Hofmann ou Otto Friedrich, qui représentent des formes très attardées du Jugendstill, celle du printemps Julius Seyler ou Walter Klemm et le sculpteur français Dalou, mort en 1902, celle d'été Toni Stadler, Leo Samberger, Oskar Graf, Rudolf Nissl, celle du Palais de Verre (Glaspalast), Franz Simm, Otto Strützel, Julius Exter... A l'exception de Dalou, bien entendu, aucun de ces noms n'a été retenu par l'histoire : or ce sont les principaux, ceux qui tiennent la vedette dans les grandes manifestations artistiques de Munich. Quant aux revues elles ne comblent nullement les lacunes évidentes que l'on constate ici, et la situation est beaucoup moins favorable qu'à Berlin : *Die Kunst*, l'une des plus importantes, qui se proclame fièrement « pour l'art libre et engagé », consacre ses principaux articles à Zuloaga, Hodler, Gustav Klimt, tous artistes importants mais qui à cette date ne sont plus précisément modernes [31]...

29. P. Klee, *Journal*, tr. fr. P. Klossowski, Paris, 1959, p. 213.
30. *Ibid.*, p. 248.
31. *Die Kunst, Monathefte für freie und angewandte Kunst*, Munich, F. Bruckmann A. G. Voici la liste des principaux articles pour l'année 1912 : Hodler, Zuloaga, A. Brömse, F. Schmutzer, Otto Greiner, Chahine, Ingres, K. Stauffer-Bern, Klimt, Anglada Y Camorosa, F. Brangwyn, J. Maris, Albert Besnard, Dalou, B. Koustodiev. On remarquera que Brangwyn et Hodler sont cités dans *Du Spirituel :* en dehors même de l'intérêt personnel que pouvait leur porter Kandinsky, on peut y voir la marque de la place importante qu'occupaient ces artistes dans la vie artistique munichoise.

un russe, mais c'est Boris Koustodiev, et Kandinsky, qui s'est pourtant signalé à l'attention par deux publications importantes et plusieurs expositions, n'a droit qu'à quelques mentions rapides et réservées [32].

Dans cette atmosphère quelque peu étouffante du « commerce d'art », Kandinsky a apporté des éléments qui lui étaient bien étrangers et qui réussiront finalement, non sans mal, à faire éclater le système : une culture toute différente, une formation, un éclectisme beaucoup plus ouverts, une religiosité aussi et une mystique de l'art qu'on a trop souvent le tort de juger en elles-mêmes et qui, *ici*, vont se révéler d'une singulière efficacité contre le matérialisme cossu et satisfait d'un von Stuck. Dès son arrivée et pendant que Klee, qui vient à Munich en 1898, lutte dans l'isolement avec ses obsessions personnelles, Kandinsky affirme sa volonté de refus et de résistance; le groupe *Phalanx* qu'il fonde en 1901 est un échec : il faut le dissoudre en 1904, mais il a exposé Monet et Pissarro, puis les néo-impressionnistes [33]; on l'a purement et simplement ignoré.

Mais alors pourquoi Munich et non Paris ? *Regards* donne la réponse : une « ville de conte de fées », comme est aussi Rothenburg, et en général l'Allemagne du Sud. De quoi rêver, retrouver en soi non seulement l'atmosphère de légende de la petite enfance, en Russie, mais aussi, à l'écart du « mouvement », la source des forces d'opposition et de renouveau. Cet élément psychologique est déterminant : Kandinsky le dit clairement dans *Regards*. Et il faut bien constater qu'il ne supportera pas de prolonger son séjour près de Paris, à Sèvres, en 1907. Malgré l'échec de *Phalanx*, c'est à Munich que Kandinsky revient se fixer en 1908, après avoir voyagé dans toute l'Europe. « Kandinsky a l'intention de rassembler une nouvelle communauté d'artistes. A le rencontrer personnellement, je me suis pris d'une sympathie plus

---

32. Ce n'est pas une coïncidence si l'auteur de l'article sur Koustodiev, P. Ettinger, adressa ultérieurement de sévères critiques à Kandinsky lors de la publication de *Regards* en Russie. Pour ce texte, ainsi que pour un bref panorama de la critique allemande et russe à l'égard de Kandinsky de 1912 à 1918, cf. note 61, p. 264.
33. Grohmann 1958, p. 36, auquel nous renvoyons plus généralement pour tout le récit biographique.

profonde pour lui. C'est quelqu'un, une tête exceptionnellement belle, et lucide (...) Au cours de l'hiver je m'associai à son groupe du Cavalier bleu » note Klee dans son *Journal* [34]. Ainsi commence l'histoire du *Blaue Reiter* dont ce n'est pas le lieu de rapporter ici les différents épisodes [35]. Un petit groupe a été constitué. Kandinsky a trouvé quelques appuis : la galerie Thannhauser pour l'exposition de 1911, celle du libraire Goltz pour la seconde, en février 1912. A la fin de 1911 enfin, Reinhard Piper accepte d'éditer *Du spirituel dans l'art*. Les années 1911-1912 sont ainsi celles, non plus du recueillement, mais d'un combat ouvert, et difficile, pour la défense d'une certaine pratique de l'art, qui s'appuie désormais sur une idéologie précise, dont on dira un mot plus loin, et pour lequel il faut *maintenant* des armes théoriques. D'où la décision de rédiger et d'achever enfin *Du spirituel* ainsi que la poussière d'articles qui le précèdent et le suivent.

Comme on l'a déjà indiqué en effet, ce premier ouvrage résulte de notes prises bien antérieurement : en tant que livre publié, en tant que manifeste théorique il répond avant tout aux impératifs d'une situation extérieure beaucoup plus qu'à ceux d'une « nécessité intérieure »; c'est dire que l'idéologie sous-jacente à toute pratique y trouve cette fois une expression théorique *déterminée* par les conditions de cette pratique, et non constituée « théologiquement », *ex nihilo*. Ainsi s'explique en particulier le préambule « mystique » qu'on a le tort trop souvent d'analyser pour lui-même, ou en lui cherchant des « sources d'influence » de même nature, que l'on n'en finit pas alors d'énumérer [36].

Regards va répondre à une situation différente. L'une des raisons d'être manifeste du livre est en effet clairement indiquée en son centre même : il s'agit de répondre aux critiques, auxquelles, malgré

34. *Journal*, p. 251.
35. Grohmann 1958, pp. 62-80.
36. Sur ce point les auteurs postérieurs n'ont généralement fait que rajouter des notes à Grohmann (et à Kandinsky lui-même !) qui cite déjà Maeterlinck, Bergson, Fichte, Schelling, Tolstoï, Leskov, Steiner, Annie Besant, la secte Zen, Weizsäcker, Worringer, Fiedler, Wölfflin, etc... (p. 83 sq.) : le côté dérisoire de ces énumérations fait ressortir plus nettement, chez la plupart des critiques, l'absence de toute véritable problématique (et les faiblesses méthodologiques).

ses affirmations, on aurait tort de croire Kandinsky indifférent[37]. Jamais la critique allemande n'a été plus violente dans son hostilité que pendant les mois qui précèdent la rédaction de *Regards*, ce qui par ailleurs explique peut-être, pour une part, l'abandon du projet d'un deuxième Almanach du Cavalier bleu[38].

Inversement, Kandinsky n'a jamais été autant exposé que pendant l'année 1912 : Munich, Berlin, Cologne, Zurich, Francfort, Moscou et Paris, à quoi s'ajoutent pour la première fois, en 1913, Amsterdam et New York, ce qui suscite de nouvelles polémiques[39]. Après la publication de *Du spirituel* et la deuxième exposition du *Cavalier bleu*, le combat change donc légèrement de signification : Kandinsky est apparu comme un chef de file, c'est lui que visent plus particulièrement les attaques. Elles culminent au début de 1913 avec un article très violent et injurieux dans un journal de Hambourg[40]. A cette date Walden, comme nous l'avons vu, soutient fermement Kandinsky, dont il a fait un des chevaux de bataille de sa galerie, de sa revue et de ses éditions. Il s'ensuit une vigoureuse campagne de défense de Kandinsky, qui se situe immédiatement *sur le plan européen* et rassemble des personnalités aussi différentes qu'Apollinaire et Marinetti, Richard Dehmel et Blaise Cendrars, Fernand Léger et Arnold Schönberg, un directeur du musée d'Amsterdam et un professeur de Saint-Pétersbourg... On ne saurait sous-estimer l'importance de cette « affaire Kandinsky » qu'Herwarth Walden mène avec beaucoup d'habileté, pour la plus grande gloire et le plus grand bénéfice des éditions *Der Sturm*[41]...

37. *Regards*, p. 106. L'insistance de Kandinsky à parler du « sang-froid avec lequel les artistes sensés accueillent les articles les plus féroces à leur sujet », le fait qu'il revienne longuement sur ce point dans un important ajout de la version russe, démontre, *a contrario*, son extrême sensibilité — plus ou moins consciente — sur ce sujet.
38. Cf. K. Lankheit, *Die Geschichte des Almanachs*, op. cit., p. 280.
39. Cf. les textes cités à la note 61, p. 264.
40. *Ibid.*
41. Il faut citer ici le portrait que Paul Klee trace de Walden dans son *Journal*, à la fin de 1912 « ... on pouvait observer le petit Herwarth Walden en train d'accrocher les futuristes (italiens) dans la galerie Thannhauser. Ne semble vivre que de cigarettes, ordonne, se démène comme un stratège. Sans doute

Tout ce que nous savons de Kandinsky incline à penser qu'il a dû être extrêmement sensible à cette polémique; il est permis d'y voir une des causes essentielles de la rédaction de *Regards*, qui constitue une sorte de justification en même temps qu'une tentative d'explication [42] : renonçant aux *a priori* théoriques et aux généralisations de *Du spirituel*, il invoque maintenant le seul alibi d'une expérience personnelle, fortement teintée de subjectivité [43].

A la convergence de ces deux facteurs historiques qui conduit à la publication de *Regards*, il reste à ajouter un troisième et dernier élément, qui n'est pas le moins important assurément : l'évolution de la peinture même de Kandinsky, et le pas décisif qu'il franchit, *dans une évolution continue, au cours de l'année 1913 très précisément*, pensons nous, en dépit de ce qui continue d'être çà et là affirmé.

Nous n'avons pas l'intention de ranimer ici la polémique autour de la « première aquarelle abstraite », signée et datée de 1910. Quelle que soit la date réelle de son exécution — et il est regrettable de voir passer sous silence, dans la plupart des catalogues d'expositions ou des préfaces, les discussions sérieuses auxquelles elle a donné lieu [44] —

quelqu'un; mais je ne sais quoi lui manque. Et, d'ailleurs, ces toiles, il ne les aime absolument pas! Ne fait qu'y flairer quelque chose, car il a le flair sûr (...) « Ces tableaux-là sont célèbres au point d'être invendables, me dit Herwarth. Ces gens ne sauraient en peindre assez ». En revanche Walden n'accepte de prendre des dessins de Klee pour *Der Sturm* que parce que « Franz Marc l'exige » : « je fais très numéro 2 pour lui », ajoute Klee (*op. cit.*, p. 262). Cf. aussi le célèbre portrait fait par Kokoschka en 1910 (U.S.A., coll. part.).
42. La version allemande indique à la fin la date : Munich, juin 1913. La version russe diffère légèrement : Munich, juin-octobre 1913. Les deux derniers commentaires de tableaux sont datés de mai 1913.
43. Les dernières pages de *Regards* contiennent à cet égard des indications caractéristiques : « Mon livre *Du Spirituel dans l'Art*, de même que *Le Cavalier bleu* avaient surtout pour but d'éveiller cette capacité (d'avoir l'expérience du Spirituel dans les choses matérielles, puis abstraites) (...) Les deux livres ont été et sont souvent mal compris. On les prend pour des « manifestes » (...) Rien n'était plus éloigné de moi que d'en appeler à la raison, au cerveau... » (p. 129).
44. Voir en particulier Kenneth Lindsay, compte rendu du livre de W. Grohmann, dans *Art bulletin*, New York, vol. 41, déc. 1959, pp. 348-350, Daniel Robbins, *V. Kandinsky, Abstraction and Image*, dans *The Art Journal*, prin-

il est à peu près certain que l'œuvre est à rapporter à la *Composition VII*
de 1913, aujourd'hui à la galerie Tretiakov de Moscou [45], son style
étant par ailleurs fort proche des aquarelles de 1913 [46]... Quoi qu'il
en soit, la question est en fait très secondaire; mieux même, la poser
a priori relève d'une grave méprise sur le sens de l'évolution de Kandinsky et son passage *progressif* à des œuvres où l'objet réel devient de
moins en moins reconnaissable [47]; nous y reviendrons plus loin. Ce
qui est bien certain en tout cas, c'est qu'en 1912, lors des trois éditions
successives de *Du spirituel*, qui nous conduisent jusqu'à la fin de l'année,
Kandinsky demeure extrêmement réservé sur la pratique de « l'abstraction pure » ce qu'indique avec clarté la fin du chapitre VII du
livre [48]. Qu'il ait fait alors des aquarelles (et non des tableaux), qui
peuvent être simplement des études préparatoires, c'est-à-dire la mise

temps 1963, vol. 22, 3, pp. 145-147, et en dernier lieu Paul Overy, *Kandinsky
the language of the Eye*, Londres, 1969, p. 35 (ces deux derniers textes résument
les précédentes conclusions). K. Lindsay, et par ailleurs H. K. Röthel (qui
a été le premier à rattacher l'aquarelle à *Composition VII*) et Peter Selz donnent
comme date 1913. D. Robbins conclut, de façon non convaincante à notre
avis, à 1910-1911; nous penchons nettement pour 1913, et nous ne voyons pas,
bien au contraire, en quoi cela pourrait nuire à l'importance ou à la qualité
de l'œuvre.
45. D. Robbins, *op. cit.*, a pu se livrer à un examen attentif à l'occasion de
l'exposition des deux œuvres au musée Guggenheim en 1963.
46. Kandinsky a parlé lui-même d'un passage à l'abstrait en 1911 à propos
d'*Improvisation 20* (aujourd'hui à Moscou) mais Overy, qui cite à nouveau
le texte (*op. cit.*, p. 35), fait remarquer justement qu'il n'y a pas de passage
aussi précis. Cette quête de « l'œuvre » décisive nous paraît vaine, et masque
les vrais problèmes.
47. Nous nous accordons sur ce point avec la plupart des commentateurs
anglo-saxons de Kandinsky (par ex. D. Robbins, *op. cit.*, p. 147, qui décèle
dans la *Composition VII* une « véritable iconographie »). En revanche l'interprétation de P. Francastel, de façon générale, mais plus particulièrement dans
R. Delaunay, *Du cubisme à l'art abstrait*, Paris, 1957, p. 20, nous paraît hâtive
et superficielle (« en 1912, lors de la brusque évolution de Kandinsky abandonnant la formule fauviste et expressionniste du *Blaue Reiter* pour un style
géométrique et non figuratif »...).
48. Trad. fr. 1954, pp. 92-93, rééd. 1971, pp. 162-163 (cette réédition, à
laquelle nous nous référerons désormais, est fâcheusement entachée de plusieurs coquilles).

en place des lignes et des masses colorées, entièrement abstraites (intentionnellement sans référence à l'objet) ou non, c'est possible, mais il ne saurait s'agir alors du courant *principal* de sa peinture : trop d'œuvres importantes, et achevées cette fois, sont là pour nous prouver le contraire [49]. Après la fin de 1913 et si l'on tient à cette dénomination très discutable à nos yeux (ainsi que pour Kandinsky, qui se méfie du terme [50]) les œuvres sont « abstraites ». Ce passage, qui n'est en aucun cas une rupture, nous en voyons l'étape principale dans le texte de *Regards*, comme nous nous efforcerons de le montrer plus loin.

L'édition allemande du texte apparaît donc, historiquement, au terme d'une série complexe dont les éléments ne sont pourtant pas totalement étrangers les uns aux autres, et demanderaient maintenant à être analysés comparativement : la politique éditoriale de Walden, et plus généralement sa politique artistique, ce qu'elle révèle du Berlin de 1913, des rapports qu'y entretiennent les idéologies conservatrices et celles d'une possible subversion; le changement de lieu Munich/Berlin; la situation des avant-gardes en Allemagne, et plus particulièrement celle de Kandinsky, dès lors qu'un des principaux systèmes de « reconnaissance » (plutôt que de « représentation ») se trouve ouvertement remis en cause par une pratique cohérente; enfin, l'évolution même de cette pratique, les rapports nouveaux qu'elle inaugure entre le texte et l'image, ou mieux les différents « codes », et sur lesquels il faudra revenir tout à l'heure... La densité de ce faisceau de convergences contribue à faire alors de l'œuvre abstraite de Kandinsky, une des plus riches de « contenu » qui soit [51].

S'arrêter là, comme on le fait généralement revient pourtant à oublier l'un des deux volets de la composition, que *Regards* précisé-

49. A commencer par *Composition VI* dont le commentaire qui date de *mai 1913*, est publié à la suite de *Regards* (Cf. p. 134).
50. Cf. note 25, p. 245.
51. En dépit de l'affirmation bien hasardée de Panofsky (qui, il est vrai, a la prudence de ne citer aucun nom) selon laquelle « un tableau " abstrait " présente le minimum de contenu » (*l'Histoire de l'art est une discipline humaniste*, 1940, tr. fr. dans *l'Œuvre d'art et ses significations*, Paris, 1969, p. 41).

ment permet de rétablir. Celui qui fait que l'ambiguïté des signes disparaît, que le jeu des équivoques est démasqué par la remise en cause des éléments sur lesquels elles reposaient : la Russie pré et post-révolutionnaire, où Kandinsky revient de 1914 à la fin de 1921.

MOSCOU 1918

La période est encore mal connue, et l'activité de Kandinsky n'y est pas totalement éclaircie [52]. Nous disposons cependant aujourd'hui d'un nombre suffisant d'informations pour qu'il ne soit plus possible, comme le faisait encore Grohmann en 1958, de parler ici d'un simple « intermède » [53]. Tout tend à démontrer au contraire qu'il s'agit d'un lieu décisif, sinon pour de nouvelles expériences, du moins pour que les œuvres de Kandinsky prennent tout leur sens, achèvent de « se situer » définitivement.

52. L'ouvrage d'ensemble le plus accessible, malheureusement très insuffisant en raison de ses nombreuses erreurs et de sa confusion, reste celui de C. Gray, *The Great Experiment : Russian Art 1863-1922*, Londres, 1962, tr. fr. sans date, réédité en 1971 sous le titre *The Russian Experiment in Art 1863-1922* (avec bibliographie). Voir aussi de Troels Andersen, dont les travaux font autorité, *Moderne Russisk Kunst* 1910-1925, Copenhague 1967. En français l'aperçu de R. Jean-Moulin à la fin de la réédition de l'ouvrage de Louis Réau, *L'art russe*, t. 3, 1968. Le livre de V. Marcadé *Le Renouveau de l'art pictural russe*, Paris, 1971 s'arrête sans justification possible en 1913 (bien que son sous-titre mentionne 1914) : il est un peu plus sûr que le livre de C. Gray, mais très faible au niveau des interprétations; son principal mérite est de donner la traduction de documents inédits en français.
53. En dehors de la bibliographie usuelle (Grohmann 1958, pp. 161-170, est assez complet pour sa date de rédaction) voir le court aperçu de K. Lindsay, *Kandinsky en Russie*, dans le catalogue de l'exposition rétrospective de 1963 (New York, La Haye, Bâle, Paris), et surtout le travail fondamental de Troels Andersen, qui apporte beaucoup plus que n'annonce son titre : *Some unpublished letters by Kandinsky*, dans *Artes*, II, 1966, Copenhague, pp. 90-110.

Pourquoi ? Essentiellement parce qu'en Russie pendant cette période le débat théorique est beaucoup plus intense, plus concentré aussi entre les deux villes de Moscou et de Saint-Pétersbourg : le milieu de l'avant garde est infiniment plus étroit, ses luttes sont plus vives aussi bien à l'extérieur qu'entre ses principaux représentants.

Enfin et surtout l'évolution de l'avant-garde se fait selon un processus logique et impitoyable que les « récits » anecdotiques de la période ont bien du mal à découvrir sous l'apparente confusion des faits, mais qu'un examen attentif révèle à l'évidence : il correspond étroitement à la crise profonde d'une société et à son acheminement inévitable vers la mutation révolutionnaire [54]. Dans ce climat agité, tumultueux, des milieux artistiques, dont divers témoignages nous ont gardé l'image très saisissante [55], une pratique et une théorie « fausses » ne survivent pas. Et leur « véracité » ne s'apprécie pas par des spéculations étrangères à la réalité qu'elles prétendent traduire, mais se mesure à l'épreuve des faits, qui sont têtus et progressent impitoyablement [56].

---

54. Nous avons essayé de mettre en évidence ce processus dans *Le Cubisme et l'avant-garde russe (la « Révolution » cubiste)*, dans *Le Cubisme*, Actes du premier colloque d'Histoire de l'art contemporain, Saint-Etienne, 1973, pp. 153-223.

55. Voir notamment Bénédikt Livchits, *L'archer à un œil et demi*, 1933, tr. fr., Lausanne 1971 et, par exemple, les nombreux textes et documents rassemblés par Vladimir Markov, *Russian futurism, a history*, Londres, 1969 (qui concerne essentiellement la littérature).

56. Ce n'est pas tant la révolution sous sa forme politique de 1917 qui est ici en cause, que le *processus révolutionnaire*, ce qui est sensiblement différent. Le domaine idéologique, et en particulier celui des arts plastiques depuis 1910-1911, est en crise ouverte, *selon des formes qui lui sont spécifiques*. Pour prendre un seul exemple extérieur à Kandinsky (du moins partiellement puisque Larionov voulait participer à un second volume du *Cavalier Bleu*), Larionov et Gontcharova quittent la Russie en 1914-1915, au moment où Kandinsky s'y installe : l'agressivité instinctive et empirique de leurs toiles de 1908-1911, véritable défi à la précédente avant-garde, celle des peintres du *Monde de l'Art* et leurs successeurs, n'a pas résisté à la prise de conscience des problèmes formels qui se manifeste clairement en 1911-1912; des conversions brutales, une sensibilité trop prompte à la forte pénétration des avant-gardes étrangères (cubisme français, plus tard futurisme italien) ont fait éclater dans leurs œuvres une véritable crise de la forme et du sujet, qui a abouti à la déroute d'une pratique insuffisamment fondée.

Situation de Kandinsky dans la Russie pré et post- révolutionnaire

Il y a deux « moments » russes dans cette période de la vie de Kandinsky. Le premier, que l'on commence tout juste à découvrir, est celui des années 1910-1914. Le second va de l'installation en Russie, en décembre 1914, au départ définitif, en décembre 1921. Entre les deux une période encore peu étudiée et qui semble pourtant celle d'une crise profonde : « 1915, aucun tableau » note pour la première fois Kandinsky dans son catalogue [57].

Le premier moment est bien loin d'être le moins important. On découvre peu à peu que Kandinsky, non seulement n'a alors jamais rompu les liens avec la Russie, bien qu'il habite Munich, mais même qu'il expose, travaille, publie là-bas, au moins autant qu'en Allemagne. En 1909 et 1910 ce sont les deux « Salons internationaux » organisés par Vladimir Izdebsky à Odessa (où Kandinsky a vécu de 1871 à 1886) : c'est l'occasion d'un des tous premiers écrits théoriques du peintre, *Le contenu et la forme* où se trouve déjà *in nucleo* l'essentiel des textes postérieurs [58]. En 1910, ce sont les cinq « Lettres de Munich » publiées dans la revue *Apollon* [59]. En décembre 1911 c'est la lecture au Congrès

---

57. Grohmann 1958, p. 333.
58. Cf. note 83, p. 269.
59. Nous ne pouvons donner ici le détail de ces textes critiques importants ; on en trouvera un résumé précis dans l'article de T. Andersen et quelques passages traduits dans V. Marcadé, *op. cit.*, pp. 149-151. L'essentiel des « théories » de Kandinsky s'y trouve déjà formulé à l'occasion de remarques critiques sur les œuvres d'artistes comme Manet, qualifié ici de « non-objectif » (passage cité par T. Andersen). On mesurera l'importance de ces notes à la conclusion du dernier article, dont le ton est déjà proche de *Du spirituel*, ou de la dernière partie de *Regards* : « Lentement, mais pourtant irrévocablement, la conscience créatrice s'éveille, et les éléments de la composition à venir, que dis-je, qui se fait déjà jour, apparaissent, une composition qui devient complètement, entièrement et exclusivement picturale, et qui est fondée sur une loi récemment découverte de la combinaison du mouvement, de la consonance et de la dissonance des formes — pour le dessin comme pour la couleur » (*Apollon*, n° 11, octobre 1910, p. 16, cité dans T. Andersen).

des artistes de Saint-Pétersbourg d'une version abrégée de *Du spirituel*, au moment même où le texte est imprimé à Munich [60], conférence redonnée au débat décisif du *Valet de carreau*, en février 1912 [61]. Inversement, on connaît les invitations faites aux peintres vivant en Russie d'exposer à Munich, avec le *Cavalier bleu* : les frères Bourliouk (David publie dans l'Almanach un texte important sur la situation en Russie [62]), Larionov, Gontcharova, Malevitch, c'est-à-dire tous les principaux noms de l'avant-garde qui va éclater au cours de l'année 1912. Et précisément aux difficultés pour publier, exposer en Allemagne, aux attaques *tout extérieures* de la critique, à l'aide aussi de Piper puis d'Herwarth Walden, répondent alors en Russie, où Kandinsky séjourne assez longuement pour participer largement aux débats, des polémiques et des discussions souvent dramatiques *à l'intérieur* de l'avant-garde [63].

On voit que le rétablissement de ce second volet est absolument fondamental pour la compréhension de la période critique 1910-1913, celle qui conduit à *Regards*. Disons pour résumer les choses un peu brutalement que contrairement à ce qu'on nous a présenté jusqu'ici Kandinsky est peut-être moins à considérer, pendant cette période, comme le principal représentant de l'aile « gauche » du mouvement en Allemagne que déjà comme celui de l'aile « droite » de l'avant-garde en Russie; et ces dénominations, on le sait, ne sont pas

---

60. V. Marcadé, *op. cit.*, p. 153.
61. Il nous paraît toutefois significatif que dans ses mémoires Livchits déclare « ne plus se rappeler les sujets du rapport » de Kandinsky (*op. cit.*, p. 82) : c'est l'exposé de David Bourliouk, converti alors au pur « formalisme », et son opposition avec Gontcharova, qui devait faire l'essentiel de la soirée.
62. *Die " Wilden " Russlands* (Les « sauvages » de Russie), rééd., 1965, p. 41-50; l'article devait être repris dans le n° 123-124 de *Der Sturm* (août 1912).
63. Kandinsky est par exemple à Moscou du 27 octobre au 13 décembre 1912. A cette affirmation on pourra objecter les dissensions survenues au sein de la *Neue Künstlervereinigung* (N. K. V.) en 1911. Mais il est caractéristique que tous les artistes de l'avant-garde se soient trouvés d'accord pour soutenir Kandinsky lors de la polémique du printemps 1913, face à des milieux conservateurs hostiles. En Russie en revanche le public est plutôt indifférent, dérouté ou amusé (cf. le succès des manifestations d'avant-garde) : l'essentiel des luttes se situe à l'intérieur du milieu artistique.

plaquées *a posteriori*, mais correspondent à celles qui sont utilisées couramment alors en Russie même [64]. Le jeu Munich/Moscou jette alors un éclairage très différent sur la situation de Kandinsky pendant cette période, surtout sur les mois décisifs qui suivent la conférence du *Valet de Carreau* en février 1912 et amènent la rupture entre Bourliouk et le groupe de *La Queue de l'âne* dirigé pour un temps par Larionov et Gontcharova, avant que ceux-ci ne doivent céder la place à leur tour à Malevitch et Tatlin. Ce sont ces quelques mois éminemment critiques qui sont à replacer à l'arrière-plan de *Regards*, pour lequel il faut donc ajouter aux trois facteurs historiques *allemands* présentés plus haut un facteur *russe* tout aussi important et *qui vaut pour la version allemande du texte :* la prise de position par rapport aux différents courants de l'avant-garde moscovite.

Or, cette prise de position nous la voyons bien s'amorcer dès mai 1913, lorsque Kandinsky dénonce assez vigoureusement l'utilisation qui a été faite, sans son consentement, de son nom et de ses œuvres dans le recueil *Une gifle au goût du public* [65]. Quatre de ses poèmes, qui devaient être publiés à Munich par Piper dans le recueil *Klänge*, étaient en effet reproduits à côté de textes de Maïakovsky, Bourliouk (David et Nicolai), Livchits, Kroutchonykh, Khlebnikov; et à côté des œuvres de ces écrivains d'avant-garde, ils prendront rapidement, il faut le souligner, une allure beaucoup moins « avancée », du point de vue de la forme (car leur originalité reste entière), que dans la poésie

---

64. B. Livchits, *op. cit.*, passim.
65. Pour cette nouvelle « affaire Kandinsky » Cf. V. Markov, *op. cit.*, p. 148. Markov fait allusion à une lettre de protestation de Kandinsky, qu'il n'a pas vue (*ibid.*, p. 392, n. 26) : T. Andersen avait publié cette lettre importante dans son article. En voici un extrait : « j'étais très vivement intéressé par tout essai de création artistique, et même prêt à excuser une certaine précipitation et un certain manque de maturité chez de jeunes auteurs; le temps remédiera à ces défauts si le talent se développe correctement. Mais en aucun cas cependant je n'accepterai le ton dans lequel la présentation a été écrite, et je dénonce catégoriquement ce ton, quel que soit celui qui en est responsable » (lettre du 4 mai 1913). La présentation c'est le manifeste « une gifle au goût du public », dont le titre donne le ton et qui a été rédigé en novembre ou décembre 1912 par David Bourliouk, Kroutchonykh et Maïakovsky (Khlebnikov a également donné sa signature, cf. V. Markov, *op. cit.*, p. 45 sq)..

allemande contemporaine [66]... : on voit s'esquisser ici ce jeu de la double tonalité, qui vaudra aussi pour *Regards* en 1918, ou l'essai sur la *Composition scénique*, traduit en 1919. Lorsque Kandinsky désapprouve ainsi le « ton » de la publication, ses méthodes, il est évident qu'il y a, au-delà des différences de tempérament, un décalage sur l'idée que chacun se fait de la portée sociale de ses œuvres : Kandinsky n'est pas un révolutionnaire, les autres le sont, à cette date, plus ou moins consciemment. Alors que leur engagement ira croissant, *Regards* marquera nettement un recul « en arrière » : l'idéologie mystique des premiers chapitres de *Du spirituel* avait une fonction révolutionnaire dans le Munich de 1912, son écho, dans les dernières pages de *Regards*, aura valeur « réactionnaire », à la fin de 1913, par rapport à la situation russe.

On conçoit dans ces conditions que le départ de Munich en avril 1914 ne se fasse pas de gaieté de cœur. Il ouvre en fait une crise grave dans la production de Kandinsky. Et c'est ainsi, selon nous, qu'il faut expliquer ces lenteurs, cette hésitation à regagner la Russie, qui cependant, Kandinsky le sait, est désormais devenu le lieu principal de la progression de l'avant-garde, de la peinture réellement moderne : prophétique dans la fin du chapitre VII de *Du spirituel* paru au début 1912, Kandinsky risque maintenant d'être « débordé sur sa gauche » par les artistes russes de Russie qui, tous les témoignages le confirment, l'ont passionnément discuté et rapidement assimilé; alors qu'en France un Delaunay en est encore à chercher un traducteur, à discuter Seurat et Cézanne, à parler des problèmes de la couleur comme de choses « que je crois inconnues de tout le monde », qui sont pour lui « encore dans

---

66. Pour ce point important, que nous ne pouvons développer ici, nous renvoyons au livre très précis et très complet de Markov, ainsi que, par exemple, aux œuvres de Khlebnikov actuellement disponibles en français : *Choix de poèmes*, Paris, 1967, *Le Pieu du futur*, Lausanne 1970, *Ka*, Lyon 1960. Les quatre poèmes en prose publiés étaient : *Cage* (Klet'ka, en allemand Käfig), *Voir* (Videt', Sehen), *Basson* (Fagot, Fagott) et *Pourquoi?* (potchemou, warum). *Voir* fut reproduit ensuite en tête de la version russe de *Regards*; *Basson* et *Cage* firent partie des trois poèmes lus à la soirée *Sturm* organisée par Hugo Ball à Zurich en 1917 (K. Lankheit, dans rééd. du *Blaue Reiter*, 1965, p. 299) : il s'agit donc d'œuvres particulièrement importantes parmi les 38 poèmes publiés ensuite dans *Klänge* (Sonorités, 1913). On trouvera *Basson* et *Voir* dans ce volume, p. 213 et 221.

l'œuf », comme il l'écrit *en 1912* à Kandinsky [67]! D'où ce passage par la Suisse et les Balkans, l'arrivée à Moscou à la fin seulement de décembre 1914, et ce nouveau départ en décembre 1915, pour Stockholm, où il reste jusqu'en mars 1916! Il y a la guerre, bien sûr, et la crise personnelle qui aboutit à la rupture avec Gabriele Münter. Mais il ne peut s'agir de « coïncidences ». 1915 est pour la première fois une année « sans tableau », et ce n'est pas un hasard non plus si la seconde est 1918, l'année de la publication de *Regards* en russe. Bien mieux, l'on assiste en 1916 à un surprenant retour à la figuration avec une œuvre comme la gravure *Jeune fille* [68]. La publication d'un seul texte aussi, qui reprend surtout un passage de *Regards*, contraste fortement avec l'abondance des écrits antérieurs [69] : la biffure qui y est faite de tout ce qui est relatif à Gabriele Münter montre qu'il s'agit ici du même « accrochage » avec le réel que l'on verra se produire en 1919-1920, après la publication de la version russe de *Regards*, lorsque Kandinsky sera vivement attaqué, et qu'avant de quitter la Russie il peindra ces deux vues « objectives » de Moscou, tout à fait conformes à la vision « réelle » de la ville qui lui aura imposé le poids et la dureté d'une réalité qui n'a rien à voir avec le « Moscou enchanté » dont il est question dans *Regards* [70].

---

67. Cette lettre importante a été publiée pour la première fois par P. Francastel, dans R. Delaunay, *Du cubisme à l'art abstrait*, Paris, 1957, pp. 178-180.
68. Grohmann 1958, p. 165.
69. *Om Konstnären*, en suédois, à Stockholm, cf. note 98 p. 274.
70. *A Moscou, vue de la fenêtre* (1920) : deux versions de la même vue, prise de l'appartement de Kandinsky à Moscou, l'une avec le Kremlin, l'autre sans le Kremlin; la seconde se trouve à Moscou, la première au musée de La Haye (elle a figuré récemment à l'exposition Kandinsky de Baden-Baden, 1970, catalogue n° 46). Kandinsky n'a pas répertorié ces œuvres « étranges » dans son catalogue. Sans s'avancer beaucoup, Grohmann indique la voie d'une interprétation vraisemblable : « ce serait là sans doute, une réaction aux nombreuses catastrophes dont il était le témoin forcé » (p. 166). On ne peut s'empêcher de penser également aux œuvres tonales de Schönberg aussitôt après son émigration aux États-Unis : *Suite pour cordes*, sans n° d'opus, 1934, *Kol Nidre, op.* 39 (1938)... (Cf. R. Leibowitz, *Schoenberg et son école*, Paris, 1947, pp. 127-129).

Après 1917, son mariage avec Nina Andreievskaïa, et une révolution qui désormais, en dehors de lui, parallèlement à lui, a fait, lui semble-t-il, table rase, Kandinsky a de nouveau une activité très importante : activité officielle au Département des beaux-arts en premier lieu, pour la réorganisation des musées, le renouvellement et le développement de l'enseignement artistique [71]. Cette véritable renaissance est surprenante : on ne peut s'empêcher d'y deviner un « fol espoir », l'assimilation irraisonnée et déraisonnable de la période qui s'ouvre à la « troisième grande époque » annoncée dans *Du spirituel* et dans *Regards*. Car cette attitude ne correspond à aucune analyse sérieuse de la situation réelle, des raisons objectives de cette évolution, de son avenir, de ce qu'elle doit amener nécessairement. C'est le règne de l'utopie complète, pour laquelle, une fois de plus, Kandinsky se situe idéologiquement à la droite de l'avant-garde, alors que l'utopie anarchisante de Malevitch se placerait au centre, et le matérialisme dialectique d'un Tatlin à gauche, dans le sens logique du développement révolutionnaire [72]. La meilleure preuve de ceci, Kandinsky la donne lui-même lorsque pendant cette brève période de liberté totale que protège le libéral Lounatcharsky, Commissaire à l'instruction publique [73], et où « tout est permis », il travaille d'abord, en premier lieu, à l'édition russe de *Regards*, qui absorbe toutes ses forces pendant plusieurs mois [74]! L'irréalisme et la « désactualisation » ne saurait être plus

71. Cette période est moins bien connue que la précédente : voir T. Andersen *op. cit.*, pp. 99-108 (Grohmann est ici dépassé).
72. Cf. sur ce point notre article cité note 54. Voir également les excellents articles contenus dans le numéro spécial de la revue *VH 101*, n° 7-8, printemps-été 1972 : *L'architecture et l'avant garde artistique en URSS de 1917 à 1934*, en particulier Francesco del Co, *Poétique de l'avant-garde et architecture dans les années 20 en Russie*, et Manfredo Tafuri, *URSS/Berlin 1922*.
73. Cf. Scheila Fitzpatrick, *The Commissariat of Enlightenment, Soviet organisation of education and the Arts under Lunacharsky*, Cambridge, 1970.
74. T. Andersen, article cité p. 99. Kandinsky ne publie alors rien dans les numéros d'*Iskousstvo*, organe du département du théâtre et de la musique du Narkompros (Commissariat à l'éducation du peuple), dont il est directeur, et où par la suite il publie au contraire de nombreux articles (répertoriés et résumés par T. Andersen); et comme nous l'avons indiqué 1918 est la seconde

complète qu'à propos de ce livre, écrit, nous l'avons vu, dans des conditions et pour des raisons totalement différentes : Kandinsky agit comme si l'épisode révolutionnaire n'avait d'autres conséquences, d'autres raisons d'être, que de lui donner à nouveau toutes ses chances pour réaffirmer les thèses de 1912-1913. Ce que confirme un peu plus tard la traduction russe de la *Composition scénique*, paru précédemment dans l'Almanach du *Cavalier bleu* en 1912, et que Kandinsky réédite dans le journal *Iskousstvo*, organe du département du théâtre et de la musique qu'il dirige [75]. Il en est de même dans les autres textes qu'il fait paraître.

Il y a là une négation systématique de l'histoire dont on ne saurait, sur un autre plan, trouver exemple plus symptomatique que dans le projet de réorganisation des musées (*Iskousstvo* 1919, n° 2) : abandon de l'ordre chronologique pour la présentation par catégories « formelles »! On ne peut mieux trahir une opposition fondamentale — qui relève de l'aveuglement — aux lois du matérialisme historique et dialectique! Ces faits révélateurs, dont on pourrait multiplier les exemples, démontrent à l'évidence que le départ de 1921, comme celui de Naum Gabo, ne dépend pas de facteurs historiques ponctuels ou d'un quelconque durcissement des positions, comme continuent de l'exposer les « récits » historiques, mais bien avant tout, de la différence fondamentale, et bien antérieure, des « mentalités », des positions idéologiques.

Ce ne sont que les équivoques de la période qui permettent à Kandinsky d'être plébiscité comme professeur aux ateliers d'art libre de Moscou (Vkhoutemas) en 1919. Ou plus exactement ce peut être aussi la portée réelle, pratique, objective, de sa peinture à cette date, en dehors des « intentions » que lui ajoutent ses rapports à son « auteur ». Cette portée c'est celle des œuvres suprématistes contemporaines de Malevitch : la désignation d'un monde nouveau « à reconstruire », en dehors des normes de la pensée bourgeoise de l'ancien régime. Mais dès lors que ces œuvres sont rapportées à leurs auteurs l'illusion dispa-

---

année où il note dans son catalogue « aucun tableau » (Grohmann 1958, p. 334). *Regards* est l'un des premiers livres publiés par le Narkompros (sur l'accueil de la critique, cf. n. 61, p. 266).
75. 1919, n° 1, pp. 39-49.

raît. Pour Malevitch des textes de plus en plus insistants, d'une mystique religieuse, plus tard d'une mystique étrangement pré-structuraliste [76], oblitèrent peu à peu la valeur révolutionnaire des œuvres, leur imposant d'abord des titres qui réintroduisent les vieilles idoles (« sensation », « sensation d'espace », « sensation mystique »...) puis contraignant peu à peu le monde autonome des formes — première revendication de Malevitch pourtant — à se plier à leur « littérature » [77]. Pour Kandinsky les choses vont beaucoup plus vite ; dès lors que l'idéologie est contrainte de réapparaître, qu'elle ne bénéficie plus des ambiguïtés de l'œuvre « pure », détachée de son « auteur » : c'est le fameux débat sur le programme de l'*Inkhouk*, l'Institut de recherche artistique, fondé en mai 1920, où il faut bien donner des directives concrètes, exposer un système qui ne maniera plus des lignes et des couleurs, mais des hommes et des objets, dans un monde réel. Kandinsky est mis en minorité, et ce ne sont pas les quelques succès postérieurs qui pourront modifier le cours des choses [78]. Il est caractéristique qu'en 1921, Kandinsky cherche à faire éditer *Du spirituel* en russe : le projet échoue, on s'en doute [79] ! Le manifeste productiviste de Tatlin et de ses amis paraissait la même année [80] : Kandinsky partait en décembre 1921 [81].

76. Kasimir Malevich, *Essays on art 1915-1933*, Copenhague 1968, rééd. 1971 (édition préparée et présentée par T. Andersen). Pour le « pré-structuralisme » du dernier groupe de texte (*Le Nouvel Art*, 1928-1930) et sa signification, cf. notre article cité note 54.
77. Les quelques articles et textes parus antérieurement ont été rendus caducs par l'excellent catalogue de l'exposition Malevitch de 1970 au Stedelijk Museum d'Amsterdam (par T. Andersen).
78. Pour ses différentes péripéties, cf. T. Andersen, article cité. Le projet de Kandinsky a été traduit en anglais dans *Wassily Kandinsky Memorial*, New York, 1945, pp. 75-87.
79. A cette occasion, Kandinsky écrit une lettre à Alexandre Benois (la bête noire de toute l'avant-garde) dont on pourra comparer le ton très sage à celui d'une lettre de Malevitch écrite en mai 1916 à propos d'un compte rendu défavorable d'exposition (les deux lettres ont été publiées par T. Andersen, celle de Kandinsky dans l'article cité note 53, celle de Malevitch dans le recueil cité note 76). Kandinsky avait annoncé que le livre était sous presse dans un court article autobiographique paru en allemand dans *Das Kunstblatt*, 1919, n° 6.
80. Reproduit dans *Naum Gabo*, Londres 1957, tr. fr. Neuchâtel, 1961,

L'édition russe de « Regards »

On comprend dans ces conditions l'importance de la version russe de *Regards* : semblable dans son projet, dans son intention, dans son sens général, et pourtant profondément modifiée dans les détails de sa réalisation, dans un impossible essai d' « adaptation », où se lisent à chaque instant les contradictions de l'utopie [82].

Peu d'historiens finalement semblent vraiment connaître cette seconde version. On parle parfois de légères modifications. Grohmann signale « quelques adjonctions » [83]. Or, ce qui frappe avant tout ce sont les suppressions, les biffures, qui relèvent en premier lieu d'un souci à la fois « réaliste » et un peu naïf de « gommer » ce qui fait trop « ancien régime », ce qui peut choquer par l'étalage de quelques signes

pp. 155-156. Il commence ainsi : « le groupe constructiviste a pour objectif l'expression communiste d'une œuvre matérialiste constructive ».

81. Cf. la lettre adressée à Klee de Berlin, le 27 décembre, reproduite ici, p. 231. Pour ce départ, cf. aussi le rapport sur l'activité de l'Inkhouk paru en 1923 : « (Pendant l'été 1921) on remarqua clairement un tournant décisif qui imposait non seulement une nouvelle plate forme idéologique, mais encore des méthodes nouvelles (...) Le constructivisme représenta le maillon de transition vers l'idée d'un art productiviste. L'hiver 1921-1922 fut précisément consacré à l'élaboration de l'idéologie de l'art productiviste et d'une esthétique marxiste... » (cité par F.dal Co, art. cit. p. 33). Voir également les vives attaques de Lissitzsky en 1922, dont l'incompréhension parfaitement consciente est tout à fait caractéristique : « Kandinsky... introduisit les formules de la métaphysique allemande contemporaine, et resta donc en Russie un phénomène tout à fait épisodique »... etc. (*Le nouvel art russe*, conférence faite en 1922, reproduite dans *El Lissitzsky, Maler, Architeckt, Typograf, Fotograf*, Dresde, 1967, tr. angl. 1968, pp. 330-340).

82. La version russe est inédite en français. Une traduction anglaise (très approximative) a été donnée dans le *Wassily Kandinsky Memorial*, New York, 1945. Paradoxalement un spécialiste aussi averti des questions d'art russe et soviétique qu'A. B. Nakov semble ignorer que le texte a d'abord été publié en allemand (article Kandinsky de l'*Encyclopaedia Universalis*, Paris, 1971 : « Conscient du tournant décisif accompli Kandinsky rédige les notes d'une petite autobiographie picturale qu'il publie seulement en 1918 à Moscou : *Rückblicke* ».)

83. Grohmann 1958, p. 162.

de richesse « matérielle », alors même que la richesse « spirituelle », bien loin d'être remise en cause, se voit augmentée du poids d'importants ajouts.

Il est frappant de voir ainsi disparaître ce qu'une censure un peu pointilleuse n'aurait peut être pas toléré en effet, alors que la portée idéologique de l'ensemble lui a bien évidemment échappé; et l'on ne peut s'empêcher de penser ici aux conditions quelque peu rocambolesques de publication et d'affichage du « manifeste réaliste » de Gabo, deux ans plus tard, à un moment il est vrai, autrement dramatique [84].

La famille Kandinsky s'appauvrit ainsi singulièrement : cocher et nurse disparaissent (p. 87), le père de Kandinsky l'aide désormais « malgré ses moyens plutôt modestes » (p. 100). Quand celui-ci est étudiant en droit ce n'est plus aux questions « de salaire » qu'il s'intéresse, mais aux questions « ouvrières » (p. 96). Une pointe contre les fonctionnaires est supprimée (p. 113)... A ces notations de caractère social s'ajoute des suppressions plus nettement dictées par des raisons politiques : certaines sont purement conjoncturelles, le théâtre « de la cour » devient théâtre « Bolchoï » (p. 96), la société d'ethnographie n'est évidemment plus « impériale » (p. 101), mais d'autres sont plus significatives : un éloge du gouvernement impérial pour sa politique à l'égard des paysans disparaît (p. 95), ainsi surtout qu'une notation « colonialiste » qui mérite qu'on s'y arrête un peu plus longtemps, car elle est liée étroitement à la pensée « théorique » de Kandinsky. « Se battre avec la toile », et avec la toile seule, non avec la nature, « la soumettre à son désir par la violence » (images qui en elles-mêmes sont déjà hautement significatives) entraîne tout naturellement sous la plume de Kandinsky, dans la version allemande, une comparaison avec le « colon européen, lorsqu'à travers la sauvage vierge nature à laquelle personne ne toucha jamais, il se fraye un passage à la hache, à la bêche, au marteau, à la scie pour la plier à son désir » (p. 115). Cette comparaison ne

---

84. Cf. Naum Gabo, *La Russie et le constructivisme*, interview, 1956-1957, reproduit dans *Naum Gabo, op. cit.*, p. 158-165 (témoignage important) : le manifeste fut publié et affiché sur la foi du mot « réaliste », ce qui résultait en fait d'une complète équivoque (cf. notre article cité note 54).

pouvait évidemment subsister. Son imagerie d'Épinal, ce tableau qu'elle trace de la conquête coloniale, n'est pas sans évoquer l'esprit « conquérant » de la troisième république et des récits à la Jules Verne : elle en partage incontestablement l'idéologie. Or celle-ci subsiste bien évidemment, comme subsiste le premier terme de la comparaison (soumettre la toile au désir par la violence), alors que le second ne doit de disparaître qu'à des raisons purement opportunistes. On ne saurait mieux marquer le côté « tout extérieur », pour reprendre les termes chers à Kandinsky, de ces suppressions, trop voyantes pour ne pas souligner d'autant mieux, par leur apparente docilité, la volonté farouche de ne pas se soumettre, et de ne rien céder. On commenterait de même toute la fin du texte où un « Christ » trop rayonnant s'efface devant l'évocation plus « scientifique », des « conceptions et directives religieuses » (p. 125), où l'art n'est plus semblable à « la religion », mais à « la connaissance non matérielle » (p. 124) ; et il n'est plus question bien entendu de « la révélation de l'esprit : père-fils-esprit » (p. 123)...

C'est moins le pittoresque anecdotique de ces suppressions qui compte, on le voit, que leur valeur symptomatique : la discordance, le décalage entre une réalité qui n'est perçue qu'au niveau des contraintes les plus superficielles qu'elle impose, et le maintien d'un projet qui, fondamentalement, revient à la nier totalement.

Les modifications qui tiendraient à l'évolution même de Kandinsky sont en effet rarissimes, une ou deux au plus, qui n'engagent d'ailleurs rien d'essentiel.

Son enthousiasme de jeunesse pour le Lohengrin de Wagner est maintenant tempéré par les plus sérieuses réserves. Mais comme Kandinsky l'indique en note, celles-ci remontent à l'article sur la *Composition scénique* paru en 1912 dans l'Almanach du *Cavalier bleu* (p. 98) [85]. Quant à l'autre indication que nous avons relevée, elle a trait simplement aux poèmes, qui désormais ne sont plus des œuvres de jeunesse « déchirées tôt ou tard », mais remplissent à côté des tableaux et de

---

85. Et non en 1913 comme le lui fait dire, semble-t-il, un lapsus qui peut avoir pour origine la volonté inconsciente d'effacer totalement ce qui était dit à ce sujet dans la première édition de *Regards* (1913).

Regards leur fonction « déréalisante » (p. 99). C'est une des leçons de la seconde version de *Regards* assurément qu'en cinq ans rien d'autre n'ait changé, alors qu'un univers s'est écroulé, et que cette immuabilité vienne être, de nouveau, affirmée au sein même de la fournaise.

Sans doute tout n'est pas aussi révélateur, et la version russe souvent apporte simplement des éclaircissements purement philologiques sur tel ou tel point obscur du texte allemand. Un certain nombre de cas précis montrent à cet égard que Kandinsky n'était pas toujours absolument sûr de lui dans le maniement de l'allemand (ce qui devrait inciter à une certaine prudence dans le commentaire de *Du spirituel*) : « la grande séparation du clair obscur » dans les tableaux de Rembrandt se comprend mieux s'il s'agit du « partage fondamental du clair et de l'obscur en deux grandes parties », ce qui peut s'appliquer en effet à une œuvre comme le *Portrait de Jérémias de Decker* au musée de l'Ermitage [86].

Restent enfin les « quelques adjonctions » dont parlait Grohmann. Elles sont en fait très importantes, au moins par leur volume, surtout dans la dernière partie du texte.

Certaines tiennent essentiellement au lieu de la publication et ne peuvent en effet intéresser qu'un public russe : d'où la mention de la « touloupe » (p. 107), des précisions sur le samovar et le thé d'Ivan (p. 108), sur le lieu exact de naissance de son père (p. 131), qui ne figuraient pas dans la version allemande. D'autres notations « russes » sont cependant plus intéressantes dans la mesure où elles indiquent nettement une volonté de « slavophilie », qui vient en réponse aux accusations de décadentisme « munichois » lancées par Larionov et Gontcharova, ou plus généralement au reproche « d'européanisme » excessif : « à l'encontre des humbles mots allemands, français et anglais », c'est le long mot russe qui rend pleine justice à la complexité mystérieuse de « l'œuvre » (p. 116). Et Kandinsky s'étend maintenant longuement sur la fascination qu'exerçait la Russie sur ses visiteurs suisses, hollandais, anglais, suédois et même allemands, dont cette fois il se sépare nette-

---

86. Cf. p. 102 et note 48. Voir également des exemples caractéristiques p. 115 et note 79, p. 116 et note 80, etc...

ment (p. 128) : ceci, en fin de texte, contrebalance largement les quelques notations germanophiles du début du texte sur Munich « seconde patrie », et les origines en partie baltes du peintre (p. 89)...

En dehors de précisions historiques importantes sur la genèse de certains tableaux, comme la *Composition II* de 1910 (p. 105), l'essentiel des additions va pourtant dans un sens bien précis : un renforcement des facteurs personnels, subjectifs et mystiques, dans l'explication et le commentaire de l'œuvre d'art et de sa genèse. L'hommage à la tante, au père, sont largement développés (p. 89 et 131) et deux nouvelles personnalités viennent compléter, moins par le « contenu » de leur enseignement que par leur forte individualité, la galerie de portraits de la version allemande : Filippov (p. 95) et cet étrange Ivanitsky « noble ermite », dont, comme par hasard, l'œuvre est « extérieurement si modeste, intérieurement si importante » (p. 107). Tout ceci relève évidemment beaucoup moins du désir d'informer et d'expliquer que de celui de défendre plus efficacement des thèses : c'est à quoi concourent les importants ajouts de la dernière partie qui constituent en quelque sorte des variations autour d'une de leurs phrases essentielles : « l'esprit détermine la matière et non l'inverse » (p. 117) [87].

Cette dernière phrase est écrite, pour la première fois, *en septembre 1918, à Moscou ;* et la version russe affiche à la fin, comme une provocation, le lieu et la date de rédaction !

Il est difficile de mieux démontrer la nécessité d'une lecture *historique* de *Regards*.

---

87. Il n'est pas utile de développer plus longuement ici le commentaire de cette dernière catégorie de modifications : on se reportera au texte. Il faut bien souligner cependant qu'ils constituent la part la plus importante, de loin, des nouveautés de la version russe.

Écriture

Seule une lecture rapide et superficielle peut faire croire à une certaine « confusion » dans la composition de *Regards* [88]. Ou plus exactement l'impression d'un lecteur plus attentif ne peut être telle que s'il ne cherche là qu'une histoire « documentée », ou l'essai de justification que le livre est bien effet, mais beaucoup moins par une argumentation externe que par *son propre exemple*. *Regards* est à la peinture de Kandinsky ce qu'est celle-ci par rapport à « la réalité » : une transposition métaphorique. Et elle opère par rapport à son objet — la vie et l'œuvre du peintre — la même « mise en scène » de l'écriture que la « mise en scène » de la peinture, et de la peinture seule, qui forme le cœur de son « récit ».

COMPOSITION

Structure

Une des tentations qui vient nous semble-t-il naturellement, au terme de la lecture de *Regards*, c'est de dérouler, de fixer, de « mettre à plat » si l'on peut dire, cette figure étrange qui semble se dérouler dans des temps et des espaces différents. Le tableau ci-après essaie de répondre à cette préoccupation, mais il ne pourra être de quelque utilité, bien entendu, qu'après une première lecture du texte.

88. J. Lassaigne, qui utilise de très près le texte, se propose, au début de son livre, de lui faire « de larges emprunts en essayant toutefois de retrouver un fil qui parfois s'embrouille ou se dissimule en de très subtils retours » (*Kandinsky*, Genève, 1964, p. 18).

Dans le déroulement des pages de *Regards* on peut distinguer un certain nombre de moments ou « séquences » assez précisément délimitables. Par séquence nous entendons simplement un *ensemble* logique, soit par son sujet, soit par un cadre chronologique unique et continu (plusieurs sujets s'enchaînant logiquement pendant une même période). Un récit continu ne comporterait donc théoriquement qu'une seule séquence, ou un petit nombre de séquences, si l'on veut bien admettre que tel ou tel point peut prêter à digression ou à réflexion d'ordre général. Ici — et en admettant que le chiffre puisse varier à quelques unités près — nous en dénombrons 22, pour un nombre relativement réduit de pages, il faut le souligner [89]. Ce qui frappe donc en premier lieu c'est cette dislocation, cet éclatement complet du récit linéaire classique, poussé à un point extrême dans le cadre d'une forme miniaturisée des « Mémoires » ou du récit autobiographique. Même si l'on admet que celui-ci est une des formes littéraires les plus favorables à cette désintégration, il faut reconnaître que Kandinsky la pousse ici très loin [90].

Or ce dernier mot vient sous sa plume, au cœur même de son texte, à propos de la « désintégration de l'atome ». Si ce qu'il désigne par là reste assez imprécis [91], ce que cela représente pour lui apparaît néanmoins et même clairement : c'est l'anéantissement de la science, la « désintégration du monde entier », qui l'amènera peu à peu à renoncer

89. Nous ne prétendons pas donner ici un chiffre définitif, ce qui d'ailleurs n'aurait pas grand sens. Il est possible de trouver un plus grand nombre de « séquences » si on limite chacune d'elles à la présentation d'un « thème » nouveau à l'intérieur d'une même suite chronologique.

90. Cf. Philippe Lejeune, *l'Autobiographie en France*, Paris, 1971 (avec bibliographie), et le recueil collectif *Formen des Selbstdarstellung, Festgabe für Fritz Neubert*, Berlin, 1956. L'autobiographie de Kandinsky serait évidemment à replacer dans l'histoire de l'autobiographie en Allemagne au XXᵉ siècle : Cf. Ingrid Bode, *Die Autobiographien zur deutschen Literatur, Kunst und Musik, 1900-1965, Bibliographie und Nachweise der persönlichen Begegnungen und Charakteristiken*, Stuttgart, 1966. Il faudrait également rapprocher la désintégration de *Regards* de celles d'autres « formes » artistiques au même moment : cf. par exemple les *6 Bagatelles pour quatuor à cordes, op.* 9 et les *Pièces pour orchestre op.* 10 de Webern, qui sont précisément de 1913.

91. Cf. *Regards*, p. 99 et note 43.

Déroulement des séquences et suite chronologique dans *Regards*

Numéro de séquence	Pages du texte	Petite enfance	Adolescence	Moscou années d'études	Munich	Présent (et théorie)
1	87-88	Couleurs Voyage en Italie Père-Mère				
2	88					
3	89-91	Cheval-Tante			Cheval, Munich Schwabing Rothenburg	
4	91-92			Coucher de soleil à Moscou Couleurs		
5	92-93			Couleurs		
6	93-96			Vie d'étudiant, droit		
7	96			« 2 événements » :		
7 a	97-98			Monet		
7 b	98-99			Lohengrin		
8	99			3e événement : l'atome		
9	99-100		Poèmes, Père, Leçons de dessin			
10	101	Tante-Cheval peint				
11	101			Étudiant. 2 événements : Rembrandt (couleurs, temps)		
11 a	102-103					L'art et la nature L'art abstrait

à l'objet reconnaissable et cohérent, désormais d'une hypocrite cohérence. *Regards* est donc avant tout, par rapport au récit classique, à l'image de ce monde désintégré. Il est, par sa forme même, « l'expérience vécue », comme dirait Kandinsky, de l'expérience qu'il raconte.

Si l'on regarde les choses de plus près, *Regards* n'est cependant pas non plus la simple mise en œuvre de la libre association des idées que l'on présente parfois. La poésie de Kandinsky n'a rien à voir avec les « mots en liberté » de Marinetti, et, pour passer sur un autre plan (mais chez Kandinsky tous les plans sont exactement superposables), sa défense de « l'autonomie » des étudiants ou du droit libre des paysans ne s'accompagne pas moins des exigences d'une « rigueur morale » qui devient quelquefois même inquiétante. Il en est de même pour *Regards*, qui n'obéit pas aux lois — *jus strictum* — du récit littéraire, mais à celles de la composition plastique. Reprenons notre tableau. Sans pousser l'analyse très loin, on n'aura guère de peine à distinguer une composition binaire, en deux parties symétriques, qui s'articulent autour de la « nuit » de Kandinsky : la « vision » de Munich où, rentrant chez lui le soir, il découvre la « beauté indescriptible » d'un tableau de lui, posé sur le côté [92], qu'il ne reconnaît pas : « maintenant j'étais fixé, l'objet nuisait à mes tableaux » (p. 109). C'est le « passage de la ligne », en l'occurrence celui du texte, autour duquel les masses se répartissent harmonieusement. En premier lieu les deux seules « suites chronologiques », c'est-à-dire l'enchaînement continu, dans le récit, d'épisodes qui se sont effectivement succédés dans cet ordre : l'une autour de Moscou et des années d'études (pp. 93-99), l'autre autour de Munich et des années de recherches (pp. 118-123). Puis les deux seuls passages relatifs aux années d'adolescence : avant la vision, les leçons de dessin offertes par le père (p. 100), après, la leçon des couleurs sortant du tube au moment de l'achat de la première boîte de peinture (p. 114).

---

92. Et non « à l'envers », comme le répètent tous les ouvrages de vulgarisation en langue française depuis la précédente traduction qui, entre autres erreurs, transformait cette expérience pleine de mystère, sinon mystique, en canular à la « Boronali » (canular qui précisément prétendait ridiculiser la peinture d'avant-garde au Salon des Indépendants en 1910).

Enfin, aux points extrêmes des branches de l'éventail, l'enfance et les parents, qui ouvrent et ferment le texte. C'est là peut-être que « la main du peintre » est la plus perceptible, surtout dans la façon dont est introduite cette coda, pour une fois par rupture brutale et sans enchaînement harmonieux (p. 130). Mais c'est la preuve manifeste aussi de ce que nous avançons, et de la « volonté de composition ».

Kandinsky pourtant n'est pas Mondrian : à cette composition géométrique régulière et statique, qui, seule, serait assez difficilement concevable chez lui, se superpose un mouvement dynamique, ou plus exactement « ascensionnel » qui fait passer d'une prédominance de la petite enfance et des années d'études dans la première partie, à celle de Munich et du travail contemporain dans la seconde. Mouvement qui n'est pas seulement chronologique, comme on pourrait le croire, mais qui correspond aussi au passage du récit anecdotique à celui des *théories*, de la *description* à la *réflexion* spirituelle, du droit, des associations d'étudiants, des visites et des voyages, au travail secret de l'atelier, et à l'avènement de la « troisième révélation, la révélation de l'esprit ».

Passages

Se pose alors la question des transitions et des « passages ». Ils se font non point par « association d'idées », comme on l'a dit, mais sur des mots-charnières, c'est-à-dire à des « points nodaux » où la thématique s'articule sur la composition, où le contenu « adhère » à la forme pour parler très sommairement, et en employant les mots dans leur sens traditionnel, puisqu'en fait, selon les conceptions mêmes de Kandinsky, le sujet du livre est en même temps sa propre forme (désintégration). Ces mots-charnières on les identifiera facilement : le cheval pie du jeu de petits chevaux, qui est aussi celui de Munich, l'heure de Munich qui est celle de Moscou, le temps des œuvres de Rembrandt qui est aussi celui des tableaux peints à Schwabing... Ces « passages » (qu'on pourrait comparer aux « passages » des tableaux cubistes) ce sont donc aussi des thèmes, qui reviennent comme des leitmotive. Ils font rayonner autour d'eux toute une chaîne associative qui se déplace dans leur sillage, l'exemple le plus frappant à cet égard étant l'association tante-cheval, et tante-père qui reviennent identiquement deux fois. Ces deux rapports étranges ont été évidemment une signification précise pour Kandinsky, qu'elle soit plus ou moins consciente : leur répétition l'indique clairement. Et cette répétition même prend valeur illustrative pour la théorie du temps qui est développée au centre du texte (le temps dans les tableaux de Rembrandt, puis le temps intégré au tableau). Sans aller plus loin on peut donc constater par cet exemple précis que le processus compositionnel du texte, purement formel en apparence, coïncide exactement avec sa thématique (points nodaux) réductible sans doute à deux motifs fondamentaux bien évidemment liés : le temps et l'inconscient. L'un et l'autre ont leur versant « explicite » si l'on peut dire, puisque Kandinsky aborde très directement ces questions dans le texte [93], mais aussi leur versant non explicite celui de « l'expérience vécue » et transmise par la seule « forme » de l'écriture.

A la fin de *Du spirituel*, Kandinsky définit ses tableaux qu'il appelle « Compositions » comme les « expressions, pour une grande part inconscientes et souvent formées soudainement, d'événements de caractère intérieur [94]... mais qui, lentement élaborées, ont été reprises, examinées et longuement travaillées (...) l'intelligence, le conscient, l'intention lucide, le but précis jouent ici un rôle capital; seulement, ce n'est pas le calcul qui l'emporte, c'est toujours l'intuition ». *Regards* correspond pleinement à cette définition, non pas par simple métaphore, mais parce que ce texte *fonctionne* de la même façon par rapport à son auteur et par rapport à son objet. *Regards* est d'ailleurs contemporain des dernières et plus importantes « Compositions », avant dix ans de silence : les *Compositions VI* et *VII* (1913).

Est-ce un hasard si la *Composition VI* est précisément l'un des

93. Pour l'inconscient, voir ci-après p. 69.
94. Rééd. 1971, pp. 182-183. Ce premier membre de phrase s'applique en fait aux « Improvisations », mais les *Compositions*, dit Kandinsky, « se forment d'une manière semblable » : nous avons donc repris le passage.

trois tableaux commentés dans l'appendice qui suit la version allemande du texte ? Bien évidemment non : *Regards* est par rapport au « passé » de Kandinsky comme *Composition VI* par rapport à son sujet initial, le déluge. Sa structure correspond à une « déstructuration » du récit traditionnel, *mais c'est une structure ;* elle s'efforce de nier l'histoire en l'intégrant à une composition qui répondrait à d'autres mobiles, à d'autres causes, comme le tableau continue encore, avant *Regards*, à intégrer l'objet... Passer de l'expression du déluge à l'expression du mot déluge [95], c'est passer du récit du passé à l'expression du temps non historique, amener le lecteur à se promener dans le texte, selon l'expression de Kandinsky, comme le spectateur dans le tableau [96].

TEXTE

Déplacements

Regards est un texte « mal » écrit, à la fois dans sa version allemande et dans sa version russe [97]. Mal écrit dans la mesure notamment où, en 1913 surtout, on n'est pas, en écrivant ou en peignant « bien », le « bon » artiste d'un système en crise ou même en déroute dont on contribue soi-même à saper les fondements ; tout au plus l'un de ses bons critiques ; et le texte de Kandinsky vaut infiniment plus que la

95. Commentaire de *Composition VI*, p. 135.
96. *Regards*, p. 109.
97. Nous ne pouvons qu'exprimer ici notre désaccord total avec ce que dit V. Marcadé, *op. cit.*, pp. 153-154 : « ... s'il n'est pas rare que son allemand soit boiteux, son russe en revanche est irréprochable. Le raffinement de sa langue est tel qu'il peut sans exagération rendre jaloux bien des écrivains, tant pour la phrase que pour la grande précision et la beauté de la pensée... il n'y a rien de ce qui a été dit, écrit ou pensé par le grand peintre qui n'ait trouvé son expression dans sa langue maternelle, langue qu'il maniait avec un très grand talent ». Cette « mythologie » du « grand » artiste, exprimée à travers des termes aussi bizarres que désuets (« rendre jaloux » !) nous paraît des plus suspectes, et au demeurant quelque peu périmée. .. Le lecteur pourra juger sur le texte des variantes russes qui ont été traduites ici aussi fidèlement que possible.

transparence du discours critique le « mieux écrit ». Ceci pour prévenir et mettre en garde contre une certaine rudesse, un « rocailleux » de l'écriture qui ne surprendra que ceux qui croient encore à la mythologie du « bien écrire » [98]. Pour notre part, et contrairement à la précédente traduction française, assez bien écrite justement et « agréable » à lire, mais où les contresens sur la lettre et l'esprit du texte ne se comptent plus, nous nous en sommes tenus à la plus grande fidélité au texte n'épargnant aucune répétition, aucune redite, aucune construction « lourde » ou même apparemment incohérente.

C'est qu'elles font essentiellement partie, au niveau de la langue, sinon du projet conscient de Kandinsky, du moins de la portée pratique de sa « Composition ». A la déstructuration du récit correspondent ici les « déplacements » du langage, qui l'un et l'autre participent d'une même « déconstruction » d'un certain mode de pensée, d'une certaine société.

Ces « déplacements », ils résultent en premier lieu des conditions mêmes de la rédaction du texte. Bien qu'il ait « beaucoup parlé allemand » dans sa jeunesse [99], Kandinsky ne semble pas toujours absolument à l'aise dans le maniement de la langue, comme nous l'avons déjà indiqué. Mais au-delà de ces incertitudes il y a manifestement un jeu conscient sur le passage d'une langue à une autre, et en premier lieu sur les « russismes » de la version allemande. Une bonne partie des répétitions de mots, souvent surprenantes, vient de là, en particulier par suite de l'absence de l'adverbe pronominal. Il en est de même pour le retour fréquent du mot « âme », dont le sens est beaucoup plus faible en russe où il peut équivaloir simplement à « personne » ou à « je »... Que ces déplacements d'accents par transposition de langue soit absolument intentionnels nous en voyons la preuve dans l'utilisation abondante, et qui ici ne peut résulter des données historiques, des mots d'origine latine. Ces mots existent en allemand, on le sait, surtout pour désigner des entités abstraites, mais Kandinsky étend ces trans-

---

98. Nous partageons à cet égard les opinions et les scrupules de Suzanne et Jean Leppien, récents traducteurs de *Point-Ligne-Plan* (W. Kandinsky, *Écrits complets*, T. II, Paris, 1970, pp. 45-56).
99. *Regards*, p. 89.

positions. « Atmosphäre » et non « Stimmung » pour décrire ce qui plus tard, sous le signe de l'Esprit, rendra les hommes « capables de sentir l'esprit des choses » (p. 129): on ne peut que traduire par « atmosphère », mais il est bien évident que le jeu de la transposition renforce le sens du mot, par rapport à l'une et l'autre langue. Il en est de même pour les mots utilisés en allemand mais dont Kandinsky modifie les préfixes ou les suffixes : « Präzisität » et non « Präzision » (p. 127), « Qualifiezierung » et non « Qualifikation » (*ibid*)... La démarche est encore plus claire quand il utilise deux expressions qui se correspondent terme à terme mais sont également inusuelles dans les deux langues : le crépuscule « Vorabendstunde », comme « predvetchernii tchas » dans la version russe, et non « Dämmerstunde » ou « Dämmerung », mais c'est qu'il s'agit de la force des heures du crépuscule, et d'un moment intense, exceptionnel (p. 98). La subversion du discours traditionnel revient donc, au niveau de la langue, à procéder à des déplacements « discordants » qui en renouvellent la valeur expressive. On en trouverait d'innombrables exemples, que nous ne pouvons développer ici, au niveau des figures : syntagmes parallèles, asyndètes, polysyndètes, anaphores, syllepses... ou encore dans les très nombreux procédés typographiques que Kandinsky utilise pour « moduler » son texte (et que nous avons bien entendu respectés) : guillemets, tirets, parenthèses, mots soulignés, signes arithmétiques.

On ne peut pas ne pas comparer à nouveau ce travail sur la langue du texte à celui des *Compositions* peintes : c'est la même « déconstruction » du mode de représentation traditionnel, déconstruction qui relève ici de la seule recherche expressive, mais prend objectivement valeur révolutionnaire. De même que le masquage progressif de l'objet serait à mettre en parallèle avec l'éclatement de l'objet cubiste (auquel Kandinsky est en apparence étranger mais rend justement hommage à la fin du troisième chapitre de *Du Spirituel* [100]), de même le rappro-

---

100. Et dont ne le sépare, comme nous allons le voir, que ce qui sépare la métaphore de la métonymie. *Du Spirituel*, rééd., 1971, p. 70. Kandinsky est plus réservé à la fin du chapitre VI (*ibid.* pp. 143-144), mais c'est que dans le premier cas, il s'agit de Picasso, et dans le second de Le Fauconnier.

chement serait à faire entre ce travail du texte et les recherches des russes, autour de la notion de « sdvig » et d'alogisme en particulier, dont Malevitch élaborera la version peinte au cours de l'année 1914[101] : ce n'est pas un hasard si quatre poèmes de Kandinsky paraissent en 1913 à côté des textes de Kroutchonykh et Khlebnikov[102]; malgré les dénégations de leur auteur ils fonctionnent effectivement comme des machines de guerre contre l'ordre social, ce dont les russes de Russie, et en premier lieu les écrivains, sont parfaitement conscients : au niveau du sens, et de « l'alogisme » justement, ils produisent le même travail que les *Compositions* à l'égard de la vision dite « naturelle », et que *Regards* par rapport au temps et à l'histoire, au récit et à la langue.

Métaphore

Au centre de *Regards* une phrase sinueuse, complexe, surabondante, semble cristalliser en elle toute la richesse des variations stylistiques de l'œuvre. Son sujet même, la couleur, sa valeur d'expérience vécue (Erlebnis) rattachée de surcroît aux souvenirs de l'enfance, renforcent cette portée exemplaire, symbolique (p. 114). Tout vient d'une boîte de peinture, et de la découverte des couleurs sortant du tube :

101. Cf. le catalogue cité note 77 et l'article cité note 54. Pour la notion de « sdvig » en littérature, voir le livre de Markov, *op. cit.*
102. Voir ci-dessus, p. 35 et notes 65 et 66.

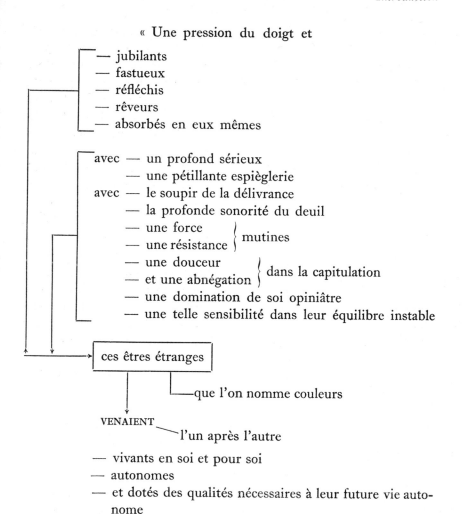

« Une pression du doigt et

— jubilants
— fastueux
— réfléchis
— rêveurs
— absorbés en eux mêmes

avec — un profond sérieux
     — une pétillante espièglerie
avec — le soupir de la délivrance
     — la profonde sonorité du deuil
     — une force ⎫
     — une résistance ⎬ mutines
     — une douceur ⎫
     — et une abnégation ⎬ dans la capitulation
     — une domination de soi opiniâtre
     — une telle sensibilité dans leur équilibre instable

ces êtres étranges

    —que l'on nomme couleurs

VENAIENT
    l'un après l'autre

— vivants en soi et pour soi
— autonomes
— et dotés des qualités nécessaires à leur future vie autonome
— et à chaque instant prêts

    à se plier librement à de nouvelles combinaisons
    à se mêler les uns aux autres
    et à créer une infinité de mondes nouveaux ».

57

Description métaphorique donc avec forte condensation temporelle. Les qualités des couleurs, « ces êtres étranges », sont évoquées en premier lieu par les adjectifs mis sur le même plan : *jubilants* et *fastueux* d'une part, *réfléchis, rêveurs, absorbés en eux-mêmes* d'autre part, deux façons d'être apparemment antinomiques : l'extériorité, la pompe, l'éclat s'opposent à l'intériorité et à la réserve. Mais les contrastes se retrouvent « im Innern », au plus profond (ce que Proust appelle la *réalité vraie*), et de l'étincelle qui jaillit à leur contact naît la réalité profonde (Wirklichkeit) de l'être décrit : telle est la portée de la métaphore. Dans cette phrase, les couleurs deviennent des êtres autonomes (métaphoriques) transportant en eux toutes les émotions du peintre devant sa boîte de couleurs. Celles-ci deviennent le symbole de tout l'univers pictural de Kandinsky. La métaphore ouvre donc une troisième dimension : le tableau-à-créer, surface plane à couvrir de couleurs (et de signes) ayant déjà une existence en soi. Elle nous découvre le monde intérieur de l'artiste au moment où il va créer et nous offre ainsi le répondant affectif d'une réalité objective. Bref, elle nous donne un arrière plan d'Erlebnis sur lequel se détache l'œuvre future de Kandinsky : sorte de combat entre le peintre et les couleurs, qui ont leur vie autonome et leurs exigences.

Si l'on parcourt rapidement la suite de la phrase on voit succéder à ces cinq qualificatifs apparemment antinomiques une série de compléments en asyndète, souvent antithétiques, mais disposés par couples, ce qui d'une certaine façon multiplie le nombre des métaphores (force de suggestion plus grande des éléments antithétiques rapprochés); ils trouvent assez subtilement leur synthèse dans le dernier syntagme : « leur équilibre instable ».

Vient seulement alors, après l'imprégnation des sonorités et des sentiments, l'élément qui les supporte : « ces êtres étranges que l'on nomme couleurs » où la métaphore est inversée pour souligner les limites étroites de la *désignation* du langage.

Un verbe terne ne raconte rien : « venaient ». Seul compte leur être, leur existence (venue) au monde.

Une nouvelle « convergence stylistique » plus diversifiée que la précédente (syllepses au lieu de syntagmes parallèles ou polysyndètes) embrasse dans une seule structure grammaticale des notions très différentes et leur donne à nouveau une sorte de dimension temporelle.

Enfin un polysyndète, semblable au « bouquet » des feux d'artifice (comparaison utilisée par Kandinsky à propos de l'évolution de l'art, p. 124) ouvre toutes les perspectives sur le devenir des couleurs, leurs métamorphoses sur la toile, par l'intermédiaire de l'artiste (mais sans que celui-ci soit nommé).

Cette phrase est donc construite à partir de métaphores qu'on pourrait appeler « tonalités » affectives, pour reprendre un mot cher à Kandinsky, qui réunissent des termes parfois contradictoires ou dont le rapprochement paraît presque toujours « impropre ». Les trois constructions parallèles et ascendantes restituent, par l'espace qu'elles enferment en leur limite, le temps vécu et la diversité des émotions qui l'ont rythmé. C'est dire qu'il est difficile, ici, de ne pas penser plus précisément à Proust [103].

Cette rencontre est peu surprenante si l'on songe à l'importance du rôle joué chez tous deux par le moi intérieur, intuitif. Style tout affectif, expression d'un monde sensoriel extrêmement riche où tous les sens concourent à jouir du réel sensible en le recréant par l'art; l'un est peintre, l'autre écrivain, mais l'écrivain se fait peintre pour

---

103. Voici, à titre de comparaison, une phrase tirée de *A l'ombre des jeunes filles en fleurs* (Pléiade, p. 670) : « ... doux instant matinal qui s'ouvrait comme une symphonie par le dialogue rythmé de mes trois coups

auxquels la cloison

— pénétrée de tendresse et de joie
— devenue harmonieuse
      immatérielle
— chantant comme les anges

répondait par trois autres coups

— ardemment attendus
— deux fois répétés,
et où elle savait transporter l'âme de ma grand-mère tout entière. »
Les rapports avec la phrase de Kandinsky sont évidents : rapports de structure, puisqu'on retrouve les mêmes construction parallèles, polysyndètes ou syllepses, rapport au niveau de la métaphore (la cloison prend soudain vie — comme les couleurs — et devient un être autonome). Rapport au niveau style-temps puisque le « tempo » de cette phrase est le même, ralenti, englobant dans sa structure un temps vécu très intensément.

recréer le réel et le peintre se fait écrivain pour exprimer ses impressions picturales devant cette même réalité : impressions du « moi profond » (le terme est de Proust et correspond très exactement à la notion de « Im Innern erlebt » de Kandinsky) matérialisées sur la toile. Pour évoquer la réalité, selon Proust, il faut un langage impropre enveloppant les diverses notions d'un halo impressionniste, correspondant au flux incessant des états d'âme. Au lieu du « mot qui narre » il faut le « mot qui impressionne », la musique du mot acquiert plus d'importance que sa signification et des rapports étroits s'établissent entre signifiant et signifié. Kandinsky, lui, découvre devant la *Meule de foin* de Monet que « l'objet était manquant » (p. 97) : finalement, le style « impressionniste » établit des rapports résultants d'une vision inhabituelle des choses où les objets en tant que tels n'existent plus, paradoxalement, que par une *signification* précise et particularisée (chez Kandinsky, résonnances de « l'heure » de Moscou, qui est et n'est pas une « heure » de Monet, pp. 91 et 98).

C'est à travers Elstir que Proust va découvrir un dénominateur commun à la littérature et à la peinture : « le style n'est nullement un enjolivement comme croient certaines personnes, ce n'est même pas une question de technique, c'est *comme la couleur chez les peintres, une qualité de vision*, la révélation d'un univers particulier que chacun de nous voit et que ne voient pas les autres ». Style et peinture sont pour Kandinsky aussi une « qualité de vision ». Lorsqu'il pénètre dans l'Isba des paysans (dans le gouvernement de Vologda), il a un éblouissement, car il pénètre dans le tableau : « (ces maisons magiques) m'apprirent à me mouvoir au sein même du tableau, à vivre dans le tableau... Lorsqu'enfin j'entrai dans la pièce, je me sentis environné de tous côtés par la peinture dans laquelle j'avais donc pénétré ». Cette « pénétration dans le tableau » n'est autre qu'une nouvelle vision de la réalité « isba » qui la métamorphose (p. 108). C'est donc bien la qualité de vision de la réalité qui permet de peindre, et en même temps d'écrire. Seul un certain état d'âme permet cette qualité de vision. Mais Kandinsky va plus loin encore; la *Composition VI* elle-même devient à son tour un état d'âme : « les formes brunes, d'une grande profondeur (en particulier en haut à gauche) apportent une note assourdie, à la résonance très abstraite, qui rappelle l'élément de désespérance. Du vert et du jaune vivifient *cet état d'âme* et lui donnent l'animation qui lui manquait. » (p. 138).

Nous sommes en pleine métaphore, et c'est justement la métaphore qui va nous donner la clef de ce que Proust entend exactement par « qualité de vision » : « Ce que nous appelons réalité, écrit-il dans *Le temps retrouvé* (Pléiade p. 889-890), est un certain rapport entre ces sensations et ces souvenirs qui nous entourent simultanément... rapport unique que l'écrivain doit retrouver pour en enchaîner à jamais dans sa phrase les deux termes différents. On peut faire se succéder indéfiniment dans une description les objets qui figurent dans un lieu décrit, *la vérité ne commencera qu'au moment où l'écrivain prendra deux objets différents, posera leur rapport, analogue dans le monde de l'art à celui qu'est le rapport unique de la loi causale dans le monde de la science, et les enfermera dans les anneaux nécessaires d'un beau style ;* même, ainsi que la vie, quand, en rapprochant une qualité commune à deux sensations, *il dégagera leur essence commune en les réunissant l'une et l'autre pour les soustraire aux contingences du temps, dans une métaphore* (...) Le rapport peut être peu intéressant, les objets médiocres, le style mauvais, mais tant qu'il n'y a pas eu cela, il n'y a rien. » Voilà redonnée à la métaphore sa véritable place : elle seule soustrait aux contingences du temps (en ce sens la peinture de Rembrandt est très métaphorique puisqu'elle découvre à Kandinsky le rôle du temps dans la peinture (p. 102). Elle seule permet de recréer la réalité vécue intérieurement. Elle est à l'origine de toute création artistique. D'où cette importance de la métaphore dans le style de Kandinsky (tout aussi métaphorique que celui de Proust). Si le système édifié par Proust lui permet d'édifier sa « cathédrale », c'est-à-dire *La recherche du temps perdu*, de même le style pour Kandinsky est une prise de conscience du rôle de la métaphore non seulement en littérature mais en peinture. Il écrit spontanément, en effet, dans un style métaphorique, mais tout en écrivant, il prend conscience des possibilités picturales de la métaphore, mieux même, de sa nécessité, du caractère essentiellement métaphorique de la peinture « pure » ou « absolue ». De même qu'en littérature la métaphore ne désigne plus l'objet mais lui substitue, à l'aide d'un rapport entre deux éléments apparemment étrangers l'un à l'autre, sa réalité « intérieure », de même l'objet va disparaître de la peinture de Kandinsky, et la même réalité intérieure va s'y substituer. C'est la transcription narrative dans le texte littéraire, celui de *Regards* en particulier, qui permet le plein épanouissement d'une peinture purement métaphorique.

Sur cette voie, l'étape du tableau posé sur le côté a été décisive; celle de la genèse de la *Composition VI*, à travers son commentaire, en marquera l'aboutissement logique :

« Le point de départ fut le déluge, le point de départ fut une peinture sur verre » (p. 134). Cette choquante répétition « expressive » est ici capitale. La deuxième phrase semble d'abord annuler l'effet de la première. En fait c'est la juxtaposition de ce double point de départ et de ses prédicats antinomiques qui va faire prendre conscience de la contradiction qu'il y a entre un *sujet*, par essence narratif (de l'ordre de la métonymie) : le déluge, et son expression « purement » picturale qui ne peut être que métaphorique : peinture sur verre. Du parallélisme originel, condition de la prise de conscience d'une possible *substitution* (métaphore stylistique) naît la découverte de la nécessité d'une expression picturale purement métaphorique : « le thème qui a inspiré le tableau (déluge) se dissout et se métamorphose en une essence intérieure purement picturale, autonome et objective » (p. 138). C'est le travail même du texte qui conduit au bouleversement des pratiques dont le style, auparavant, n'était que le reflet : « J'échouais devant l'expression du déluge lui-même au lieu d'obéir à l'expression du *mot* « déluge » (p. 135). Le cataclysme libérateur de la métaphore (déluge, thème de prédilection de Kandinsky) conduit à l'avènement de la véritable création : c'est le sens de la fin du commentaire de *Composition VI* (mai 1913) : « Une grande destruction, d'un effet objectif, est aussi un chant de louange, qui vit pleinement dans l'isolement de la sonorité, comme un hymne à la nouvelle création qui suit la destruction » (p. 138).

Est-ce à dire qu'après 1913, et à l'exception des moments de crise (exclus du « catalogue ») toute la peinture de Kandinsky devienne métaphorique ? C'est possible, si l'on entend par là, en termes kandinskiens, la suppression de l'objet représenté, l'établissement d'un rapport de lignes, de formes, de couleurs non pas « abstrait », mais tel que le tableau soit un « paysage intérieur », que « l'être des choses » y apparaisse sous une forme purement picturale. La métaphore picturale procède par allusions puis par substitutions. Ainsi deux motifs du *Tableau avec bordure blanche*, la troïka d'une part, les dentelures blanches de l'autre, ont entre eux un rapport tel qu'il en résulte « le sentiment d'un obstacle » (p. 139). Or l'écart est aussi grand entre la narration de ce sentiment, antimétaphoriquement dénommé, et ce sentiment tel qu'il est éprouvé par Kandinsky lui-même, qu'entre la « tonalité » de l'été, évoquée métaphoriquement par une certaine couleur verte et le souvenir de telle qualité « pratique », donc situable dans l'ordre de la narration, de cet été (où l'on ne risque pas de s'enrhumer) *(ibid.)*. Nommer c'est détruire, évoquer métaphoriquement c'est donner sa réelle valeur à l'objet.

Née d'une illumination (genèse non narrative) la bordure est le rapport ultime et synthétique qui rend le tableau « mûr » et définitif en reliant ses différents centres, jusque-là autonomes : elle confère à l'œuvre sa valeur définitivement métaphorique, d'où le *titre*.

Si, comme le suggère très persuasivement Roman Jakobson, les Cubistes sont par excellence les peintres de la métonymie, Kandinsky est donc par excellence celui de la métaphore : c'est ainsi, selon les deux axes du langage, que s'expliquerait, que se justifierait enfin, la coexistence de deux mouvements aussi décisifs et aussi apparemment étrangers [104].

---

104. R. Jakobson, *Deux aspects du langage et deux types d'aphasie*, 1958, dans *Essais de linguistique générale*, tr. fr. Paris, 1963, p. 63. La remarque suivante de Jakobson sur le fait que les peintres surréalistes ont réagi au Cubisme « par une conception visiblement métaphorique », pourrait servir à une nouvelle approche de l'article d'André Breton sur Kandinsky (1938, reproduit dans *Le surréalisme et la peinture*, rééd. 1965, Paris, p. 286) et plus généralement à l'étude de la succession symbolisme/abstraction/surréalisme.

Société

Au niveau de son véritable « contenu », au sens que Panofsky donne à ce terme, l'œuvre ne fonctionne pas seulement par rapport à son auteur, ici par son tissage métaphorique, mais comme « objet » de civilisation. La mise en place insistante d'éléments de « théorie » (voir la répétition du même petit nombre de motifs dans une poussière d'articles) cherche à lutter contre le poids des déterminations historiques; dans la mise en scène de l'écriture se dissimulent et se libèrent à la fois les résistances de l'insconcient; mais c'est le fonctionnement du texte dans la société qui seul rend compte des conflits apparents de l'idéologie et de la pratique.

Ce qu'on nous offre aujourd'hui le plus souvent pour toute problématique, dans des textes maintenant si nombreux et si prolixes qu'ils arrivent parfois à se substituer à l'œuvre, c'est la seule question de savoir si Kandinsky est le premier (le « père »!) ou s'il est le « plus grand » dans ce royaume en grande partie mythique que l'on nomme « abstraction ». Ce qui se « prouve » souvent, pour le second point en tout cas, par la paraphrase plus ou moins lyrique des écrits ou des tableaux, dans laquelle la répétition incantatoire des mots « chefs d'œuvre » et « génie » tient lieu de démonstration. En dehors même de ce que cette démarche a bien évidemment de dérisoire (et plus insidieusement de terroriste et de totalitaire) elle nous semble aller à l'encontre de toute véritable compréhension de ce fonctionnement. En substituant à l'étude de rapports dialectiques une véritable théologie de l'œuvre d'art elle n'est finalement, une fois de plus, que la paraphrase de celui qui devient son modèle au lieu d'être l'objet de son analyse.

IDÉOLOGIE

La « pensée » de Kandinsky repose en effet sur une idéologie qui ne s'accommode guère de nuances, et qui a du moins le mérite d'avancer à visage découvert, surtout dans *Regards* (nous avons vu pour quelles raisons historiques). « L'art est sur beaucoup de points semblable à la religion » (p. 124). Il repose sur une mystique organique et vitaliste placée très explicitement, dans toute la dernière partie de *Regards*, sous le signe du Christ. Son argumentation dernière c'est « ce que je crois ». C'est elle qui sert de fondement à tout un système moral, et même moralisateur, où tous les cadres « extérieurs » des lois (celles qui répriment les étudiants, celles qui sont imposées aux paysans) ne doivent céder qu'à la rigueur tout aussi grande du « jugement moral », de la loi intérieure : la lutte, qui est réelle et énergique, contre la tradition, les « précédents » (p. 94) dont Kandinsky a eu lui-même directement à souffrir ne s'accomplit que dans la conformité à une tradition supérieure [105]. Il est significatif qu'aux points stratégiques du livre (pp. 100 et 131) Kandinsky multiplie les hommages à son père *contre lequel il ne s'est jamais révolté. En 1918, au milieu de la tourmente révolutionnaire*, l'un des ajouts les plus significatifs porte sur ce point : le recours au père, qui se fait, *sous le signe de la peinture* : « il aime beaucoup la peinture... il ne condamne pas ce qu'il ne comprend pas mais s'efforce de comprendre... » (p. 131). On ne saurait mieux démontrer l'importance (théoriquement évidente) de ce facteur personnel dans la constitution d'une idéologie qui est fondamentalement celle de l'Ordre, la négation de tout mouvement dialectique, de tout mouvement qui ne s'effectue pas sur place, donc vers le haut. D'où cette

---

105. Cette « rigueur morale » conduira à des épisodes assez désagréables au moment du Bauhaus : démission du directeur Hannes Meyer, communiste, en 1930 (cf. les études de H. M. Wingler sur le Bauhaus), polémique et brouille passagère avec Schönberg en 1923, sur la question du judaïsme (cf. Arnold Schönberg, *Ausgewählte Briefe*, Mayence, 1958, tr. angl., Londres 1964, lettres du 20 avril et du 4 mars 1923.)

mystique ascensionnelle de la « troisième révélation » pour laquelle
on s'est évertué, avec une patience digne de tous les éloges [106] à dénombrer les « sources » d'influence et en premier lieu la théosophie de
Rudolf Steiner bien entendu, alors qu'il est évident que parmi les milliers de lecteurs et d'auditeurs de Steiner il n'y a eu qu'un Kandinsky,
et que son adhésion, incontestable, à ces idées « extérieures », ne peut
s'expliquer, *d'abord*, que par sa propre « nécessité intérieure »! [107]

L'une des conséquences les plus importantes de cette mystique
sur le plan de l'idéologie, c'est la négation violente de l'histoire à
laquelle elle conduit (et nous en avons déjà noté les conséquences sur
le plan historique) : « Il ne m'a pas été facile de renoncer à mon point
de vue habituel sur l'importance prédominante du style, de l'époque,
de la théorie formelle, et de reconnaître, par l'âme, que la qualité d'une
œuvre d'art ne dépend pas de sa capacité à exprimer l'esprit formel de
l'époque, ni de son adéquation à l'enseignement sur la forme qu'on
tient pour infaillible à une époque déterminée, mais qu'elle dépend
absolument de la puissance du désir intérieur de l'artiste ainsi que de
l'élévation des formes qu'il a choisies, et qui lui sont justement nécessaires » écrit Kandinsky *en 1918* (p. 116).

Ce n'est pas là, malgré les apparences, parler pour ne rien dire
(c'est à dire, en effet, pour ne rien nous apprendre) : c'est nier ce qui
en dernier ressort, si l'on approfondit suffisamment les choses, fait
aujourd'hui la valeur irremplaçable à nos yeux des œuvres de 1913, le
fait qu'elles sont, supérieurement de 1913, qu'elles *sont devenues 1913*,
qu'elles sont *ce qui le constitue* essentiellement à nos yeux; à condition
bien sûr que la lecture soit suffisante et non simple « divertissement ».
Mais c'est démontrer du même coup que cette négation était nécessaire,
inscrite au cœur même de la démarche.

---

106. Voir en dernier lieu S. Ringbom, *Art in the epoch of the great spiritual,
occult elements in the early theory of abstract painting*, dans *Journal of the Warburg and Courtauld Institute*, t. 54, 1966, pp. 386-418. Cf. aussi note 97 p. 274
107. Nous ne voulons évidemment pas dire par là qu'il ne s'est trouvé qu'un
seul « peintre de génie » dans l'auditoire de Steiner, mais bien que parmi les
séries causales qui conduisent à la production des images signées du nom de
Kandinsky la « théorie » théosophique ne peut que tenir la place très modeste
d'une manifestation *secondaire*.

Il est facile de dénoncer sinon les incohérences, du moins les faiblesses d'une idéologie qui repose sur un « credo », à vrai dire une bien vieille antienne [108] et de montrer comment s'effectue sa « récupération » du progrès scientifique par exemple [109]. Il nous paraît plus utile de mettre l'accent sur ce qu'il y a aussi de novateur, de révolutionnaire, au centre même de cette négation de l'Histoire objectivement « conservatrice » sinon réactionnaire. Une note de *Du spirituel* mérite à cet égard d'être relevée [110] : « Van Gogh se demande s'il ne pourrait pas peindre directement en blanc un mur blanc. Cette question ne présente aucune difficulté pour un non-naturaliste (...) mais elle apparaît à un peintre impressionniste-naturaliste comme un audacieux attentat contre la nature. La question doit paraître à ce peintre aussi révolutionnaire qu'a pu paraître révolutionnaire et folle la transformation des ombres brunes en ombres bleues... ». Autrement dit l'histoire, pour Kandinsky, c'est la succession d'un certain nombre de « structures » à l'intérieur desquelles fonctionne un mode de pensée cohérent mais fermé. Et le passage de l'une à l'autre ne peut se faire que par mutations « révolutionnaires », c'est lui même qui emploie le terme! Cette conception, dont on voit les aspects singulièrement modernes, résulte en fait de la difficile conciliation d'une idéologie antidialectique de l'histoire et d'une pratique qui, elle, l'est en fait, et se heurte, comme Kandinsky peut le constater, à des résistances « historiques » (critique conservatrice hostile à ses œuvres). D'où l'idée, sous jacente à cette note, de la mutation par « coupure ».

Qu'est-ce alors que *Regards* dans le fonctionnement de cette idéologie ? C'est, *comme son titre l'indique*, la mise au jour de cette

108. P. Francastel a beaucoup insisté sur ce point dans *Art et technique au XIXe et XXe siècle*, Paris, 1956, réed. 1964, pp. 194-206 : *Le problème de l'Art abstrait, l'ineffable, wagnérisme et intuition*, mais pour en tirer, tout à fait à tort selon nous, une condamnation de la pratique même de Kandinsky.
109. Marcelin Pleynet a esquissé une étude critique de l'idéologie dans *Le Bauhaus et son enseignement*, 1969, reproduit dans *L'enseignement de la peinture*, Paris, 1971, pp. 127-144. Sur ce point voir aussi notre article : « *La matière disparaît* » : *note sur l'idéalisme de Kandinsky*, dans *Documents III*, St-Étienne (à paraître début 1974).
110. Au chapitre VI, éd. de 1954 p. 68; la réed. de 1971, p. 128 a introduit une lecture fautive et absurde (« peindre en blanc sur un mur blanc »).

coupure, construite sur un épisode d'illumination, de « grâce », le seul moteur ici concevable de l'Histoire : la « vision » de la soirée de Munich, placée comme nous l'avons vu au centre du texte. Désormais ce qui est avant c'est « le passé ». La continuité d'une pratique, sa progression dialectique est traduite en termes de structure et de coupure par l'idéologie conservatrice qui vient, consciemment, la justifier, *mais qui en fait ne la constitue pas*. Nous avons ici un processus exactement semblable à celui qui, quelques quinze ans plus tard, fera écrire à Malevitch une éblouissante histoire « structurale » du cubisme alors qu'il l'avait lui même dialectiquement « vécu » [111].

THÉORIE

Cette idéologie dont la nature même exclut toute justification rationnelle nécessite la mise en place d'un système théorique qui a essentiellement pour fonction de lui donner toutes les garanties de « scientificité ». Ce n'est pas le lieu d'en exposer ici tous les éléments constituants, au demeurant peu nombreux mais inlassablement répétés sous des formes variées. *Regards* n'échappe pas à la règle mais la perspective essentiellement personnelle et subjective du texte leur donne une autre tonalité. C'est le cas en particulier pour ce qui constitue le « noyau » de la théorie : la nécessité intérieure.

Présentée de façon assez dogmatique, et pour cette raison peu satisfaisante, dans *Du spirituel* comme le « principe du contact efficace de l'âme humaine », la nécessité intérieure apparaît dans *Regards* sous un jour sensiblement différent. Beaucoup moins comme l'énoncé d'une « théorie » que comme la description d'une « expérience vécue » (Erlebnis), ce qui n'est évidemment pas du même

111. Cf. le recueil cité note 76. Pour Kandinsky il faudrait insister aussi sur le sens littéral du titre « *Rück*-blicke » : regards « en arrière », plus significatif encore que le titre traditionnellement utilisé en français. Le changement de titre de la version russe : « Etapes », *en 1918*, s'expliquerait de la même façon.

ordre : « les mûrissements intérieurs ne se prêtent pas à l'observation : ils sont mystérieux et dépendent de causes cachées » (p. 110). Nous ne pouvons que constater le « jeu énigmatique des forces étrangères à l'artiste » (p. 114), « nous ne connaissons que les qualités de notre talent, avec son inévitable élément d'inconscient et avec la couleur déterminée de cet inconscient » (p. 130)... On ne saurait être plus modéré, plus sagement descriptif, moins farouchement « romantique », et au contraire plus résolument *moderne*. Il en est ici comme de l'idéologie a-historique qui pouvait donner le jour à des aperçus « structuraux » étonnamment avancés : l'accent mis, dans la théorie, sur les valeurs de « l'âme », n'entraîne pas nécessairement l'aveuglement, qu'on nous décrit trop souvent, sur le processus de production de l'œuvre. Dans les limites qu'elle s'est données il aboutit au contraire à une observation particulièrement lucide. L'auto-observation ne va évidemment pas ici jusqu'à l'auto-analyse, et cela sans doute n'était pas souhaitable, mais il est fait suffisamment d'allusion à « l'inconscient » pour indiquer que c'est en ce sens qu'il faut interpréter le barrage (barrage de retenue) théorique que constitue le principe — le mot tabou, infranchissable — de « nécessité intérieure ».

« J'ai appris à me battre avec la toile, à la connaître comme un être résistant à mon désir (= mon rêve), et à la soumettre à ce désir par la violence (...) comme une vierge pure et chaste au regard clair, à la joie céleste, cette toile pure qui est elle-même aussi *belle* qu'un tableau » (p. 115). Sous cette formulation post-symboliste où trouvera-t-on, à cette date, un peintre assez lucide pour éclairer ainsi les mobiles de *sa* démarche créatrice ? Assurément pas dans les avant-gardes françaises, russes ou italiennes : pour être moins « spiritualiste » le dogmatisme de leurs « théories », quand elles s'expriment, n'en est pas pour autant, et il s'en faut de beaucoup, plus « scientifique » ou tout simplement proche d'une réalité quelconque; ce ne sont pas les énoncés des commentateurs du Cubisme sur la « quatrième dimension », à peu près au même moment, qui apporteront ici un démenti [112].

112. Cf. dans le domaine littéraire l'image, point trop éloignée par ailleurs de celle de Kandinsky, que Rilke donne de la « création » dans les *Lettres*

Avant d'être formulé théoriquement sous la contrainte de nécessités extérieures, le principe de la nécessité intérieure a donc d'abord une fonction pratique : celle de préserver la part de l'inconscient, que l'artiste n'a pas forcément à analyser dès lors qu'il en reconnaît l'existence, contre les assauts extérieurs, et en particulier les demandes de « justification » d'autant plus insistantes et agressives que sa pratique se révèle objectivement plus révolutionnaire.

PRATIQUE

Il est naturel que nous soyons finalement ramenés à cette dernière; ou plutôt ce devrait l'être, puisqu'on a pu procéder à des condamnations sommaires au seul vu des textes et sans tenir compte des œuvres [113]... Or les unes et les autres, et le cas de *Regards* en est sans doute la meilleure démonstration, jouent dans un rapport dialectique.

Les lignes précédentes ont essayé de suggérer à plusieurs reprises comment fonctionne le texte de *Regards* par rapport à Kandinsky lui-même. Dans cet étonnant passage de l'autre côté du miroir ou plutôt de l'Autre Côté, pour reprendre le titre du livre de son ami Kubin, qu'il cite d'ailleurs dans *Du Spirituel* [114], ce texte joue en effet un rôle

à *un jeune poète* : « Au vrai, la vie créatrice est si près de la vie sexuelle, de ses souffrances, de ses voluptés, qu'il n'y faut voir que deux formes d'un seul et même besoin, d'une seule et même jouissance » (lettre du 23 avril 1903). Le *Journal* de Klee, dans son projet même, est à cet égard beaucoup plus explicite que le texte de Kandinsky. Quant aux déclarations postérieures des peintres la diffusion des écrits psychanalytiques a contribué à les rendre de plus en plus précises sur ce point : Cf. par ex. Louis Cane, *Le peintre sans modèle*, dans *Peinture, cahiers théoriques* n° 2/3, Paris, janvier 1972, pp. 98-103.
113. P. Francastel, texte cité note 108 (et tous les autres textes de cet auteur relatifs à Kandinsky, par ex. *L'expérience figurative et le temps*, dans *XXe siècle*, n° 5, juin 1955, pp. 41-48, ou encore les textes contenus dans *Du cubisme à l'art abstrait*, de R. Delaunay, Paris, 1957).
114. Rééd. 1971, p. 62, note 1 (il faut lire « l'autre côté », et non « l'autre face »); cf. l'excellente traduction de R. Valençay, Paris, 1964; et sur l'admira-

essentiel pour lequel on voudrait faire ici une dernière hypothèse. C'est, selon nous, en investissant dans l'écriture de *Regards* le sens du « texte » de ses tableaux, chargés d'intentions affectives trop clairement signifiantes, que Kandinsky les libère réellement du poids de l'objet qui pour lui n'est jamais le poids de l'objet réellement vu, mais celui de sa charge affective. C'est ce qui explique la présence dans *Regards*, *après* leur apparition dans les tableaux antérieurs, de tous les motifs obsessionnels qu'on y découvre et qu'on peut dénombrer facilement : tours de Rothenburg, clochers, chevaux, troïka... *Regards* est une véritable « cure » de libération, non de l'inconscient, mais d'une certaine forme de son expression figurée. C'est pourquoi il vient couronner et clore pour un temps, la série des « Compositions ». Les poèmes, parallèlement, accomplissent la même fonction, plus explicitement au niveau du déroulement linéaire du « sens » imposé par un mode de pensée qui lui est tout extérieur.

Et Kandinsky lui-même a clairement mis en valeur le moment décisif de cette coupure (coupure consciente, ou prise de conscience d'une coupure dans le déroulement continu d'un processus insconscient) [115] lorsque onze ans plus tard il a peint le tableau qui porte le même titre, ramené au singulier de la coupure qu'il désigne : *Rückblick* (Regard sur le passé) [116]. Par cette toile assez étonnante qui reprend dans la manière nouvelle, plus géométrique, un tableau *de 1913* (*Kleine Freuden*, Petites joies [117]), Kandinsky a désigné dans sa pratique, la peinture, l'importance essentielle, pour cette pratique, de l'étape de *Regards*. En désignant ce texte par son titre l'œuvre lui restitue sa

tion de Kandinsky pour ce livre, son importance pour lui, la lettre à Kubin, du 14. VI. 19 : « ... dans ce fameux livre vous avez mille fois raison. C'est presque une vision du mal... » (Kubin-Archiv, Hambourg).

115. Raison pour laquelle, entre autres, la question de la « première aquarelle abstraite » n'a, selon nous, guère de sens (cf. ci-dessus, p. 28)

116. Huile sur toile, 1924 (Grohmann, n° 268 a, p. 335, fig. 157, p. 362 et texte p. 195).

117. Huile sur toile, 1913, Musée Guggenheim, New York; les formats sont légèrement différents : 110 × 120 pour celui-ci, 98 × 95 pour le précédent (Grohmann n° 174, p. 333, fig. p. 137).

valeur décisive dans une démarche picturale : elle opère sa réduction à sa fonction de « Composition » (et non de texte littéraire classique) dans laquelle, comme pour le déluge de *Composition VI*, l'objet, son objet (théorie de l'histoire et histoire de ses théories : projet idéologique) n'apparaît plus que dans la fonction *pratique* du « passage de 1913 ». Ce n'est pas un hasard si après la septième, également de 1913, la composition suivante, *Composition VIII*, date du moment de cette prise de conscience, dix ans après (1923).

Ce qui contribuera peut-être à expliquer pourquoi, au grand dam des « théoriciens », tels qu'il s'en est trouvé en U.R.S.S. quelques années plus tard, et qu'il s'en trouve encore aujourd'hui, la pratique de Kandinsky peut, *alors*, être réellement « révolutionnaire »; elle s'appuie, ou plutôt elle est appuyée, *a posteriori*, sur une idéologie et des théories qu'on peut objectivement (par rapport à ce que Kandinsky a cotoyé puis affronté pendant sa période russe) qualifier de « réactionnaire ». Nous retrouvons ici, au terme d'une analyse purement interne, les données historiques du jeu Moscou/Munich telles qu'elles ont été exposées pour commencer.

En mettant l'accent sur les seuls aspects théoriques de l'œuvre de Kandinsky il n'est pas sûr qu'on lui rende le meilleur service [118]. De même si l'on considère seulement, et le plus souvent pour des critiques justifiées, les positions idéologiques qui la sous-tendent. Mais leur rapport dialectique, et c'est là un des aspects essentiels de « l'année 1913 », peut seul fonder une certaine pratique : c'est elle qui s'est révélée décisive, en dehors de son « auteur » ou prétendu « père », et qui compte aujourd'hui à nos yeux, pour qui sait voir (c'est elle aussi,

---

118. L'importante Conférence de Cologne (1914) indique d'ailleurs clairement, une fois passé le temps des plus durs combats contre la tradition, et *après Regards* (dont elle est par ailleurs le complément indispensable), la part relative de la théorie à l'intérieur même des écrits, pour ne rien dire de sa subordination totale à la pratique : « Abstraction faite de mes travaux théoriques, qui jusqu'ici laissent beaucoup à désirer *sous le rapport de l'objectivité scientifique,* je souhaite uniquement peindre de bons tableaux, nécessaires et vivants, qui soient ressentis avec justesse au moins par quelques personnes » (Cf. dans ce volume p. 209; c'est nous qui soulignons).

dans cette seule perspective, qui rend la lecture des écrits aussi forte et passionnante). Ce sont à des rapports de même type que l'on doit le meilleur de Schönberg, Webern ou Mondrian. A propos du second, Strawinsky (qui gardait par ailleurs de Kandinsky « le souvenir d'un aristocrate, d'un *homme de choix* » [119]) ne manquait pas de noter, ironiquement, combien la publication de ses lettres, d'un mysticisme et d'une religiosité éperdues, risquait de « décevoir » ses plus chaleureux partisans, ceux mêmes qui dans son œuvre avaient trouvé des raisons d'agir et d'aller plus loin, alors qu'ils s'appuyaient en fait sur des principes théoriques et une idéologie parfois opposés [120]. La valeur des uns et de l'autre n'est relative qu'aux conditions *historiques* qui les nécessitent et les justifient, c'est leur fonction dans la société qui en fonde la légitimité.

Depuis une dizaine d'années deux événements sont venus remettre en question certaines des « lectures » traditionnelles de l'œuvre de Kandinsky : la place désormais relative prise, dans les avant-gardes contemporaines, par l'art qu'on peut bien continuer de décrire superficiellement comme abstrait, et, en second lieu, la redécouverte de la production des avant-gardes russes puis soviétiques auxquelles Kandinsky a été très directement confronté autour de 1917.

Malgré les apparences les deux faits ne sont pas dissociables. L'avant-garde russe a clairement démontré, par sa pratique, que le passage à « l'abstraction » — terme qui a été, là-bas, tout aussi explicitement et aussi légitimement suspecté que par Kandinsky — était étroitement, indéniablement, lié à chaque instant au processus de

---

119. *Entretien avec Robert Craft*, 1957, dans *Avec Stravinsky*, Monaco, 1958, p. 24.
120. *Souvenirs et Commentaires*, 1960, tr. fr. Paris, 1963, pp. 128-130, qu'on pourrait citer à propos de Kandinsky : « La musique est pour lui un mystère, un mystère qu'il ne cherche pas à expliquer. En même temps, il n'est d'autre signification pour lui que la musique (...) Il ne va jamais plus loin dans ses explications (...) Il n'utilise aucun mot du jargon technique, il ne fait aucun recours à l'esthétique (...) il ne se considère aucunement comme un compositeur révolutionnaire (...) Ce Webern embarrassera les « Webernistes ». Ils rougiront de « l'ingénuité » et du « provincialisme » de leur maître. Ils couvriront sa nudité et détourneront le regard... »

déconstruction puis de mutation d'une société. L'exemple des Gabo, des Malevitch et des Tatlin démontre nettement ce qui a été parfois avancé avec audace, mais sans preuve décisive, pour Kandinsky [121] : la prise de position à l'égard de la figuration du réel n'est pas, ne peut pas être autre chose qu'une prise de position sur le réel même, c'est à dire, en dernier ressort, sur un certain état de la société humaine. Rien d'autre ne rapproche ni ne sépare l' « abstrakt » de Kandinsky, du « gegenstandlose » de Malevitch [122].

Si l'on sait lire *Regards*, ce que pour notre part nous avons essayé de faire, une certitude subsiste : Kandinsky demeure.

Jean-Paul Bouillon

Nous adressons tous nos remerciements à Madame Nina Kandinsky, qui a bien voulu nous communiquer le texte de la version russe de *Regards* : sans elle cette édition n'aurait pas été possible.

Nous remercions également notre ami Jean Saussay, chargé de cours à l'École des langues orientales et assistant à l'Université de Paris-Vincennes, qui a bien voulu traduire pour nous ce texte russe.

121. Meyer Shapiro, *Nature of Abstract Art*, dans *The Marxist quarterly*, vol. I, janvier-mars 1937, p. 92. Dans cette ligne de recherche, voir aussi Herbert Read, *Social significance of abstract art*, dans *Quadrum*, n° 9, 1960, p. 67, et Donald B. Kuspit, *Utopian protest in early abstract art*, dans *Art Journal*, t. 29, 1969-1970, pp. 430-436, qui ne répondent d'ailleurs que très partiellement à leur promesses.
122. Cf. note 25 p. 244.

BIOGRAPHIE

(NB : les indications relatives à la période 1912-1922 ont été plus développées.)

1866   Naissance à Moscou le 4 décembre (22 novembre de l'ancien calendrier). Son père est né en Sibérie orientale, sa mère, Lidia Tikheeva, est moscovite.

1869   Voyage en Italie avec ses parents : Venise, Rome, Florence.

1871   Sa famille s'installe à Odessa. Il est élevé par la sœur aînée de sa mère : Elisabeth Tikheeva.

1874   Premières leçons de musique : piano, plus tard, violoncelle.

1876   Études au lycée. Pendant les vacances, voyages au Caucase, en Crimée, et à partir de 1879, séjour chaque été à Moscou.

1886   Commence ses études de droit et d'économie politique à l'Université de Moscou.

1889   Voyage d'étude dans le gouvernement de Vologda, en Russie du Nord : rédaction et publication d'un rapport.
Découverte de Rembrandt au Musée de l'Ermitage à Saint-Pétersbourg.
Voyage à Paris et visite de l'Exposition Universelle.

1892   Examens de droit.
Épouse sa cousine Ania Tchimiakin.
Deuxième voyage à Paris.

1893   Agrégation de droit; nomination comme chargé de cours à la Faculté de droit de Moscou.

1895   Visite une exposition d'Impressionnistes français à Moscou : découvre les possibilités insoupçonnées de la peinture devant une *Meule de foin* de Monet. Devient directeur artistique de l'imprimerie Kouchverev à Moscou.

1896   Refuse un poste d'enseignant à l'Université de Dorpat (Estonie) et part étudier la peinture à Munich, où il arrive à la fin de l'année.

1897   S'inscrit à l'école d'Anton Azbé, qu'il fréquente pendant deux ans. Il y fait la rencontre de ses compatriotes Marianne Werefkin et Alexis Jawlensky.

1899   Étudie seul le dessin.

1900   Entre dans la classe de Franz von Stuck à l'Académie de Munich.
Premiers tableaux. *Portrait de Maria Krouchtchov.*

1901   Fondation du groupe *Phalanx*, où il expose.

75

1902   Devient président du groupe *Phalanx* : ouverture d'une école de peinture, organisation d'expositions (Monet en 1903).
Fait la connaissance de Gabriele Münter.
Expose à *Phalanx* et à la *Sécession* de Berlin.
Vieille ville. Premières gravures sur bois.

1903   Fermeture de l'école de peinture.
Voyages à Venise (septembre), Odessa, Moscou (octobre-novembre).
Expose à Berlin *(Sécession)*, Munich *(Phalanx)*, Wiesbaden,Krefeld, Odessa, Saint-Pétersbourg.
Le Cavalier Bleu.

1904   Dissolution du groupe *Phalanx.*
Voyages en Hollande, à Odessa, puis à Tunis (de décembre à avril 1905).
Expose à Munich *(Phalanx)*, Dresde, Berlin *(Sécession)*, Hambourg, Varsovie, Cracovie, Moscou, Saint-Pétersbourg, Odessa, Rome et Paris *(Salon d'Automne).*
Peintures à la détrempe. *Poésies sans paroles*, album de douze gravures sur bois, aux éditions Stroganov à Moscou.

1905   Été à Dresde, automne à Odessa, hiver à Rapallo (jusqu'à fin avril 1906).
Expose à Rome, Paris (Salon d'Automne), Vienne (Sécession), Moscou, Berlin *(Künstlerbund)*, Düsseldorf, Cologne, Dresde, Hambourg.
L'arrivée des marchands. Couple à cheval (tempera).

1906   Séjour à Paris, puis à Sèvres (de juin à juin 1907)?
Expose à Berlin *(Sécession)*, Weimar *(Künstlerbund)*, Odessa, Prague, Paris *(Salon d'Automne).*
Xylographies, album de gravures sur bois aux éditions *Tendances Nouvelles* à Paris, qui publient également des bois dans leur revue. *Troïka.*

1907   Voyage en Suisse (août). Séjour à Berlin (de septembre à avril 1908).
Expose à Dresde *(Die Brücke)*, Rome, Paris *(Salon d'Automne* et *Salon des Indépendants)*, Odessa, Berlin *(Sécession).*
Vie bariolée.

1908   Retour à Munich, pour 6 ans (Ainmillerstrasse, 36).
Voyage dans le Tyrol du Sud. Premier séjour à Murnau. Relations suivies avec Jawlensky et Marianne Werefkin.
Expose à Berlin *(Sécession)* et Paris *(Salon d'Automne, Indépendants).*
Sonorité blanche.

1909   Achat d'une maison à Murnau.
Fondation de la *Neue Künstlervereinigung* ou N.K.V. de Munich (Nouvelle Association d'artistes) dont il est président : première exposition en décembre.
Expose à Munich (*N. K. V.*), Paris *(Indépendants, Salon d'Automne)*, Londres, Odessa (*Salon* de Vladimir Izdebski)
Paysage avec tour. Cimetière arabe. Premières *improvisations* (n° 1 à 4).
Écrit *Sonorité jaune, Résonance verte* et *Noir et blanc.*

1910 — Rencontre Franz Marc.

Deuxième exposition de la N. K. V. (préface de Kandinsky).

Voyages à Moscou, Saint-Pétersbourg, Odessa.

Expose à Cologne *(Sonderbund)*, Darmstadt *(Künstlerbund)*, Munich *(N. K. V.)*, Paris *(Salon d'Automne)*, Moscou *(Valet de Carreau)*, Londres, Odessa (2e *Salon* de V. Izdebski).

— Premières *Compositions* (I, II, III) *Improvisations* 4 a à 14.

— Rédige *Du Spirituel dans l'Art*. Publie *Le contenu et la forme* (catalogue d'Odessa), et *Cinq lettres de Munich* dans la revue russe *Apollon* (d'octobre 1909 à octobre 1910).

1911 — Divorce d'avec Ania Tchimiakin.

— Se lie avec Paul Klee, August Macke, Schönberg.

— Démissionne de la N. K. V. à la suite du refus de sa *Composition V* (automne), et fonde, avec Franz Marc le groupe du *Cavalier Bleu* (Der Blaue Reiter) : première exposition à Munich de décembre à janvier 1912.

Expose à Berlin *(Nouvelle Sécession)*, Paris *(Indépendants)*, Munich *(Cavalier Bleu)*.

Lyrique. Impression (I à IV). *Compositions IV* (février) et *V* (automne).

Participe au recueil collectif *En lutte pour l'art*, édité par Piper en réponse aux protestations des milieux artistiques conservateurs.

Lecture d'extraits de *Du spirituel dans l'art* au Congrès panrusse des artistes à Pétersbourg (décembre, publication en janvier 1912).

1912 — *janvier* : diffusion de la première édition de *Du spirituel dans l'art*.

février : deuxième exposition du *Cavalier Bleu* à Munich (galerie Goltz).

Communication à la Conférence du *Valet de Carreau* à Moscou (le 12).

mars : la première exposition du *Cavalier Bleu* est présentée à Berlin *(Der Sturm)*.

avril : deuxième édition de *Du spirituel*, publication d'un extrait du livre dans la revue *Der Sturm* (no 106).

mai : publication de l'Almanach du *Cavalier Bleu* chez Piper à Munich (contient entre autres *De la composition scénique, Sonorité jaune* et *Sur la question de la forme*).

automne : troisième édition de *Du spirituel*.

octobre : publie *De la compréhension de l'art* dans *Der Sturm* (no 129) où paraissent également des dessins, et des articles sur son œuvre.

Première grande exposition personnelle, à Berlin *(Der Sturm)* puis à Munich (galerie Goltz), avec préfaces de Kandinsky.

octobre-décembre : voyage à Odessa et à Moscou (où il séjourne du 27 octobre au 13 décembre).

décembre : publication de quatre poèmes dans le recueil *Une gifle au goût du public* (Moscou).

Au cours de l'année a exposé également à Moscou *(Valet de Carreau)*, Paris *(Indépendants)*, Cologne *(Sonderbund)*, Zürich *(Moderner Bund)*.

Improvisations (no 24 à 29). *Déluge I. Dame à Moscou. Avec l'Arc noir.*

1913   *janvier :* exposition chez Bock à Hambourg : vives attaques dans un journal local.

— *mars :* pétition et lettres de soutien en faveur de Kandinsky dans *Der Sturm.*

mai : proteste contre la publication de ses poèmes dans *Une gifle au goût du public.*

juillet : à Moscou.

septembre : retour en Allemagne. *La peinture en tant qu'art pur* dans *Der Sturm* (n° 178-179).

octobre : publication de *Regards sur le passé* (Rückblicke) aux éditions *Der Sturm* à Berlin. Participe au premier Salon d'automne allemand *(Der Sturm).*

novembre : article de Franz Marc sur Kandinsky dans *Der Sturm* (n° 186-187). Au cours de l'année a exposé également à Chicago et à New York *(Armory Show),* Londres, Amsterdam.

Improvisations (n° 30 à 34). *Compositions VI* (mars) et *VII* (octobre). *Tableau avec bordure blanche. Petites joies.*

A publié également *Sonorités* (Klänge), 38 poèmes et 55 gravures, chez Piper à Munich.

1914   *janvier :* rédaction de la *Conférence* de Cologne (publiée seulement en 1957) et d'un essai *Sur le mur* (non publié).

avril : départ de Munich (le 3) pour la Suisse : Rorschach, puis Goldbach sur le lac de Constance (jusqu'en novembre) et Zurich (novembre).

— *décembre :* retour en Russie par Brindisi et les Balkans : Odessa (le 12), Moscou (le 21).

Au cours de l'année a exposé à Cologne *(Kreis für Kunst),* Munich, Odessa, Helsingfors *(Blaue Reiter),* Hanovre .

Improvisation 35. Tableau avec bordure bleue. Fugue.

Traduction de *Du spirituel dans l'art* en anglais. Lettres à A. J. Eddy publiées dans le livre de celui-ci *Cubists and Post-Impressionnists*, à Chicago.

1915   Séjourne à Moscou, puis part à Stockholm où il reste de décembre à mars 1916. Expose à Moscou et à Pétrograd.

—Aucun tableau.

1916   A la fin de l'année se sépare de Gabriele Münter. Revient à Moscou où il rencontre Nina Andreievskaïa.

Expose à Stockholm (chez Gummesson), Zurich (galerie Dada), Oslo, et Berlin *(Der Sturm).*

Tableau avec deux taches rouges. Tableau sur fond clair (en tout huit tableaux). Aquarelles « naïves » vendues à Stockholm.

Publie deux articles en suédois à Stockholm *Om Konstnären* (daté : février 1916) et *Konsten utan ämne* (dans *Konst* 5). Lecture au Cabaret Voltaire, à Zurich, de poèmes tirés de *Klänge.*

1917 —*11 février :* mariage avec Nina Andreievskaïa. Voyage en Finlande.

Expose à Zurich *(Der Sturm),* Helsingfors, Pétrograd.

Sombre. Crépuscule. Ovale gris (en tout neuf tableaux).

1918* *juillet :* Membre du Département des Beaux Arts (IZO), du Commissariat à l'Instruction publique (Narkompros); fait partie du Bureau international et du directoire de la section théâtre et film; éditeur du journal *Iskousstvo*.

août : traduit son article *De la composition scénique*, qui paraît dans *Iskousstvo* en 1919.

automne : élu comme enseignant aux Ateliers d'art libre de Moscou (Vkhoutemas).

Au cours de l'année, exposition à Berlin *(Der Sturm)*.

Aucun tableau de novembre 1917 à juillet 1919.

Traduit et publie *Regards sur le passé* sous le titre *Etapes* aux éditions du Narkompros.

1919 Membre du comité de rédaction de l'Encyclopédie des Beaux-Arts : rédige les articles *Du Point, De la Ligne* (publiés dans *Iskousstvo* en février).

Travaille à la fondation du Musée de culture picturale de Moscou, et à l'organisation des musées de province (article sur le Musée dans le bulletin de l'IZO, nº 2).

Publie la version russe de *De la composition scénique (Iskousstvo,* nº 1, 1919), et *La grande utopie*, article sur l'union des arts dans une maison des arts (bulletin de l'IZO, nº 3).

Rapport sur les contacts pris avec les artistes allemands (bulletin de l'IZO, nº 3) (se poursuit en 1920 avec la traduction d'une communication de Walter Gropius).

Au cours de l'année expose à Moscou et Pétrograd.

Encadrement rouge. Dans le gris (en tout sept tableaux). Projet de service pour la manufacture de porcelaine de Pétrograd.

Publication d'un article autobiographique, *Selbstcharakteristik*, dans *Das Kunsblatt* nº 6, Postdam, et, à nouveau, de *Sur la question de la forme* dans le catalogue d'une exposition *Der Sturm* à Dresde.

1920 Participe à la fondation, en mai, de l'Inkhouk (Institut de la culture artistique) pour lequel il rédige un programme détaillé au printemps : ce programme sera mis en minorité, ce qui entraînera la démission de Kandinsky. Fait un rapport sur l'Inkhouk en décembre à la première conférence panrusse des sections d'art dépendant du Narkompros.

Expose à Moscou et à New York.

Ovale rouge. Pointes. Flottement aigu. A Moscou, vue de la fenêtre (en tout 12 tableaux).

1921 *mai :* membre du comité chargé d'étudier la création d'une Académie de la science générale de l'art; dirige le sous-comité de la section de psychophysiologie.

Démarches pour l'édition russe de *Du Spirituel*, qui finalement n'aboutiront pas.

juin : présente un plan d'activité pour l'Académie, qui est adopté.

---

* *Les dates de la période 1918-1921 restent, dans le détail, sujettes à révision.*

été : conférence sur les *Éléments de base de la peinture.*
—*décembre :* quitte la Russie pour Berlin où il arrive à la fin du mois.
Au cours de l'année, expositions à Moscou, Hanovre, Cologne.
Cercle multicolore. Tache noire (en tout huit tableaux).

1922—Appelé comme professeur au Bauhaus de Weimar. Devient vice-directeur.
Dirige l'atelier de peinture murale.
Participe à la grande exposition d'art russe à Berlin. Expose également à New York, Stockholm, Munich, Düsseldorf.
Zigzags blancs (à partir de cette année titre en allemand, et non en russe).
Petits Mondes (Kleine Welten), recueil de 12 estampes, publié à Berlin.
Peintures murales de la salle de réception de la « Juryfreie » de Berlin.
Un nouveau naturalisme, réponse à un questionnaire.

1923 Vice-président de la Société Anonyme de New York.
Expose notamment à Hanovre, Weimar, Berlin, New York.
Composition VIII.
Articles dans les publications du Bauhaus.

1924 Fondation du groupe *Die Blauen Vier* (les quatre bleus) avec Klee, Feininger et Jawlensky.
Expose notamment à Londres, Zürich, Stockholm.
Regard sur le passé (tableau). *Tension calme.*

1925 Transfert du Bauhaus à Dessau, où Kandinsky s'installe en juin.
Expositions en Suisse, en Allemagne et à New York.
34 tableaux (et désormais de 30 à 50 tableaux par an jusqu'en 1932).
Art abstrait, article.

—*1926* Soixantième anniversaire : nombreux hommages.
Grandes expositions à Berlin, Dresde, Dessau.
Publication de *Point-Ligne-Plan* à Munich.

1927 Voyages en Autriche et en Suisse.
4 expositions (à partir de l'année suivante et jusqu'en 1932, de 5 à 15 expositions par an).

—*1928* Acquiert la nationalité allemande.
Mise en scène des « *Tableaux d'une exposition* » de Moussorgsky au théâtre de Dessau.

1929 Voyage en Belgique (rencontre d'Ensor), visite de Marcel Duchamp à Dessau.
Médaille d'or des arts, décernée à Cologne.
Première exposition personnelle à Paris (galerie Zack).

1930 Séjour sur l'Adriatique.
Exposition à la Galerie de France, et à *Cercle et Carré,* à Paris.
Article *Der Blaue Reiter : Rückblick,* dans *Das Kunstblatt,* février.

1931 Voyage au Moyen-Orient.
Fondation du groupe *Abstraction-Création* à Paris.
Décoration murale pour l'exposition d'architecture internationale de Berlin.
Réflexions sur l'art abstrait, dans les *Cahiers d'Art,* Paris.

1932   Transfert du Bauhaus à Berlin. Voyage en Yougoslavie.

1933   En mars, fermeture du Bauhaus par les nazis. Départ pour Paris et installation à Neuilly où Kandinsky restera jusqu'à sa mort.
Expose à Londres et à Hollywood.
Développement en brun (en tout 13 tableaux).

1934   Rencontre Mondrian et Miro. Relations avec Magnelli, Arp, Pevsner.
Expose aux *Cahiers d'art.*
Violet dominant (huile et sable). A partir de cette année les titres des tableaux sont en français.

1935   Articles dans les *Cahiers d'Art.*

1936   *Composition IX.*

1937   Confiscation et mise en vente par les nazis de 57 œuvres de Kandinsky figurant dans les musées allemands et considérés comme « art dégénéré ».
Voyage en Suisse et visite à Paul Klee.
Participation à l'exposition internationale du Musée du Jeu de Paume à Paris.
Poèmes publiés en revue.

1938   *Art concret* dans *XXᵉ siècle.*

1939   Acquiert la nationalité française.
Composition X.

1940   Lors de l'invasion allemande se retire dans les Pyrénées pendant deux mois, puis revient à Paris.

1944   Travaille jusqu'au mois de juin. Meurt le 13 décembre.
Élan tempéré, dernière œuvre achevée (en tout huit tableaux).

NB. Une chronologie détaillée des très nombreux voyages et déplacements de Kandinsky se trouve dans le livre de J. Eichner, Kandinsky und Gabriele Münter, *Munich, 1957. D'autre part K. Lindsay a donné une liste très complète des expositions dans le catalogue de l'exposition rétrospective internationale de 1963.*

PRÉSENTATION DES TEXTES

1. Les notes de Kandinsky, ainsi que les variantes de l'édition russe de *Regards* figurent en bas de page. Nos propres notes sont rejetées à la fin du texte (pp. 237-294). Les variantes sont appelées par les lettres A, B, C ..., les notes de Kandinsky par des *, procédés qu'il a lui-même adopté dans les deux éditions successives de son texte, les autres notes par les chiffres 1, 2, 3.. L'annotation a été plus développée pour *Regards*, en raison du caractère historique du texte, qui nécessite un plus grand nombre d'éclaircissements.

2. Dans le texte de *Regards* les [ ] encadrent les passages supprimés dans la version russe. Les [ ] suivis d'une lettre indiquent les passages modifiés, et la lettre renvoie à la variante. La lettre seule indique un ajout au texte original, qui figure en bas de page. En principe, toutes les variantes ont été données à l'exception de modifications stylistiques très mineures.

3. Pour les noms russes nous avons renoncé à la transcription phonétique internationale peu familière au public français, et qui va à l'encontre d'usages très répandus : Majakovskij pour Maïakovski, Xlebnikov pour Khlebnikov, ou encore Kandinskij pour Kandinsky. La diversité des sources de référence (russes, allemandes, anglaises, italiennes) n'a pas toujours permis d'unifier ces transcriptions : on voudra bien ne pas nous en tenir rigueur.

Regards sur le passé [1]
1913-1918

A Kandinsky

Ame regarde au matin brillant
Ouverte autour du sommet cette bigarrure en fleurs
Aucunement matérielle secrète et pourtant domptée
Sens originel d'humidité de vapeur et de fond

Jointures disloquées par les flammes
Chocs aplanis de soupirs
Lignes entrecoupées déchirant l'abîme
Tissage en spirale sillonnant les airs

Ciel et Terre promettent le Secret
Ether et troubles tourbillonnant dans l'Un
Sombres menaces issues des profondeurs en cercle
Prairie céleste emplie d'apparences tremblantes

En moi s'accueillent les pôles
L'étincelle crépitante sue des brasiers
Jamais plus pour moi l'antique méandre
Mien des éclairs le squelette en zig-zag

Qu'importe si des formes s'éclairent
Si votre Cœur-Enfant se suspend à ce qui fut
Où s'enfantent en couleurs pour l'œil
Des miracles : l'âme éclose en deux âmes s'a-larme

Miracle le Tout dans le mouvement noyé
Visible : intérieur son compagnon de jeu
Changement éternel dévoilé et clos
Jaillit en nous une source sans fin

Source du Tout les flots de sa vie
Tourbillons remous de couleur et dentelures
Avec lui écoulés avec lui entrelacés
Nous en un vacillement de couleurs torrentiel

Notre essence, la lumière les éclats
Où mouvements et façonnements se perdent
Où au sein de danses infinies
La rigidité du moment n'élut pour elle aucun instant.

Albert Verwey
(traduit par K. W.)[2]

Regards sur le passé

Les premières couleurs qui aient fait sur moi une grande impression étaient du vert clair et plein de sève, du blanc, du rouge carmin, du noir et de l'ocre jaune. Ces souvenirs remontent à ma troisième année. J'ai vu ces couleurs sur différents objets que je ne me représente pas aujourd'hui aussi clairement que les couleurs elles-mêmes.

[Comme tous les enfants je désirais passionnément « monter à cheval ». Pour me faire plaisir, notre cocher]ᴬ découpait sur de minces bâtons des branches en forme de spirale; dans la première bande il enlevait les deux écorces de la branche, dans la seconde seulement la première, si bien que mes chevaux ³ avaient d'habitude trois couleurs : [le jaune-brun de l'écorce externe]ᴮ (que je n'aimais pas et que j'aurais volontiers vu remplacé par une autre couleur), [le vert plein de sève de la deuxième couche de l'écorce]ᶜ (que j'aimais tout particulièrement et qui même flétri avait encore quelque chose d'enchanteur), et enfin [la couleur blanc ivoire du bois du bâton]ᴰ (qui avait un parfum d'humidité et [qu'on avait la tentation de lécher]ᴱ, mais qui se flétrissait et se desséchait bientôt tristement, ce qui me gâchait à l'avance la joie que me procurait ce blanc).

[Il me semble que mes grands-parents]ᶠ déménagèrent dans un nouvel appartement peu avant le départ de mes parents pour l'Italie (où l'on m'emmena aussi [avec ma nurse] alors que je n'avais que trois ans). [J'ai l'impression]ᴳ que cet appartement était encore entièrement

---

A. on me (et plus bas : « on enlevait »)
B. la couche brune
C. la couche verte
D. la couche blanche, la plus dénudée, celle du bâton lui-même, qui ressemblait à de l'ivoire
E. qui avait un goût amer quand on la léchait
F. Je me souviens que les parents de ma mère
G. Je me souviens

vide, c'est-à-dire qu'il n'y avait [à l'intérieur] ni meubles ni gens. Dans une chambre assez petite, il n'y avait qu'une horloge accrochée au mur. Je restai tout seul devant elle, à jouir du blanc du cadran et [du rouge carmin] ᴬ de la rose qui y était peinte ⁴.

[Ma bonne d'enfant moscovite était très étonnée que mes parents fissent un si long voyage pour admirer des « édifices ruinés et des vieilles pierres » : « il y en a bien assez chez nous à Moscou ». De toutes ces « pierres » de Rome, je ne me souviens que d'une forêt inextricable d'épaisses colonnes, cette terrible forêt de Saint-Pierre, dans laquelle, à ce qu'il me semble, nous ne pûmes, ma nurse et moi-même, trouver de très longtemps la moindre issue ⁵.]

Et ensuite l'Italie tout entière se colore pour moi de deux impressions de noir. Avec ma mère je traverse un pont dans un fiacre noir (au-dessous, de l'eau d'un jaune sale, je crois) : on m'emmenait dans un jardin d'enfants à Florence. Et une fois encore, du noir : des marches s'enfonçant dans l'eau noire et sur l'eau, un long bateau, noir, terrible, avec une boîte noire au milieu : nous montons de nuit dans une gondole. [Ici aussi je développe mes dons, qui me rendirent célèbre « dans l'Italie toute entière », et je hurle de toutes mes forces.]

[Il y avait dans un jeu de petits chevaux un cheval pie ⁶ (avec de l'ocre jaune sur le corps et une crinière jaune clair) que moi et ma tante* affectionnions tout particulièrement. Sur ce point nous avions institué un ordre strict : tantôt j'avais le droit d'avoir ce cheval pour mon jockey, tantôt c'était ma tante. L'amour de cette sorte de chevaux ne m'a toujours pas quitté aujourd'hui. C'est pour moi une joie que de voir un cheval semblable dans les rues de Munich : il apparaît chaque été lorsqu'on arrose les rues. Il éveille le soleil qui vit en moi. Il est immor-

---

* Élisabeth Tikheeva, qui eut une grande, ineffaçable influence sur tout mon développement. C'était la sœur aînée de ma mère, et elle avait joué un très grand rôle dans son éducation. Mais beaucoup d'autres personnes également avec lesquelles elle a été en contact n'oublient pas son rayonnement intérieur ⁷.

ᴬ. de la profondeur du rouge ponceau

tel, car depuis quinze ans que je le connais, il n'a pas du tout vieilli. Ce fut une de mes premières impressions lorsqu'autrefois je déménageai pour Munich — et ce fut aussi la plus forte. Je m'arrêtai et le suivis longtemps des yeux]ᴬ. Et une promesse à demi consciente mais pleine de soleil tressaillit dans mon cœur. Il faisait revivre en moi le petit cheval de plomb et rattachait Munich à mes années d'enfance. Ce cheval pie fit que je me sentis tout à coup chez moi à Munich ᴮ. Lorsque j'étais enfant je parlais beaucoup allemand ⁸ (ma grand-mère maternelle était [balte]ᶜ). Les contes allemands [que j'avais entendus si souvent quand j'étais enfant]ᴰ prirent vie. Les toits étroits et hauts, aujourd'hui disparus, de la Promenadeplatz et de [la Maximilianplatz]ᴱ, le vieux Schwabing et surtout l'Au que je découvris une fois par hasardᶠ métamorphosèrent ces contes en réalité ⁹. Le [tramway]ᴳ bleu sillonnait les rues comme une atmosphère de conte de fées qui aurait pris corps ᴴ, rendant la respiration légère et agréable. Les boîtes aux lettres

ᴬ. La sœur aînée de ma mère Elizaveta Ivanovna Tikheeva a eu sur tout mon développement une influence considérable, ineffaçable; un être illuminé que n'oublieront jamais tous ceux qui ont été en contact avec elle au cours de sa vie profondément altruiste. Je lui dois la naissance de mon amour pour la musique, pour le conte, plus tard pour la littérature russe, et pour la nature profonde du peuple russe. L'un des plus lumineux souvenirs d'enfance qui soit lié à Elizaveta Ivanovna est un petit cheval de plomb appartenant à un jeu de petits chevaux, pie, avec du jaune ocre sur le corps et une crinière jaune clair. Dès les tous premiers jours de mon arrivée à Munich, où j'étais venu à trente ans, abandonnant le long travail des années précédentes pour apprendre la peinture, je rencontrai un cheval pie qui était la réplique très exacte de celui-là. Il apparaît invariablement chaque année dès qu'on arrose les rues. L'hiver il disparaît mystérieusement, mais au printemps il fait son apparition exactement tel qu'il était un an auparavant, sans avoir vieilli ni changé, il semble immortel.
ᴮ. et que cette ville devint ma seconde patrie.
ᶜ. allemande.
ᴰ. de mes années d'enfance.
ᴱ. la Lenbachplatz
ᶠ. au cours d'une promenade dans les environs de la ville
ᴳ. petit tramway ¹⁰
ᴴ. comme un air bleu rendant...

[jaunes]^A lançaient du coin des rues leur chant vibrant de canari[11]. [Je saluais]^B l'inscription « Moulin *des Arts* » et je me sentais dans une ville d'Art[12], ce qui était pour moi comme une ville de contes de fées. De ces impressions naquirent les tableaux moyenâgeux que je fis plus tard. A la suite d'un heureux conseil j'allai visiter Rothenburg-ob-der-Tauber[14]. Ils resteront pour moi inoubliables ces changements interminables du train express dans l'omnibus, de l'omnibus dans le^C chemin de fer local, avec sa voie [couverte]^D d'herbe, le sifflement grêle de la^E locomotive au long cou, les cris plaintifs[15] et le cliquetis des roues engourdies, et le vieux paysan [aux grands boutons d'argent qui voulait absolument]^F parler de Paris avec moi et que j'avais beaucoup de mal à comprendre. Ce fut un voyage [irréel]^G. J'avais l'impression qu'une force magique, à l'encontre de toutes les lois naturelles, m'avait transporté de siècle en siècle toujours plus loin vers le passé. [J'abandonne la petite, l'invraisemblable gare]^H et, traversant une prairie, j'entre par la porte de la ville. [Des portes]^I, des fossés, des maisons resserrées qui rapprochent leurs têtes au-dessus des ruelles étroites et se regardent au fond des yeux, la porte gigantesque de l'auberge qui donne directement dans l'imposante et sombre salle à manger au milieu de laquelle un escalier de chêne sombre, large et raide conduit aux chambres, [la chambre étroite et la mer des toits d'un rouge cru que je vois de la fenêtre]^J[16]. Le temps était toujours pluvieux. Des gouttes rondes et hautes se posaient sur ma palette, se tendaient espièglement la main à distance, chancelaient et tremblaient,

A. jaune vif
B. Je me réjouissais à la vue de[13]
C. minuscule
D. envahie par
E. petite
F. (avec son gilet de velours aux gros boutons filigranés) qui s'obstinait, sans qu'on sache pourquoi, à vouloir
G. extraordinaire — comme dans un rêve.
H. Je sors de la petite gare (en quelque sorte irréelle)
I. Des portes, encore des portes,
J. ma chambre étroite et la mer figée des toits en pente, aux tuiles rouge vif, qui se découvre à moi de ma fenêtre.

s'unissaient de façon inattendue et soudaine en cordons étroits et malicieux qui couraient vivement et en se jouant à travers les couleurs pour se glisser [de ci de là] A dans ma manche. [Je ne sais pas où sont passées ces études, elles ont disparu. Il ne reste qu'un tableau de ce voyage. C'est « la vieille ville »; mais je l'ai peint de mémoire après mon retour à Munich [17]. Elle est ensoleillée, et j'ai peint les toits d'un rouge cru, comme j'en étais seulement capable alors] B.

Dans ce tableau encore, j'étais à vrai dire en quête d'une certaine heure, qui était et qui reste toujours la plus [belle] C heure du jour à Moscou. Le soleil est déjà bas et a atteint sa plus grande force, celle qu'il a cherchée tout le jour, à laquelle il a aspiré tout le jour. Ce tableau n'est pas de longue durée : encore quelques minutes et la lumière du soleil deviendra rougeâtre d'effort, toujours plus [rougeâtre] D, d'un rouge d'abord froid puis de plus en plus chaud. Le soleil fond tout Moscou [en une tache qui, comme un tuba forcené, fait entrer en vibration tout l'être intérieur, l'âme tout entière [18]] E. Non, ce n'est pas l'heure du rouge uniforme qui est la plus belle! Ce n'est que l'accord final de la symphonie qui porte chaque couleur au paroxysme de la vie et [triomphe de Moscou tout entière en la faisant résonner] F comme le fortissimo [final] d'un orchestre géant. Le rose, le lilas, [le jaune,] le blanc, [le bleu,] G le vert pistache, le rouge flamboyant des moissons, des églises — avec chacune sa mélodie propre —, le gazon d'un vert forcené, les arbres au bourdon plus grave ou la neige

A. soudain
B. Je ne sais pas où passaient toutes ces études. Le soleil ne se montra qu'une fois dans toute la semaine, pour une demi-heure peut-être, et de tout ce voyage, il n'est resté en tout et pour tout qu'un tableau peint par moi, d'après mes impressions, alors que j'étais déjà de retour à Munich. C'est « la vieille ville ». Elle est ensoleillée, et d'ailleurs j'ai peint les toits d'un rouge flamboyant — de toutes mes forces.
C. féérique.
D. rouge.
E. en un seul bloc, vibrant comme un tuba et secouant l'âme tout entière d'une main puissante.
F. qui force Moscou à jouer.
G. le bleu sombre, le bleu ciel,

aux mille voix chantantes, ou encore l'allegretto [A] des rameaux dénudés, l'anneau rouge, rigide [B] et silencieux des murs du Kremlin, et par-dessus, dominant tout, [comme un cri de triomphe, comme un Alle-luia oublieux de lui-même,] [C] le long trait blanc, gracieusement sévère, du clocher d'Ivan-Veliky [19]. Et sur son cou, long, tendu, étiré [vers le ciel dans une éternelle nostalgie [20]] [D] la tête d'or de la coupole, qui, parmi les étoiles dorées et bariolées des autres coupoles, est le soleil de Moscou.

Rendre cette heure me semblait [E] le plus grand, le plus impossible des bonheurs pour un artiste [21]. /

Ces impressions se renouvelaient à chaque jour ensoleillé. Elles me procuraient une joie qui me bouleversait jusqu'au fond de l'âme, [et qui atteignait jusqu'à l'extase]. Et en même temps, c'était aussi un tourment, car je ressentais l'art en général et mes forces en parti-culier comme bien trop faibles en face de la nature. Il fallut bien des années pour que j'arrive, par le sentiment et la pensée, à cette simple découverte que les buts (donc aussi les moyens) de la nature et de l'art se différencient essentiellement, organiquement et de par les lois mêmes du monde — et qu'ils sont aussi grands, donc aussi forts. Cette décou-verte [22], qui oriente aujourd'hui mon œuvre, qui est si simple et si naturellement belle, [réduisit à néant le] [F] vain tourment d'un but vain [que je m'imposais] [G] autrefois [dans mon for intérieur] alors qu'il était inaccessible; elle effaça ce tourment et ainsi la joie que je pris à la nature et à l'art atteignit les sommets les plus sereins. Depuis lors je peux savourer à longs traits ces deux éléments du monde. A cette jouissance s'ajoute le sentiment [bouleversant] de la reconnaissance.

Cette découverte me délivra et m'ouvrit des mondes nouveaux.

A. des branches et
B. inébranlable,
C. semblable au cri de triomphe d'un alleluia oublieux du monde entier,
D. dans une éternelle nostalgie du ciel
E. dans ma jeunesse
F. me débarrassa du
G. qui s'imposait à moi

Toute chose « morte »[A] frémissait. Non seulement les étoiles, la lune, les forêts, les fleurs dont parlent les poètes, mais aussi un mégot[B] gisant dans un cendrier, un bouton [de culotte] blanc, patient[C], qui vous jette un coup d'œil[23] de sa flaque d'eau, dans la rue, un petit morceau d'écorce docile qu'une fourmi serre dans ses mandibules et tire à travers l'herbe haute vers des buts incertains et importants, un feuillet de calendrier[D] vers lequel se tend la main [consciente][E] qui l'arrache de force à la chaude communauté des feuilles qui restent sur le bloc — tout cela me montrait son visage, son être intérieur, l'âme secrète qui se tait plus souvent qu'elle ne parle. De la même façon chaque point au repos et chaque point en mouvement (= ligne) prenait vie pour moi et me révélait son âme[24]. Cela me suffit pour « comprendre » avec mon être tout entier et avec tous mes sens la possibilité et l'existence de l'art qu'on appelle aujourd'hui « abstrait » par opposition à « l'art figuratif »[25].

Mais autrefois, à l'époque[F] où j'étais étudiant, lorsque je ne pouvais consacrer à la peinture que mes heures de liberté, je cherchais, bien que cela pût sembler impossible, à fixer sur ma toile le « chœur des couleurs » (ainsi que je le nommais), qui jaillissant de la nature faisait irruption dans toute mon âme et la bouleversait. Je faisais des efforts désespérés pour arriver à exprimer *toute la force* avec laquelle cela résonnait, mais sans succès.

A la même époque mon âme fut également tenue en état de [vibration][G] constante par d'autres bouleversements d'origine toute humaine[26], si bien que je ne connaissais pas une heure de répit. C'était le moment de la création d'une organisation générale des étudiants [qui devait comprendre][H] non seulement l'ensemble des étudiants d'une université, mais encore ceux de toutes les universités d'Europe occidentale. La lutte des étudiants contre la fourberie ouverte de la loi universitaire de 1885 durait toujours[27]. « Troubles », violences faites

A. tressaillait et
B. refroidi
C. modeste
D. mural

E. assurée
F. éloignée
G. tension
H. dont le but était de rassembler

aux vieilles traditions libérales moscovites, dissolution par les pouvoirs publics des organisations existantes, [fondation de nouvelles par nous,]ᴬ le grondement souterrain des mouvements politiques, le développement de [l'activité autonome * des étudiants]ᴮ, tout cela était l'occasion de nouvelles expériences et rendait de ce fait [les cordes de] l'âme sensibles, réceptives et [particulièrement] aptes à vibrer.

Par bonheur la politique ne me prit pas entièrement. A travers diverses études, je mis en pratique [le don nécessaire à l'approfondissement de cette matière subtile qu'on nomme « l'Abstrait » ²⁸]ᴵ. En

---

* Cette activité autonome ou « initiative » personnelle est un des aspects les plus satisfaisants (malheureusement bien insuffisamment cultivé) d'une vie comprimée dans des formes rigides. Chaque démarche autonome (collective ou individuelle) est riche de conséquences parce qu'elle ébranle la [rigueur]ᶜ des formes de la vie — qu'elle obtienne des « résultats pratiques » ou non. Elle crée une ambiance critique autour des phénomènes routiniers de la vie dont la morne répétition endurcit et paralyse toujours plus l'âme. De là vient l'apathie des masses dont les esprits les plus libres ont toujours eu motif de se plaindre amèrement. [On devrait créer les organisations corporatives en leur donnant les formes les plus lâches possible; celles-ci ont beaucoup plus tendance à s'adapter à chaque nouveau phénomène et à s'en tenir beaucoup moins à des]ᴰ « Précédents » comme c'était l'usage auparavant. Toute organisation doit être considérée seulement comme une transition vers [la liberté]ᴱ, comme un lien encore [nécessaire]ᶠ, mais [qui est le plus lâche possible afin de ne pas entraver]ᴳ la marche à grands pas vers le développement ultérieur ᴴ.

ᴀ. leur remplacement par d'autres
ʙ. l'initiative* en milieu étudiant
ᴄ. forteresse
ᴅ. les corporations artistiques devraient spécialement se doter de formes aussi souples et aussi peu rigides que possible, plus portées à se plier aux besoins nouveaux qu'à se guider sur les
ᴇ. une liberté plus grande,
ꜰ. inévitable,
ɢ. susceptible d'assurer une souplesse qui excluerait tout freinage de
ʜ. Je ne connais pas une seule communauté ou une seule société artistique qui ne devienne dans les plus brefs délais une organisation contre l'art au lieu d'être une organisation pour l'art.
ɪ. l'indispensable capacité d'approfondissement dans cette sphère subtilement matérielle qui s'appelle la sphère de l'abstrait.

dehors de la spécialité que j'avais choisie (économie politique que je travaillais sous la direction du Professeur A. I. Tchouprov [29], savant éminemment doué et l'un des hommes les plus extraordinaires que j'ai rencontrés dans ma vie) je fus fortement attiré, successivement ou simultanément, par diverses autres sciences : le droit romain (qui me charmait par sa « construction » toute de finesse, de clairvoyance, de raffinement, mais dont la logique beaucoup trop froide, trop sage, rigide, ne pouvait pas me satisfaire, moi, un slave), le droit criminel (qui me touche particulièrement et peut-être trop exclusivement à cause de la théorie de Lombroso [30], qui était alors nouvelle), l'histoire du droit russe et le droit [paysan][A] (qui, par contraste avec le droit romain, parce qu'il représentait [une libération et une solution heureuse de la Loi Fondamentale][B], me plongea dans une grande admiration et suscita en moi [un amour profond][C] *), l'ethnographie, qui

* [Après « l'émancipation » des paysans en Russie [31], le gouvernement leur donna une administration économique autonome qui leur apporta une maturité politique inattendue pour beaucoup, et une justice propre où, dans certaines limites, les juges que les paysans avaient choisis parmi eux tranchaient les différends et pouvaient également punir les « délits » criminels. C'est précisément alors que le peuple découvrit le principe le plus humain qui permet de punir sévèrement des fautes vénielles et légèrement ou même pas du tout des fautes plus graves, et que traduit l'expression paysanne : « C'est selon l'homme ». On ne créa pas de loi rigide (comme par exemple dans le droit romain, — le *jus strictum* en particulier), mais une forme extrêmement souple et libérale qui n'était pas déterminée *par le « dehors »* mais *exclusivement par le « dedans »*.][D]

A. coutumier
B. une solution libre et heureuse de l'application de la Loi,
C. un sentiment d'étonnement et d'amour
D. C'est avec une chaleureuse gratitude que je me souviens de l'enthousiasme et de l'aide sincèrement bienveillante du professeur A.N. Filippov (alors encore maître de conférences) [32] qui me donna le premier des renseignements sur le principe plein d'humanité du « Selon l'homme » placé par le peuple russe à la base de la qualification des actes criminels et mis en application par les tribunaux de district. Selon ce principe le verdict se fonde non pas sur l'aspect extérieur de l'acte mais sur la qualité de sa source intérieure, l'âme du prévenu. Combien ceci est proche des fondements de l'art! [33].

touchait de près à cette science ([et dont j'attendais au début qu'elle me révèle l'âme du peuple][A]); toutes ces études me captivèrent et m'aidèrent à la pensée abstraite.

J'ai aimé toutes ces sciences, et je pense encore aujourd'hui avec reconnaissance aux heures d'enthousiasme et peut-être d'inspiration qu'elles me procurèrent. Seulement ces heures perdirent leur éclat au premier contact avec l'art, qui avait seul le pouvoir de me transporter hors du temps et de l'espace. Jamais les travaux scientifiques ne m'avaient apporté de telles expériences [de tensions][B] intérieures et de moments créateurs.

Toutefois je trouvais mes forces trop faibles pour me sentir le droit de renoncer à mes autres devoirs et de [mener][C] une vie d'artiste qui me semblait alors le comble du bonheur. Par ailleurs la vie russe était alors particulièrement lugubre, mes travaux scientifiques étaient appréciés, si bien que je me décidai à devenir un homme de science. Dans l'économie politique, que j'avais choisie, je n'aimais cependant en dehors des questions [de salaire][D] que la pensée purement abstraite. Le système bancaire, le côté pratique du système financier m'inspirèrent une répulsion insurmontable. Pourtant [il ne me resta pas d'autre solution que d'accepter l'ensemble du lot][E] [34].

[A la même époque je vécus][F] deux événements qui marquèrent ma vie entière de leur sceau [et qui me bouleversèrent alors jusqu'au plus profond de moi-même]. Ce furent l'exposition des impressionnistes français à Moscou — en premier lieu « La meule de foin » de Monet — et une représentation de Wagner au théâtre [de la cour][G] : Lohengrin.

A. et qui me promettait la découverte des secrets de l'âme populaire
B. d'élans
C. commencer
D. ouvrières
E. il fallait aussi compter avec cet aspect de l'enseignement.
F. C'est à peu près à la même époque que remontent
G. Bolchoï

Auparavant je ne connaissais que [l'art]ᴬ réaliste, et encoreᴮ exclusivement les Russes ; [je restais longtemps en contemplation devant]ᶜ la main de Franz Liszt dans le portrait de Répine ³⁵, [et d'autres œuvres de ce genre]ᴰ. Et soudain, pour la première fois, je voyais un tableau. [Ce fut le catalogue qui m'apprit qu'il s'agissait d'une meule. J'étais incapable de la reconnaître. Et ne pas la reconnaître me fut pénible]ᴱ. Je trouvais également que le peintre n'avait pas le droit de peindre d'une façon aussi imprécise. Je sentais confusément que l'objet faisait défaut au tableau. [Et]ᶠ je remarquai avec étonnement et trouble que le tableau non seulement vous [empoignait,]ᴳ mais encore imprimait à la conscience une marque indélébile, et qu'aux moments toujours les plus inattendus, on le voyait, avec ses moindres détails, flotter devant ses yeux. Tout ceci était confus pour moi, et je fus incapable de tirer les conclusions élémentaires de cette expérience. Mais ce qui m'était parfaitement clair, c'était la puissance insoupçonnée de la palette qui m'avait jusque-là été cachée et qui allait au-delà de tous mes rêves ᴴ. La peinture en reçut une force et un éclat fabuleux. Mais inconsciemment aussi, l'objet en tant qu'élément indispensable du tableau en fut discrédité ³⁷. Dans l'ensemble, j'avais l'im-

A. la peinture
B. presque
C. encore enfant j'avais été profondément impressionné par « On ne l'attendait pas », mais jeune homme j'étais allé quelquefois étudier longtemps et attentivement
D. Je reproduisais plusieurs fois de mémoire le *Christ* de Polenov, j'avais été frappé par *A la rame* de Levitan et par son monastère éclatant se reflétant dans la rivière. ³⁶
E. Il me semble que sans le catalogue il n'aurait pu être question de deviner qu'il s'agissait d'une meule de foin. Cette impression m'était désagréable :
F. Et pourtant
G. émouvait et vous captivait
H. audacieux.

pression qu'une petite partie de mon Moscou enchanté existait déjà sur la toile *.

En revanche Lohengrin [A] me sembla être une parfaite réalisation de [ce] [B] Moscou. Les violons, les basses profondes et tout particulièrement les instruments à vent personnifiaient alors [pour moi] [C] toute la force des heures du crépuscule [39]. Je voyais mentalement toutes mes couleurs, elles étaient devant mes yeux. Des lignes sauvages, presque folles, se dessinaient devant moi. [D] Je n'osais pas aller jusqu'à me dire que Wagner avait peint « mon heure » en musique. Mais il m'apparut très clairement que l'art en général possédait une beaucoup plus grande puissance que ce qui m'avait d'abord semblé, que d'autre part la peinture pouvait déployer les mêmes forces que la musique [41]. Et l'impos-

---

* Le « problème lumière et air » des Impressionnistes m'intéressait très peu. Je trouvais que les savantes discussions sur cette question avaient bien peu de rapports avec [la peinture] [E]. [Plus] [F] importante me sembla plus tard la théorie des néo-impressionnistes [38], qui, dans le fond, parlait de *l'action des couleurs* et [laissait l'air en paix] [G]. Pourtant j'eus le sentiment, d'abord confus puis plus tard conscient, que toute théorie qui s'appuie sur des moyens extérieurs [H] n'est qu'un cas, à côté duquel de nombreux autres cas peuvent exister [avec le même droit]; et plus tard encore, je compris que l'extérieur [se développe à partir de l'intérieur, ou qu'alors il] [I] est mort-né.

A. C'est plus tard seulement que je ressentis toute la sentimentalité fade et toute la sensiblerie superficielle de cet opéra, le plus faible de Wagner. Quant aux autres opéras (comme *Tristan, L'Anneau*) ils ont pendant de longues années tenu captif mon sens critique par leur puissance et leur expressivité originale. J'ai trouvé une expression objective pour la qualifier dans mon article « De la composition scénique » imprimé d'abord en allemand en 1913 (dans « Le Cavalier Bleu », édition R. Piper, Munich) [40].

B. mon

C. , dans ma manière d'appréhender les choses,

D. Seulement

E. l'Art.

F. Beaucoup plus

G. renonçait à se prononcer sur la question de l'air.

H. (et c'est, par définition, le cas des théories en général)

I. quand il n'est pas engendré par l'intérieur

sibilité [de découvrir seul ces forces, ou tout au moins de les chercher, rendit encore plus amer mon renoncement] [A].

Mais je n'eus jamais assez de force pour me conformer, en dépit de tout, à mes devoirs, et je succombai à une [recherche trop lourde] [B] pour moi [42].

[Un événement scientifique leva l'un des obstacles les plus importants sur cette voie. Ce fut la division poussée de l'atome. La désintégration de l'atome était la même chose, dans mon âme, que la désintégration] [C] du monde entier. Les [murs] [D] les plus épais s'écroulaient soudain. Tout devenait précaire, instable, mou. Je ne me serais pas étonné de voir une pierre [fondre en l'air devant moi et devenir invisible] [E]. La science me paraissait anéantie : ses bases les plus solides n'étaient qu'un leurre, une erreur de savants qui ne bâtissaient pas leur édifice divin pierre par pierre, d'une main [tranquille] [F], [dans une lumière transfigurée] [G], mais tâtonnaient dans l'obscurité, au hasard, à la recherche de [vérités] [H], et dans leur aveuglement prenaient un objet pour un autre [43].

Déjà enfant, je connaissais les heures de tourments et de joie de la tension intérieure [qui est promesse d'incarnation].

Ces heures de frémissement intérieur, [de confuse nostalgie] [I] qui exige [J] de vous quelque chose d'incompréhensible, qui le jour oppresse le cœur [K], emplit l'âme d'inquiétude, et la nuit fait vivre des rêves fantastiques, pleins de terreur et de joie. [Comme beaucoup d'enfants et d'adolescents j'essayais d'écrire des poèmes que je déchirais tôt

A. où j'étais de m'appliquer à découvrir seul ces forces m'était un tourment.
B. tentation trop forte
C. L'un des obstacles les plus importants qui se trouvaient sur mon chemin s'écroula de lui-même par le fait d'un événement purement scientifique. Ce fut la désintégration de l'atome. Elle retentit en moi comme la destruction soudaine
D. voûtes
E. s'élever dans l'air et s'y dissoudre.
F. assurée
G. au grand jour
H. la vérité
I. d'élan confus
J. impérieusement
K. et rend la respiration superficielle

ou tard] [44]. Je me souviens encore que le dessin [mit fin à cet état de choses] [A], c'est-à-dire qu'il me fit vivre hors du temps et de l'espace, de sorte que je perdais aussi le sentiment de moi-même. Mon père [*] remarqua de bonne heure mon amour [du dessin] [B] et [me fit prendre des leçons] [C] alors que j'étais encore au lycée. Je me souviens [D] combien j'aimais le matériel lui-même, combien je trouvais les couleurs [E] et les crayons particulièrement attirants, beaux et vivants [F]. Des fautes que je faisais, je tirais des leçons [qui, aujourd'hui encore, agissent

[*] Mon père [avec une extraordinaire patience, me laissa toute ma vie poursuivre mes rêves et mes caprices. Lorsque j'avais dix ans, il tenta de me faire] [G] choisir entre le lycée classique et une école professionnelle [: en m'expliquant les différences entres les deux écoles, il m'aida à faire ce choix avec toute l'indépendance qu'il pouvait me donner]. Il me soutint [pécuniairement avec beaucoup de générosité pendant de longues années. Aux tournants de ma vie] [H] il parlait avec moi comme un ami plus âgé et n'exerça jamais la moindre trace de contrainte aux moments décisifs. Son principe d'éducation reposait sur la confiance totale et des relations amicales avec moi. Il sait combien je lui en suis reconnaissant [45]. [Ces lignes devraient être une leçon pour les parents qui essaient de détourner leurs enfants de leur vraie voie (et plus particulièrement ceux qui ont des dons artistiques) souvent par la violence, et les rendent ainsi malheureux.]

A. et quelque temps plus tard la peinture, m'arrachait aux conditions de la réalité
B. de la peinture
C. fit venir un maître de dessin
D. très bien
E. les pinceaux
F. ainsi que ma première palette de céramique ovale, et plus tard les fusains enveloppés dans du papier d'argent. Et l'odeur même de la térébenthine était si envoûtante, sérieuse et sévère, une odeur qui excite en moi, maintenant encore, je ne sais quel état sonore particulier dont l'élément principal est l'élément de responsabilité.
G. fut d'une extraordinaire patience à l'égard de mes caprices et de mes sauts d'une carrière à une autre. Il s'efforça dès le début de développer en moi le goût de l'autonomie : je n'avais pas encore dix ans quand il m'amena, de moi-même, et dans la mesure où c'était possible, à
H. matériellement avec une extraordinaire générosité, pendant de longues années, malgré ses moyens plutôt modestes. A l'occasion de mes passages d'une voie à l'autre

presque toutes en moi avec leur force originelle][A]. Lorsque j'étais tout petit, je peignis un cheval pie [B] à la gouache. Tout était fini sauf les sabots. Ma tante qui m'aidait à peindre dut sortir et me recommanda [d'attendre son retour pour les sabots][C]. Je restai seul devant la peinture inachevée : je [me tourmentais devant][D] l'impossibilité de mettre sur le papier les dernières taches de couleur.

Ce dernier travail me semblait si facile! [Je pensais : « Si je fais les sabots vraiment noirs, ils seront sûrement tout à fait conformes à la nature »][E]. Je pris autant de noir que je pus sur mon pinceau. Un instant... et je vis quatre [horribles] taches noires aux pieds du cheval, écœurantes et complètement étrangères au papier. [Je me sentais désespéré et cruellement puni.] Plus tard je compris fort bien la peur que les impressionnistes avaient du noir, et plus tard encore, [cela provoquait en moi une véritable angoisse intérieure de][F] mettre du noir pur sur la toile. Un tel malheur d'enfant projette une longue, longue ombre sur de nombreuses années de la vie ultérieure [G].

Les impressions ultérieures particulièrement fortes que j'ai connues quand j'étais étudiant et qui ont agi de façon décisive sur plusieurs années de ma vie furent Rembrandt à l'Ermitage de Saint-Pétersbourg, et mon voyage dans le gouvernement de Vologda, où je fus envoyé [en tant qu'ethnographe et juriste][H] par la Société [Impériale] de sciences naturelles, d'anthropologie et d'ethnographie [I]. Ma tâche était double : étudier le droit criminel [paysan][J] dans la population russe

---

A. encore vivantes en moi aujourd'hui.
B. pommelé
C. de ne pas toucher aux sabots en son absence mais d'attendre son retour
D. souffrais de
E. Il me semblait que cela ne coûtait rien de bien passer les sabots au noir.
F. je dus lutter sérieusement contre mon angoisse intérieure avant de me décider à
G. Et récemment encore j'utilisais le noir pur avec un sentiment sensiblement différent de celui que j'avais avec le blanc pur.
H. en mission
I. de Moscou.
J. coutumier

(chercher à dégager les principes du droit primitif), et recueillir les survivances de religion païenne qui subsistaient chez la peuplade syrianne de paysans et de chasseurs en lente voie de disparition [46].

Rembrandt m'a [profondément] bouleversé [47]. [La grande séparation du clair-obscur [48], la fusion des tons secondaires dans les grandes parties] [A] et le fondu de ces tons dans ces parties, qui faisaient l'effet d'un gigantesque accord de deux notes, quelle que soit la distance, et qui me rappelaient aussitôt les trompettes wagnériennes, me révélèrent des possibilités tout à fait neuves, des forces surhumaines que la couleur avait en elle et tout particulièrement l'accroissement de puissance résultant du rapprochement des couleurs, c'est-à-dire [des] [B] contrastes [49]. Je vis que chaque grande surface ne contenait en elle-même rien de [féérique,] [C] que chacune de ces surfaces dévoilait d'emblée son origine sur la palette, mais que leur opposition avec d'autres surfaces leur conférait effectivement une puissance [féérique] [D], si bien qu'au premier coup d'œil il semblait incroyable qu'elles puissent avoir leur origine sur la palette. Mais il n'était pas dans ma nature d'employer un procédé après l'avoir vu, sans chercher plus loin. J'avais inconsciemment la même attitude envers les tableaux d'autrui qu'aujourd'hui envers la « nature », [je les saluais avec respect et une joie profonde, mais je sentais que c'était pourtant une force qui m'était étrangère] [E]. D'un autre côté je sentais plus ou moins inconsciemment que cette grande séparation confère aux tableaux de Rembrandt une qualité que je n'avais jamais vue [jusque-là. J'avais] [F] l'impression que ses tableaux « duraient longtemps » et je me l'expliquais par le fait qu'il fallait que je commence par prendre le temps d'en épuiser *une* partie avant

A. Le partage fondamental du clair et de l'obscur en deux grandes parties, la fusion des tons secondaires dans ces grandes parties
B. selon la loi des
C. surnaturel
D. surnaturelle
E. ils sucitaient en moi une joie déférente mais il me restaient cependant étrangers par leur valeur individuelle.
F. chez personne. Il en résultait

de passer à l'*autre*. Plus tard je compris que cette séparation [fixe comme par enchantement sur la toile un élément initialement étranger à la peinture et qui paraît difficilement saisissable]ᴬ : le Temps * ⁵⁰.

[Les tableaux que j'ai peints il y a dix douze ans à Munich devaient avoir cette propriété]ᴮ. Je n'en ai peint que trois ou quatre, et j'ai voulu mettre dans [chaque partie]ᶜ une série « infinie » de tons qui n'apparaissent pas à première vue ⁵¹. Ils devaient d'abord rester entièrement *cachés* **, surtout dans [la partie sombre]ᴰ, et ne se révéler qu'avec le *temps* au spectateur [profondément attentif]ᴱ, d'abord confusément et comme [en s'essayant]ᶠ ⁵³, pour résonner

* Un cas simple de l'utilisation du temps.

** Mon habitude de noter des pensées isolées vient de cette époque. Ainsi naquit, sans que je m'en aperçoive, « Du Spirituel dans l'Art ». Les notes s'accumulèrent pendant une durée de dix ans au moins ⁵². Voici l'une de mes premières notes sur la beauté des couleurs [dans le tableau] : « La splendeur [des couleurs dans un tableau]ᴳ doit attirer puissamment le spectateur [et]ᴴ en même temps elle [doit]ᴵ cacher son contenu [profond]ᴶ ». J'entendais par là le contenu pictural, non pas encore dans sa forme pure (comme je le comprends maintenant), mais du point de vue du sentiment ou des sentiments que l'artiste exprime dans sa peinture. A ce moment-là je vivais encore dans l'illusion que le spectateur [se place en face]ᴷ du tableau avec une âme ouverte, et [prêt à saisir]ᴸ un langage qui lui est [proche]ᴹ. De tels spectateurs existent (ce n'est pas une illusion), seulement ils sont aussi rares que des pépites d'or dans le sable. Il y a même de ces spectateurs qui, sans affinité personnelle avec le langage de l'œuvre, se donnent à elle et peuvent retirer quelque chose d'elle. [Dans ma vie, j'en ai rencontré.]

A. intègre à la peinture un élément qui lui est en quelque sorte inaccessible
B. Dans les tableaux que j'ai peints il y a douze quinze ans à Munich j'ai essayé d'utiliser cet élément.
C. dans chacune de leurs parties constituantes

D. les parties sombres	I. est appelée à
E. qui sait approfondir	J. profondément caché
F. insidieusement	K. va à la rencontre
G. picturale	L. qu'il y cherche
H. mais	M. familier

ensuite de plus en plus, avec une force croissante et « angoissante » [54]. A mon grand étonnement, je remarquai que je travaillais selon le principe de Rembrandt. Ce fut un moment d'amère déception et de doute mordant au sujet de mes propres forces, de doute sur la possibilité de trouver des moyens d'expression personnels. Bientôt cela me parut « s'en tirer à trop bon compte » que de donner vie de cette façon aux éléments qui étaient alors mes préférés [: le Caché, le Temps, l'Angoissant][A] [55].

A cette époque j'ai travaillé de façon particulièrement intense, souvent jusqu'à une heure avancée de la nuit [où un épuisement complet m'obligeait à interrompre mon travail et à aller me coucher au plus vite][B]. Les jours où je n'avais pas travaillé (Dieu sait s'ils étaient rares!), je les tenais pour perdus, [et ils me tourmentaient][C]. Lorsqu'il faisait un temps à peu près convenable, je peignais chaque jour une ou deux études, principalement dans le vieux Schwabing qui était alors en train de se transformer peu à peu en un quartier de Munich [56]. [Aux moments où j'étais déçu par le travail d'atelier et les tableaux peints de mémoire, je peignais surtout des paysages; cependant ils ne me satisfaisaient guère, si bien que plus tard je n'en repris que fort peu pour faire des tableaux][D]. Lorsque j'allais avec ma boîte de peinture, avec au cœur les émotions d'un chasseur, je ne me sentais pas autant de responsabilité que lorsque je peignais des tableaux dans lesquels déjà alors, mi-consciemment mi-inconsciemment, je faisais des recherches dans le domaine de la composition.

A. c'est-à-dire les éléments du Temps dissimulé et mystérieusement angoissant.

B. jusqu'à ce que la fatigue m'envahisse au point d'en avoir une nausée physique.

C. gaspillés étourdiment et follement.

D. Les jours où j'étais déçu par le travail d'atelier et mes tentatives de composition, je peignais avec un acharnement particulier des paysages qui m'émouvaient, comme si j'étais, avant la bataille, devant un ennemi qui triomphera de moi : il était rare que ces études me satisfassent, même partiellement, bien que j'eusse essayé parfois d'en exprimer la sève sous la forme de tableaux.

[Au mot de *composition*, j'étais profondément bouleversé]ᴬ et plus tard, je me donnai pour but dans la vie de peindre une « *Composition* » ⁵⁷. [Ce mot agissait sur moi comme une prière. Il me remplissait de vénération.]ᴮ Dans les études que je peignais, [je me laissais aller]ᶜ. Je pensais peu aux maisons et aux arbres, je traçais sur la toile à la spatule des lignes et des taches de couleur et je les laissais chanter aussi fort que je pouvais. En moi résonnait l'heure du crépuscule à Moscou, devant mes yeux [j'avais]ᴰ la gamme puissante de la lumière de Munich, saturée de couleurs, avec un grondement de tonnerre profond dans les ombres. Ensuite, surtout à la maison, toujours une profonde déception. Mes couleurs me semblaient faibles, plates, l'étude tout entière un vain effort pour capter la force de la nature. Comme il me semblait étrange d'entendre dire que j'exagérais les couleurs de la nature, que cette exagération rendait mes tableaux incompréhensibles et que le seul salut pour moi serait d'apprendre à « rompre les couleurs »ᴱ ⁵⁸. La critique munichoise

ᴀ. Le mot de « composition » suscitait en moi une vibration intérieure
ʙ. Devant mes yeux, en de confuses rêveries, se dessinait parfois, en lambeaux insaisissables, quelque chose d'indéfini qui parfois m'effrayait de sa hardiesse. Certains jours je voyais en rêve des tableaux harmonieux qui laissaient derrière eux la trace confuse de détails irréels. Une fois, dans le délire du typhus, je vis très clairement tout un tableau, qui cependant se dissipa en quelque sorte en moi quand je fus guéri. En quelques années, à divers intervalles, je peignis « L'arrivée des marchands », ensuite « La vie bariolée » et enfin de longues années plus tard, dans « Composition 2 », je réussis à exprimer la véritable essence de cette vision de délire dont je n'ai pourtant pris conscience que très récemment. Ce mot agissait sur moi comme une véritable prière. Et maintenant encore, j'éprouve de la douleur lorsque je vois avec quelle légéreté je me suis bien souvent comporté avec lui.
ᴄ. je m'accordai une liberté complète, me laissant même aller au « caprice » d'une voix intérieure.
ᴅ. se développait
ᴇ. C'était l'époque où je m'enthousiasmais pour les dessins de Carrière et la peinture de Whistler ⁵⁹. Je doutais souvent de ma « conception » de l'art, je m'efforçais même de me faire violence pour me convaincre, je m'obligeais à aimer ces peintres. Mais le caractère brumeux, morbide et l'impuissance en quelque sorte douceâtre de cet art me repoussait à nouveau. Et à nouveau je revenais à mes rêves de sonorités, de plénitude du « chœur des couleurs » et avec le temps, à la complexité de la composition.

(qui fut en partie très favorable à mon égard, surtout au début *)
voulut expliquer « le faste de mes couleurs » par des influences byzantines. La critique russe (qui presque sans exception m'injuriait en termes non parlementaires) trouva [que je tournais mal sous l'influence de l'art munichois]ᴬ. C'est alors que j'ai vu pour la première fois combien la plupart des critiques procèdent à contresens, avec ignorance et sans gêne. Cela explique aussi le sang froid avec lequel les artistes sensés accueillent les articles les plus féroces à leur sujet [61].

Mon penchant pour ce qui est « dissimulé », caché, me sauva de ce qu'il peut y avoir de nocif dans l'art populaire, que je vis pour la première fois lors de mon voyage dans le gouvernement de Vologda, sur son vrai terrain et dans sa forme originelle. Je voyageai d'abord

---

* Aujourd'hui aussi, de nombreux critiques voient du talent dans mes premiers tableaux, ce qui est une bonne preuve de leur faiblesse. Dans les tableaux suivants et dans les derniers ils voient de l'égarement, une impasse, une décadence, et très souvent une imposture, ce qui est une bonne preuve de la force toujours croissante de ces œuvres. [Je ne parle naturellement pas ici de la seule critique munichoise : pour elle, à l'exception de quelques cas très rares, mes livres ne sont qu'un gâchis malveillant. Il serait regrettable que ce jugement soit autre.] ᴮ

ᴀ. soit que j'apportais à la Russie les valeurs de l'Europe occidentale (au demeurant valeurs vieillies) sous une forme édulcorée, soit que je ployais sous l'influence pernicieuse de Munich.

ᴮ. L'expérience des ans développe l'indifférence à ce genre de critique. Les hymnes de louange qui percent çà et là à l'égard de la peinture (et qui sont destinés à retentir toujours plus fort) ont perdu le pouvoir de m'émouvoir comme c'était le cas au temps de mes débuts. La critique artistique des journaux et même des revues n'a jamais fait « l'opinion publique » mais a toujours été faite par elle. Et c'est justement cette opinion qui arrive aux oreilles de l'artiste, bien avant les colonnes de journaux. Mais cette opinion, me semble-t-il, l'artiste lui-même la devine avec fermeté et précision longtemps avant qu'elle ne soit formée. Quel que soit l'aspect sur lequel on s'est trompé au début (et parfois pendant de longues années) et quelles que soient l'opinion et la critique artistique qu'elle a formées [60], *l'artiste en général* sait toujours au moment de sa maturité quel est le prix de son art. Il doit être terrible pour l'artiste d'être sous-estimé de l'extérieur mais plus terrible encore d'être surestimé de l'intérieur.

en train, avec le sentiment que je me déplaçais sur une autre planète, ensuite en bateau à vapeur, pendant quelques jours, sur la Soukhonia, paisible, absorbée en elle-même, puis dans des voitures primitives, à travers des forêts sans fin, parmi des collines aux tons variés, à travers des marécages et des déserts de sable [62]. Je voyageais tout seul, circonstance éminemment favorable qui me permit de m'absorber entièrement dans ce qui m'entourait et en moi-même. Dans la journée il faisait souvent une chaleur brûlante, [la nuit était glaciale][A], et je me souviens avec reconnaissance de mes cochers, m'enveloppant souvent pour me réchauffer dans les couvertures qui tombaient [aux secousses et aux cahots de la voiture, privée de suspension][B]. J'arrivais dans des villages où soudain [toute] la population [était][C] vêtue de gris des pieds à la tête, avec des visages et des cheveux d'un [vert][D] jaunâtre, [ou arborait soudain un bariolage de costumes qui déambulaient sur deux jambes comme de vivants tableaux bariolés][E].

A. et les nuits où le soleil ne se couchait pratiquement pas étaient si froides que même la touloupe [63], les bottes de feutre et le bonnet de fourrure syrienne que j'avais obtenus en cours de route par l'intermédiaire de N.A. Ivanitsky [*] se révélaient parfois insuffisants;
B. pendant mon sommeil.
C. allait
D. gris
E. ou bien une population de gens à peau blanche, le visage vermeil, avec des cheveux noirs, vêtus de manière si bigarrée et si vive qu'ils ressemblaient à des tableaux mobiles sur deux jambes.

[*] Noble ermite de la ville de Kandikov, secrétaire du comité exécutif de zemstvo [64], botaniste et zoologue, qui n'a pas suscité d'intérêt en Russie mais a été publié en Allemagne, auteur de sérieuses études ethnographiques... Organisateur de l'exploitation artisanale d'objets de corne qu'il avait réussi à arracher aux mains d'impitoyables mercantis. Par la suite, on proposa à N. A. une place intéressante et lucrative à Moscou, mais il la refusa à la dernière minute : il n'avait pas le courage d'abandonner son œuvre extérieurement si modeste, intérieurement si importante. Pendant ce voyage il m'est arrivé plus d'une fois de rencontrer les artisans isolés, et d'une abnégation complète, de la Russie future, qui se réjouissait déjà de cet aspect dans sa complexité bigarrée [65]. Parmi eux les prêtres de campagne n'occupaient pas la dernière place.

Je n'oublierai jamais les grandes maisons de bois couvertes de sculptures [A]. [Dans ces maisons magiques, j'ai vécu une chose qui ne s'est
pas reproduite depuis.] [B] Elles m'apprirent à me mouvoir au sein
même du *tableau,* à vivre dans le tableau. Je me souviens encore
qu'en entrant pour la première fois dans la salle, je restai figé sur place
devant un [tableau] [C] aussi inattendu. La table, les banquettes [66],
le grand poêle, qui tient une place importante [dans la maison du
paysan russe], les armoires, [chaque objet] [D], étaient peints d'ornements
bariolés étalés à grands traits. Sur les murs, des images populaires [67] :
la représentation symbolique d'un héros, une bataille, l'illustration
d'un chant populaire. Le coin « rouge » [68] (« rouge » en vieux russe
veut dire « beau ») entièrement recouvert d'icônes gravées et peintes,
et devant, une petite lampe suspendue qui brûlait, rouge, fleur bril-
lante, étoile consciente à la voix basse et discrète, timide, vivant en soi
et pour soi, fièrement. Lorsqu'enfin j'entrai dans la pièce, je me sentis
environné de tous côtés par la peinture dans laquelle j'avais donc
pénétré. Le même sentiment sommeillait en moi, jusque-là tout à fait
inconscient, quand j'étais dans les églises de Moscou et en particulier
à [la cathédrale du Kremlin] [E] [69]. Lorsque je revis ensuite ces églises,
à mon retour de voyage, le même sentiment se manifesta en moi avec
une parfaite clarté. Plus tard, j'eus souvent la même expérience
dans les chapelles de Bavière et du Tyrol. Naturellement ces impressions étaient chaque fois colorées très différemment [car elles étaient
constituées d'éléments très différents : Église, église russe! Chapelle,
chapelle catholique!] [F].

A. avec un samovar brillant à la fenêtre. Ce samovar, ce n'était pas ici un
objet de luxe, mais de première nécessité : dans certaines localités, la population se nourrissait presque exclusivement de thé d'Ivan [70], sans compter
le pain d'orge ou d'avoine dont les dents et l'estomac ne venaient pas facilement à bout. Toute la population, là-bas, avait le ventre gonflé.
B. Dans ces isbas extraordinaires, j'ai vécu pour la première fois un miracle
qui est devenu par la suite l'un des éléments de mes travaux.
C. spectacle
D. les coffres [71]
E. à la cathédrale de l'Assomption et à l'église Saint Basile le Bienheureux.
F. puisque les sources qui les avaient suscitées étaient elles-mêmes décorées
très différemment : l'Église, église russe, la Chapelle, chapelle catholique.

J'ai fait de nombreuses esquisses. Ces tables, et des ornements divers. [Ceux-ci n'étaient jamais mesquins]ᴬ, et ils étaient peints avec une telle force que *l'objet* se *fondait* en eux. Cette impression, elle aussi, ne parvint que beaucoup plus tard à ma conscience.

C'est à travers ces impressions vraisemblablement, et non autrement, que prit corps en moi ce que je souhaitais, le but que je fixai plus tard pour mon art personnel. Pendant des années, j'ai cherché la possibilité d'amener le spectateur à [« se promener »]ᴮ *dans le tableau,* de le forcer à se fondre dans le tableau en s'oubliant lui-même [72].

Parfois j'y parvenais : je l'ai constaté chez les spectateurs. Mon aptitude à ne pas tenir compte de l'objet dans le tableau continua de se développer à partir de l'effet, inconsciemment intentionnel, que produit la peinture sur l'objet peint, lequel peut se fondre dans l'acte même qui le peint. Beaucoup plus tard, déjà à Munich, dans mon atelier, je restai sous le charme d'une vision inattendue. C'était l'heure du crépuscule naissant. J'arrivais chez moi avec ma boîte de peinture après une étude, encore [perdu dans mon rêve et absorbé par le travail que je venais de terminer]ᶜ, lorsque je vis soudain un tableau d'une beauté indescriptible, imprégné d'une grande ardeur intérieure. Je restai d'abord interdit, puis je me dirigeai rapidement vers ce tableau mystérieux [sur lequel je ne voyais que des formes et des couleurs et dont le sujet était incompréhensible]ᴰ. Je trouvai aussitôt le mot de l'énigme : c'était un de mes tableaux qui était appuyé au mur sur le côté. J'essayai le lendemain de retrouver à la lumière du jour l'impression éprouvée la veille devant ce tableau. Mais je n'y arrivai qu'à moitié : même sur le côté je reconnaissais constamment les objets et il manquait la fine lumière du crépuscule. Maintenant j'étais fixé, l'objet nuisait à mes tableaux.

ᴬ. ils ne se perdaient jamais dans les détails
ᴮ. se mouvoir
ᶜ. absorbé dans mon travail, et je rêvais à la manière dont il aurait fallu travailler
ᴰ. parfaitement incompréhensible quant à son contenu extérieur et exclusivement constitué de taches de couleur.

Un abîme effrayant, une profusion de questions de toute sorte où ma responsabilité était en jeu se présentaient à moi. Et la plus importante : qu'est-ce qui doit remplacer l'objet manquant ? Le danger d'un art ornemental m'apparaissait clairement, la morte existence illusoire des formes stylisées ne pouvait que me rebuter [A][73].

C'est seulement après de nombreuses années d'un travail [patient] [B], [d'une réflexion intense], d'essais nombreux et prudents [C] où je développais toujours plus la capacité de vivre purement, abstraitement les formes picturales et de m'absorber toujours plus profondément dans ces profondeurs insondables, que j'arrivai à ces formes picturales avec lesquelles je travaille aujourd'hui, auxquelles je travaille aujourd'hui et qui, comme je l'espère [et le veux, se développeront bien plus encore] [D].

Il a fallu beaucoup de temps avant que cette question : « qu'est-ce qui doit remplacer l'objet ? » trouve en moi une véritable réponse. Souvent je me retourne vers mon passé et je suis désespéré de voir combien il m'a fallu de temps pour arriver à cette solution. Je n'ai qu'une consolation : jamais je n'ai pu me résoudre à utiliser une forme née en moi par la voie de la logique et non par celle de la pure sensibilité. Je ne savais pas inventer de formes, et cela [me répugne] [E] de voir de telles formes. Toutes les formes que j'aie jamais utilisées vinrent « d'elles-mêmes », elles se présentaient à moi sous leur aspect définitif et il ne me restait plus qu'à les copier, ou bien elles se formaient [F] au cours même du travail [d'une façon qui me surprenait souvent moi-même]. [G] Avec les années, j'ai appris à dominer un peu

A. Souvent, je fermais les yeux sur ces questions. Il me semblait parfois que ces questions me poussaient sur une voie fausse et dangereuse.
B. acharné
C. après des impressions inconscientes ou à demi conscientes, toujours nouvelles et toujours plus claires et plus vivement désirées,
D. recevront une forme encore beaucoup plus achevée.
E. m'est douloureux
F. dans les moments heureux,
G. Parfois elles mettaient du temps et de l'obstination à se manifester, et il me fallait attendre patiemment, et bien souvent avec la peur dans l'âme, qu'elles mûrissent en moi. Ces mûrissements intérieurs ne se prêtent pas à l'obser-

cette force créatrice. Je me suis entraîné [à ne pas me laisser tout simplement aller, mais au contraire à discipliner cette force qui travaillait en moi, à la canaliser] ᴬ. Avec les années j'ai compris qu'un travail fait le cœur battant, la poitrine oppressée (entraînant des douleurs aux côtes), avec une tension de tout le corps, [ne saurait suffire. Celle-ci peut tout juste épuiser l'artiste, mais non sa tâche] ᴮ. Le cheval porte son cavalier avec vigueur et rapidité. Mais c'est le cavalier qui conduit le cheval [74]. Le talent conduit l'artiste à de hauts sommets avec vigueur et rapidité. Mais c'est l'artiste qui maîtrise son talent. [C'est ce qui constitue l'élément « conscient », « calculateur » du travail — qu'on le nomme comme on voudra] ᶜ. L'artiste doit

vation : ils sont mystérieux et dépendent de causes cachées. Ce n'est qu'à la surface de l'âme, pour ainsi dire, que l'on sent une fermentation intérieure confuse, une tension particulière des forces intérieures, qui présage toujours plus clairement l'arrivée de l'heure heureuse qui dure tantôt un instant, tantôt des jours entiers. Je pense que ce processus spirituel de fructification, de mûrissement du fruit, d'efforts et d'enfantement correspond pleinement au processus physique de la fécondation et de l'enfantement humain. Peut-être les mondes naissent-ils aussi de cette façon.

Mais tant par la force de la tension que par leur qualité, ces « élans » sont fort divers. Il n'y a que l'expérience qui puisse apprendre quelles sont leurs qualités et les possibilités que l'on a de les réutiliser.

ᴬ. à ne pas me laisser la bride sur le cou, à ne pas me laisser aller, à diriger ces forces.
ᴮ. ne donne pas des résultats irréprochables. Une chute soudaine fait immanquablement suite à ce genre d'élan au cours duquel le sentiment d'autocontrôle et d'autocritique disparaît pendant quelques minutes ou parfois complètement. Un tel état d'inspiration peut se prolonger dans le meilleur des cas quelques heures. Il peut suffire à un travail peu important (il est parfait pour des esquisses ou pour les petites choses que j'appelle « improvisations »); mais il n'est en aucun cas suffisant pour de grands travaux qui exigent un enthousiasme soutenu, une tension opiniâtre qui ne se dément pas pendant des jours entiers.
ᶜ. Peut-être, d'un autre côté, et encore partiellement et par hasard, l'artiste est-il en mesure de susciter artificiellement en lui de semblables enthousiasmes. Mais il lui est donné d'exploiter le genre d'élan qui apparaît en dehors de sa volonté. Une expérience de nombreuses années donne la possibilité de conserver en soi de semblables moments, de même qu'il permet parfois de les étouffer complètement, pour les laisser réapparaître plus tard de façon

connaître *ses* dons à fond et, comme un homme d'affaire avisé, il ne doit pas en laisser la moindre parcelle inutilisée ou oubliée; au contraire, son devoir est d'exploiter, de perfectionner chacune de ces parcelles jusqu'à la limite [du possible]ᴬ.

Cette éducation, cet affinement des dons, requiert une grande faculté de concentration qui, en revanche, entraîne le dépérissement des autres facultés. C'est ce que j'ai clairement vu pour mon propre cas. Je n'eus jamais ce qu'on appelle une bonne mémoire : en particulier j'ai été de tout temps incapable d'apprendre par cœur des chiffres, des noms et même des poèmes. [« Une fois un, un »]ᴮ me plongeait toujours dans des difficultés insurmontables que je n'ai jusqu'à présent pas résolues et qui mettaient mon professeur au désespoir. [Il me fallait m'aider dès le départ de la mémoire visuelle]ᶜ; [alors tout allait bien. A l'examen d'État de statistique, j'ai cité toute une page de chiffres, simplement parce que dans mon excitation je revoyais cette

presque certaine. Mais ici encore, une parfaite précision — cela va de soi — est impossible. Pourtant l'expérience et la connaissance ayant trait à ce domaine apparaissent comme un des éléments de la « conscience », du « calcul » dans le travail, éléments qui peuvent recevoir d'autres appellations.

A. qui lui est fixée par le destin. *
B. La table de multiplication
C. Maintenant encore, je n'ai pas réussi à vaincre cette invincible difficulté et j'ai renoncé pour toujours à ce genre de connaissances. Mais à l'époque où l'on pouvait encore me forcer à acquérir des connaissances qui m'étaient inutiles, mon seul salut était dans la mémoire visuelle.

* La nervosité, héritage du XIXᵉ qu'on a souvent condamné, a engendré toute une série d'œuvres de peu d'importance, quoique belles, dans tous les domaines de l'art. Elle n'en a donné pratiquement aucune grande, tant intérieure qu'extérieure. Il faut penser que cette nervosité est déjà sur sa fin. Il me semble que le temps d'une semblable détermination intérieure, d'une connaissance « spirituelle », est de plus en plus proche, et que c'est lui seul qui peut donner aux artistes dans tous les arts cette indispensable et durable tension dans l'équilibre, cette confiance, cette maîtrise de soi qui constituent l'indispensable, le meilleur, l'inévitable terrain pour les œuvres d'une grande profondeur et d'une grande complexité intérieure.

page en moi-même.] [C'est ainsi que, petit garçon, j'étais déjà capable de peindre de mémoire à la maison des tableaux qui m'avaient particulièrement captivé dans des expositions, du moins dans les limites permises par mes connaissances techniques. Plus tard, il m'arrivait de mieux peindre un paysage « de mémoire » que d'après nature]ᴬ. C'est ainsi que j'ai peint « la vieille ville » et que plus tard j'ai fait de nombreux [dessins en couleurs]ᴮ de Hollande ou des pays arabes [76]. [Ainsi j'étais capable d'énumérer par cœur et sans faute la totalité des magasins d'une grande rue, car je les voyais devant moi. Sans en avoir la moindre conscience, j'enregistrais sans cesse des impressions en mon for intérieur, et parfois si intensément, si continûment, que j'avais le sentiment d'avoir la poitrine oppressée et la respiration difficile. J'en arrivais à un état de surmenage, de gavage, qui me faisait souvent envier les fonctionnaires qui peuvent se permettre de se détendre complètement après leur temps de travail. J'avais la nostalgie d'un repos apathique, d'un regard de portefaix, comme disait Böcklin [77]. Mais *j'étais dans l'obligation* de ne cesser de voir.]

Il y a quelques années, je remarquai soudain que cette faculté avait diminué. [J'en fus d'abord très effrayé], mais je compris [plus tard]ᶜ que les forces qui me permettaient d'observer de façon continue avaient été orientées dans une autre direction par une [meilleure éducation]ᴰ de ma faculté de concentration [et m'offraient d'autres possibilités, maintenant bien plus indispensables]ᴱ. Cette faculté de m'absorber dans la vie intérieure de l'art (et donc de mon âme) augmenta si fortement que je passais souvent devant des phénomènes extérieurs dans les remarquer, ce qui n'aurait pu arriver auparavant.

ᴬ. Grâce à cette mémoire, et dans la mesure où j'avais les connaissances techniques suffisantes, je pouvais, dès ma prime jeunesse, recopier en couleur à la maison les tableaux qui m'avaient particulièrement frappé lors d'une exposition. Par la suite, je réussissais mieux les paysages peints de mémoire que ceux que je peignais d'après nature [75].
ᴮ. dessins a tempera d'Allemagne,
ᶜ. bientôt
ᴰ. augmentation
ᴱ. et cette orientation était devenue pour moi beaucoup plus importante, indispensable.

Cette faculté, si je comprends bien, je ne me la suis pas imposée mécaniquement — elle vivait en moi, organiquement, depuis toujours, mais sous une forme embryonnaire. [A]

Avec de l'argent lentement mis de côté je me suis acheté à treize ou quatorze ans une boîte de peinture à l'huile. Ce que je ressentis alors, ou, pour mieux dire, l'expérience que je vécus en voyant la couleur sortir du tube, je la fais encore aujourd'hui. Une pression du doigt et, [jubilants, fastueux] [B], réfléchis, rêveurs, absorbés en eux-mêmes, avec un profond sérieux, une pétillante espièglerie, avec le soupir de la délivrance, [la profonde sonorité du deuil] [C], [une force, une résistance mutines [D]], [une douceur et une abnégation dans la capitulation,] une domination de soi opiniâtre, une telle sensibilité dans leur équilibre instable, ces êtres étranges que l'on nomme couleurs venaient l'un après l'autre, vivants en soi et pour soi, autonomes, et dotés des qualités nécessaires à leur future vie autonome, et, à chaque instant, prêts à se plier librement à de nouvelles combinaisons, à se mêler les uns aux autres, et à créer une infinité de mondes nouveaux. Certains gisent là, forces déjà épuisées, affaiblies, durcies, mortes, vivants souvenirs de possibilités passées, non voulues par le destin. Comme en un combat, comme en une bataille, elles sortent du tube, ces forces fraîches, jeunes, qui remplacent les vieilles. Au milieu de la palette est un monde étrange, les restes des couleurs déjà utilisées qui, loin de cette source, vagabondent en incarnations nécessaires sur les toiles. Il y a là un monde venu à l'existence de par la volonté du peintre [78], pour les tableaux déjà peints, mais qui fut aussi déterminé et créé par des causes accidentelles, par le jeu énigmatique des forces étrangères à l'artiste. Et je leur dois beaucoup à ces hasards : ils m'en ont bien plus appris que n'importe quel professeur ou n'importe quel maître. Avec amour et admiration, je les ai étudiés au cours de nombreuses heures. [La palette, qui est constituée de ces

A. Son temps vint tout simplement, et elle commença à se développer, exigeant que je l'aide par des exercices.
B. triomphants, sonores
C. la sonorité retenue du chagrin
D. avec une force arrogante et de l'entêtement

éléments, qui est elle-même une « œuvre », et souvent plus belle que n'importe quelle œuvre, doit être appréciée pour les joies qu'elle procure.] Il me semblait parfois que le pinceau, qui avec une volonté inflexible arrache des fragments de cet être vivant des couleurs, faisait naître à chaque arrachement une tonalité musicale [A]. J'entendais parfois le chuintement des couleurs en train de se mélanger. C'était comme une expérience [79] entendue dans la mystérieuse [cuisine] [B] d'un alchimiste enveloppé de mystère.

[Combien de fois et avec quelle méchanceté cette première boîte de peinture me mystifia-t-elle et se moqua-t-elle de moi! Tantôt la couleur coulait le long de la toile, tantôt elle se fissurait en peu de temps, tantôt elle s'éclaircissait, tantôt elle s'assombrissait, tantôt elle semblait bondir de la toile et flotter dans les airs, tantôt elle se ternissait de plus en plus jusqu'à ressembler à un oiseau mort proche de la décomposition... Je ne sais pas comment tout ceci arrivait.]

Plus tard j'entendis dire à un artiste très connu (je ne sais plus qui c'était) : « En peignant, un coup d'œil sur la toile, un demi sur la palette et dix sur le modèle. » Cela sonnait très bien, mais je découvris bientôt que pour moi ce devait être l'inverse : dix coups d'œil sur la toile, un sur la palette et un demi sur la nature. C'est ainsi que j'ai appris à me battre avec la toile, à la connaître comme un être résistant à mon désir (= mon rêve), et à la soumettre à ce désir par la violence. [D'abord elle est là, comme une vierge pure et chaste au regard clair, à la joie céleste, cette toile pure qui est elle-même aussi *belle* qu'un tableau. Ensuite survient le pinceau plein d'espérance qui, tantôt ici, tantôt là, la conquiert peu à peu avec toute l'énergie qui lui est propre, comme un colon européen lorsqu'à travers la sauvage Vierge Nature, à laquelle personne ne toucha jamais, il se fraye un passage à la hache, à la bêche, au marteau, à la scie pour la plier à son désir.] J'ai appris progressivement à ne pas voir la blancheur [récalcitrante] [C] de la toile, à n'y prendre garde que par moments

A. particulière   B. laboratoire   C. opiniâtre et entêtée

(comme contrôle), [en cessant d'y voir les tons qui devaient la remplacer...] [A] [80]. [Ainsi une chose venait lentement après l'autre] [B] [81].

La peinture est le heurt grondant de mondes différents destinés à créer dans et par leur combat le monde nouveau qu'on nomme l'œuvre [C]. Chaque œuvre naît, du point de vue technique, exactement comme naquit le cosmos... Par des catastrophes qui, à partir des grondements chaotiques des instruments, finissent par faire une symphonie qu'on nomme musique des sphères. La création d'une œuvre, c'est la création du monde.

Ainsi ces sensations de couleur sur la palette (de même que dans les tubes, qui ressemblent à des hommes d'esprit puissant mais d'apparence modeste dévoilant soudain, en cas d'urgence, leurs forces jusque-là tenues secrètes, et les faisant agir) se convertirent-elles en expériences spirituelles. Ces expériences servirent ensuite de point de départ aux idées dont je pris conscience voici [dix ou douze ans] [D] [et qui commencèrent alors à s'assembler pour aboutir au livre « Du Spirituel dans l'art ». Ce livre s'est fait de lui-même plutôt que je ne l'ai écrit]. Je transcrivis des expériences isolées qui, comme je le remarquai plus tard, avaient entre elles un rapport organique. J'avais le sentiment de plus en plus fort, de plus en plus clair, que [dans l'art les choses ne dépendent pas] [E] du « formel » mais d'un désir intérieur (= contenu) qui [délimite le domaine du] [F] formel [G] [83].

A. mais à voir à sa place les tons qui devaient la remplacer
B. C'est ainsi que progressivement et lentement, j'apprenais tantôt l'un, tantôt l'autre.
C. A l'encontre des humbles mots allemands, français et anglais, ce long mot russe porte en quelque sorte en lui toute l'histoire de l'œuvre, histoire longue, complexe, mystérieuse, avec des sonorités de prédestination « divine » [82].
D. quinze
E. le centre de gravité de l'art n'est pas dans le domaine
F. soumet impérieusement le
G. Il ne m'a pas été facile de renoncer à mon point de vue habituel sur l'importance prédominante du style, de l'époque, de la théorie formelle, et de reconnaître, par l'âme, que la qualité d'une œuvre d'art ne dépend pas de sa capacité à exprimer l'esprit formel de l'époque, ni de son adéquation à l'enseignement sur la forme qu'on tient pour infaillible à une époque déterminée, mais

Ce fut un grand pas en avant — à ma grande honte il m'a fallu long-temps pour le faire — que de résoudre entièrement le problème de l'art sur la base de la nécessité intérieure [qui était à même]^A de renverser à chaque instant l'ensemble des règles et des frontières connues ^B.

qu'elle dépend absolument de la puissance du désir intérieur de l'artiste ainsi que de l'élévation des formes qu'il a choisies, et qui lui sont justement néces-saires. Il devint clair pour moi qu'entre autres cet « esprit du temps », en ce qui concerne les questions formelles, est créé justement et exclusivement par ces artistes pleinement sonores, ces « personnalités » qui soumettent par leurs convictions non seulement les contemporains qui ont un désir intérieur moins intense ou qui n'ont qu'un talent extérieur (sans contenu) mais encore des artistes qui vivent des générations, des siècles après eux.

A. qui avait la force angoissante
B. Et j'ai appris seulement ces dernières années à jouir avec amour et joie de l'art « réaliste », « hostile » à mon art personnel, et à passer avec indifférence et froideur devant des œuvres « parfaites quant à la forme », comme si elles m'étaient apparentées par l'esprit [84]. Mais maintenant je sais que la « per-fection » n'est que le visible, l'éphémère, et qu'il ne saurait y avoir de forme parfaite sans contenu parfait : l'esprit détermine la matière et non l'inverse. Le regard, envoûté par manque d'expérience, se refroidit bientôt, et l'âme provisoirement trompée rebrousse rapidement chemin. Le critère que je propose a le défaut d'être indémontrable (surtout aux yeux de ceux qui sont eux-mêmes dépourvus non seulement de contenu actif et créateur, mais même de contenu passif, c'est-à-dire aux yeux de ceux qui sont condamnés à rester à la surface de la forme, qui ne sont pas capables de s'absorber dans l'incom-mensurabilité du contenu). Mais le grand Balai [85] de l'histoire, qui balaie l'ordure de l'extériorité de l'esprit intérieur, apparaît ici comme le dernier et ineffaçable * arbitre.

* Dans l'esprit de nos contemporains le principe de l'art pour l'art [86], dans son sens le plus superficiel, est encore si fort, leur âme est encore à ce point souillée par ce « comment » dans l'art, qu'ils sont capables de croire désormais à cette affirmation banale : la nature n'est qu'un prétexte pour l'expression artistique, par elle-même elle n'est pas essentiellement un art. Justement, ce n'est que l'habitude de l'émotion superficielle de la forme qui a pu étouffer l'âme au point qu'elle ne peut plus désormais entendre quelque résonance que ce soit, fusse d'un élément secondaire de l'œuvre. Il me semble que grâce au bouleversement moral *intérieur* qui s'est déjà manifesté durant notre époque tout à fait particulière, cette attitude véritablement « athée » à l'égard de l'art, si toutefois elle ne change pas dans tout son volume, c'est-à-dire dans la

Ainsi, pour moi, le domaine de l'art se séparait toujours plus du domaine de la nature, jusqu'au jour où je parvins à les ressentir chacun comme deux domaines entièrement indépendants. [Ce qui ne se manifeste pleinement que cette année.]

J'aborde un point sensible avec un souvenir qui en son temps fut pour moi une source de souffrances. Lorsque je vins de Moscou à Munich, j'eus le sentiment de renaître en laissant derrière moi le travail forcé pour aborder le travail d'agrément, mais je me heurtai très vite à la limitation de cette liberté qui, même si c'était sous une forme nouvelle, me réduisit, pour un temps du moins, à l'esclavage — le travail d'après le modèle.

J'allai voir l'école d'Anton Azbe * [87], alors très célèbre : elle était bondée. Deux à trois modèles posaient pour des « têtes » ou pour des « nus ». Des élèves des deux sexes et de différentes nationalités se pressaient autour de ces phénomènes de la nature qui sentaient mauvais, refusaient de participer, n'avaient aucune expression et la plupart du temps aucun caractère, et qu'on payait cinquante à soixante

masse des artistes et du « public », du moins passera sur un terrain plus sain dans cette masse même. Mais pour beaucoup s'éveille une âme pleine de vie, étouffée seulement temporairement. Le développement de la réceptivité spirituelle en effet, et de la hardiesse dans ses *propres* expériences, sont pour cela les conditions les plus importantes et inévitables. J'ai consacré à cette question complexe un article ferme et décisif « sur la forme en art » dans Le Cavalier Bleu [88].

* Anton Azbe était un artiste doué et un homme d'une rare bonté [a]. Beaucoup de ses nombreux élèves faisaient leurs études chez lui gratuitement. Il répondait régulièrement à ceux qui s'excusaient de ne pouvoir payer : « Travaillez bien, c'est la seule chose qui importe ». Il semblait avoir eu une vie très malheureuse. On l'entendait, mais on ne le voyait jamais rire : les commissures de ses lèvres se soulevaient à peine, les yeux demeuraient toujours tristes. Je ne sais pas si quelqu'un connaissait le mystère de sa vie solitaire. Et sa mort fut aussi solitaire que sa vie : il mourut tout seul dans son atelier. Bien qu'il eût des revenus très importants, il ne laissa que quelques milliers de marks. C'est seulement après sa mort qu'on apprit jusqu'où allait sa générosité.
A. d'origine slave.

dix pfennigs l'heure, — ils badigeonnaient consciencieusement le papier et la toile, ce qui faisait un chuintement léger, et cherchaient à rendre avec exactitude l'anatomie, la structure et le caractère de ces êtres qui ne les concernaient en rien. Ils cherchaient à souligner par l'entrecroisement des lignes la liaison des muscles, à mettre en valeur par un traitement particulier des surfaces ou des lignes le modelé des ailes du nez, des lèvres, à construire la tête tout entière selon « le principe de la boule », et, me semblait-il, ils ne pensaient à aucun moment à l'art. Le jeu des lignes dans le Nu m'intéressait parfois beaucoup. Mais parfois il me dégoûtait. Dans plusieurs positions certains corps produisaient sur moi par leurs lignes un effet repoussant, et il me fallait m'imposer une forte contrainte pour les reproduire [89]. J'étais presque constamment en lutte avec moi-même. C'est seulement dans la rue que je pouvais à nouveau respirer librement; et là il n'était pas rare que je cède à la tentation de « sécher » l'école pour [aller saisir à ma façon avec ma boîte de peinture, le quartier de Schwabing [90], le jardin anglais ou les promenades de l'Isar][A]. Ou bien je restais à la maison et j'essayais de faire un tableau de mémoire d'après une étude ou en m'abandonnant à mon imagination, [sans suivre de trop près les lois de la nature][B]. [C'est pourquoi certains collègues me jugeaient paresseux et souvent même peu doué, ce qui m'affectait parfois beaucoup, car je sentais très clairement en moi l'amour du travail, l'application et le talent. Je me suis finalement senti isolé, étranger dans ce milieu aussi, et je m'abandonnai d'autant plus intensément à mes aspirations.]

Pourtant[C] je me sentis obligé de suivre le cours d'anatomie, et je poussai même le scrupule jusqu'à le suivre une deuxième fois.

A. errer avec ma boîte de peinture et m'adonner à la nature, à ma façon, aux environs de la ville, dans ses jardins ou sur les bords de l'Isar.
B. et parfois m'écartant bel et bien de la « nature » je peignais quelque chose à mon goût.
C. , non sans hésitation,

La deuxième fois, j'assistai au cours [du Professeur Moillet]ᴬ où se manifestait son fort tempérament et sa vibrante ardeur [91]. Je dessinais les préparations, prenais les cours en note, respirais l'odeur de cadavre. Mais inconsciemment j'éprouvais une étrange impression à entendre parler du rapport direct de l'anatomie et de l'art. J'en étais même blessé [, de même que me blessa le précepte selon lequel un tronc d'arbre « doit toujours être représenté avec le sol auquel il se rattache ». Il n'y avait personne pour m'aider, dans ces ténèbres, à venir à bout de ces sentiments et de cet imbroglio. Il est vrai que dans le doute je ne me suis jamais tourné vers quelqu'un d'autre. Aujourd'hui encore je trouve que c'est dans la solitude de l'âme qu'il faut dissiper de tels doutes, faute de quoi l'on profane la solution forte et personnelle qu'on peut leur donner].

Cependant je découvris bientôt que même si elle paraît d'abord très « laide », toute tête est d'une beauté parfaite. Les lois de la construction de la nature se révélaient en chacune d'une façon si complète, si irréprochable, qu'elles leur conféraient la couleur de la beauté. Souvent devant un modèle « laid » je me disais : « Comme c'est intelligent ! ». Et c'est en effet une intelligence infinie qui se manifeste dans chaque détail : n'importe quelle narine par exemple, éveille en moi le même sentiment d'admiration que le vol d'un canard sauvage, l'attache de la feuille à la branche, la nage de la grenouille, le bec du pélican, etc... Ce sentiment d'admiration devant la beauté, devant l'intelligence, je l'éprouvai aussitôt au cours du professeur Moillet. ᴮ

A. que le Professeur Moillet, de l'Université de Munich, faisait spécialement à l'intention des artistes *, et
B. Par la suite je compris que, pour la même raison, ce qui logiquement est laid devient beau dans une œuvre d'art.

* Mais pas des artistes femmes : les femmes n'étaient pas admises à ses cours, non plus qu'à l'Académie, et il en est encore ainsi de nos jours. Même dans les écoles privées il y avait toujours un élément misogyne. De même chez nous, après « la révolution des chiens » (auparavant les élèves venaient à l'atelier avec leurs chiens, ce qui fut plus tard interdit par arrêté des mêmes élèves), il y avait bon nombre de partisans de la « révolution des femmes » — « mettre

J'avais le sentiment confus que [je pressentais les secrets d'un domaine en soi]ᴬ. Mais je n'arrivais pas à établir de rapports entre ce domaine et le domaine de l'art. J'allais à la vieille Pinacothèque et je constatais que pas un seul des grands maîtres n'était parvenu à la beauté et à l'intelligence parfaite des modèles naturels : la nature elle-même restait intacte. Il me semblait parfois qu'elle riait de ces efforts. Beaucoup plus souvent cependant, elle m'apparaissait comme « divine » au sens abstrait du terme : elle créait *ses* objets, elle allait *son* chemin vers *ses* propres buts, qui disparaissent dans les brumes, elle vivait dans *son* [domaine]ᴮ, qui m'était étrangement extérieur. Quelle était sa position par rapport à l'art ?

Lorsque certains de mes collègues virent les œuvres que j'avais faites [chez moi]ᶜ, ils me donnèrent l'étiquette de « coloriste ». Plusieurs d'entre eux m'appelèrent non sans malice le « paysagiste ». Ces deux appellations m'affectaient d'autant plus que je devais en reconnaître la légitimité. Je sentais effectivement que je me sentais bien plus à l'aise dans le domaine des couleurs que dans celui du dessin. [Et je ne savais pas comment faire face à ce danger menaçant]ᴰ.

En ce temps-là Franz Stuck était « le premier dessinateur d'Allemagne » : j'allai le voir. Malheureusement, je n'avais que mes travaux scolaires. Il trouva le tout assez mal dessiné et me conseilla de travailler un an dans la classe de dessin de l'Académie. ᴱ [J'échouai à l'examen [92],

les bonnes femmes à la porte ». Mais les partisans de cette « révolution » étaient trop peu nombreux et ce rêve qui leur était cher resta dans le domaine des désirs irréalisés.

ᴬ. s'ouvrait devant moi le mystère d'un monde particulier
ᴮ. royaume
ᶜ. en dehors de l'École
ᴰ. L'un de mes collègues qui m'était sympathique me dit en consolation que bien souvent le dessin ne réussissait pas aux coloristes. Mais cela ne réduisait pas ma peur devant le malheur qui me menaçait et je ne savais par quels moyens trouver mon salut.
ᴱ. J'étais indigné : il me semblait que, parce que je n'avais pas appris le dessin à deux ans, je ne l'apprendrais jamais.

ce qui ne fit que m'irriter, sans me décourager le moins du monde][A] :
lors de cet examen, [on][B] accepta les dessins que je trouvais à bon
escient sots, sans talent et sans le moindre savoir faire. Au bout d'un
an de travail à la maison j'allai pour la deuxième fois chez Franz Stuck
— cette fois avec seulement des esquisses de tableaux que je n'avais
pas encore pu mener à bien, et quelques études de paysages. Il m'admit
dans sa classe de peinture, et lorsque je l'interrogeai au sujet de ma
façon de dessiner il me répondit qu'elle était très expressive. Stuck
s'opposa énergiquement, dès mon premier travail à l'Académie, à mes
« extravagances » de couleur et me conseilla de commencer par peindre
en noir et blanc afin de n'étudier que la forme. Il parlait avec un amour
surprenant de l'art, du jeu des formes, de la fusion des formes entre
elles, et il gagna toute ma sympathie. Je ne voulais apprendre avec lui
que le dessin car je remarquai tout de suite qu'il était peu sensible aux
couleurs, et je me pliai entièrement à ses conseils. Bien que j'aie eu
parfois de sérieux motifs d'irritation[C], je pense en fin de compte avec
reconnaissance à cette année de travail avec lui. Stuck parlait très peu,
et parfois de manière peu claire. J'étais parfois obligé de réfléchir
longuement à ses remarques après la correction — mais *a posteriori*
je les trouvais presque toujours bonnes. J'avais le fâcheux défaut de ne
pouvoir terminer un tableau : une seule remarque lui suffit pour le cor-
riger. Il me dit que je travaillais trop nerveusement [93], que je cueillais
ce qui était intéressant dès le premier instant et que je le gâchais en
retardant trop longtemps la partie aride du travail : « Je me réveille avec

A. De plus j'échouai à l'examen de l'Académie : cet événement m'irrita au
demeurant plus qu'il ne me découragea
B. le conseil des professeurs *
C. (parfois on faisait là, d'une manière pittoresque, les choses les plus extra-
vagantes)

* A l'Académie, au cours préparatoire « de dessin », on admet les élèves après
examen officiel par tout le conseil des professeurs de ces classes préparatoires.
Au cours supérieur « de peinture » le professeur reçoit selon son jugement
personnel, et s'il en vient à se convaincre qu'il s'est trompé sur le talent d'un
élève il est, de la même manière, libre de rayer son nom des listes, ce que Stuck
semble-t-il fut seul à faire; aussi le craignait-on beaucoup.

la pensée : aujourd'hui j'ai le droit de faire ceci ou cela ». Ce « j'ai le droit » [ne me dévoila pas seulement le profond amour de Stuck pour l'art et le grand respect qu'il avait pour lui, mais aussi]ᴬ le secret du travail sérieux ⁹⁴. Et je terminai mon premier tableau en rentrant à la maison.

Mais durant de nombreuses années encore, je fus comme un singe pris dans un filet : les lois organiques de la construction paralysaient ma volonté et ce n'est qu'avec une grande peine, bien des efforts et bien des essais, que je renversai ce « mur devant l'art ». C'est ainsi que je pénétrai enfin dans le domaine de l'art, qui, de même que la nature, la science ou la politique [etc...]ᴮ, est un domaine en soi, régi par des lois propres, et propres à lui seul, et qui, réuni aux autres, finit par former le Grand Domaine que nous ne pouvons que vaguement pressentir.

C'est aujourd'hui le grand jour d'une révélation de ce Domaine. Les rapports entre les différents domaines furent illuminés comme par un éclair : ils sortirent [de l'ombre]ᶜ, inattendus, effrayants et porteurs de bonheur. Jamais ils n'avaient été si fortement reliés entre eux, jamais ils n'avaient été si fortement distincts les uns des autres. Cet éclair était l'enfant du ciel assombri de l'esprit, qui pesait sur nous, noir, étouffant, mort. C'est ici que commence la grande période du Spirituel [, la Révélation de l'Esprit : Père - Fils - Esprit].

J'ai reconnu avec le temps et très progressivement que la « Vérité » en général et plus précisément dans l'Art n'est pas une donnée X, une grandeur imparfaitement connue mais immuable, c'est au contraire une grandeur variable, animée d'un mouvement lent et permanent. Elle ressembla soudain pour moi à un escargot qui se déplace lentement, semble à peine changer de place, et laisse derrière lui un ruban visqueux où de bons esprits affligés de myopie viennent s'engluer. Là encore, je ne m'aperçus de ce fait important qu'à propos de l'art, et plus tard je constatai également qu'en ce cas la même loi caractérise aussi bien les autres domaines de la vie. Ce mouvement de la vérité est très complexe :

A. m'ouvrit   B. , la morale   C. des ténèbres

le faux devient vrai, le vrai faux, certaines parties se détachent comme l'écorce de la noix, le temps polit cette écorce si bien que plus d'un prend l'écorce pour la noix et prête à cette écorce la vie de la noix; beaucoup se disputent pour cette écorce, et la noix roule plus loin [95]; une nouvelle vérité semble tomber du ciel et paraît si précise, si rigide et si dure, si infiniment haute, que plus d'un grimpe comme au long d'une perche, en étant sûr cette fois d'atteindre le ciel ... jusqu'à ce qu'elle se brise et que les grimpeurs retombent, comme des grenouilles dans la vase, dans une sombre incertitude. L'homme ressemble souvent à un scarabée que l'on tient par le dos : il remue ses pattes avec une nostalgie muette, s'accroche à chaque brindille qu'on lui présente, et croit toujours trouver son salut dans cette brindille. Au temps de mon « incroyance » je me demandais : qui me tient par le dos ? Quelle est la main qui me présente la brindille pour me la retirer à nouveau ? Ou bien est-ce que je gis sur le dos, sur la terre poussiéreuse et indifférente, saisissant les brindilles qui poussent d'elles-mêmes autour de moi ? Combien de fois pourtant n'ai-je pas senti cette main dans mon dos, et une autre encore qui se posait sur mes yeux et me plongeait dans la nuit noire alors que le soleil brillait!

[L'art est sur beaucoup de points semblable à la religion][A] : son évolution n'est pas faite de nouvelles découvertes qui annulent les anciennes vérités, les marquant du sceau de l'erreur (comme c'est apparemment le cas pour la science). Son évolution est faite de subites lueurs, semblables à l'éclair, d'explosions qui éclatent dans le ciel comme les fusées d'un feu d'artifice pour répandre autour d'elles tout un « bouquet » [96] d'étoiles aux multiples éclats. Ces illuminations projettent une lumière aveuglante sur de nouvelles perspectives, de nouvelles vérités qui, au fond, ne sont rien d'autre que l'évolution organique, le développement organique de la sagesse antérieure qui, loin d'être annulée par la nouvelle, continue de vivre, et de créer sagesse et vérité [B]. Ce nouveau rameau ne rend pas inutile le tronc de l'arbre :

A. Le développement de l'art est semblable au développement de la connaissance non-matérielle

B. , ce qui est indissolublement rattaché à chaque vérité et à chaque sagesse.

c'est le tronc qui permet au rameau d'exister. [Le Nouveau Testament serait-il concevable sans l'Ancien ? Notre époque, au seuil de la « troisième » Révélation[97], serait-elle concevable sans la deuxième ?] C'est une ramification de l'Arbre Originel où « tout commence ». Et la ramification, la croissance ultérieure, la diversification ultérieure, causes souvent de désarroi et de désespoir, sont les étapes indispensables qui conduisent à la puissante frondaison ; les étapes qui, en dernier lieu, constituent l'Arbre Vert.

[Le Christ, de son propre aveu, n'est pas venu renverser l'Ancienne Loi. Lorsqu'il parlait ainsi : « Il vous a été dit... et je vous le dis en vérité », la Loi qu'il apportait était la vieille Loi matérielle devenue sa Loi spirituelle. L'humanité de son temps, contrairement à l'humanité du temps de Moïse, était devenue capable de comprendre et de vivre les commandements : « Tu ne tueras point... Tu ne forniqueras point », non plus seulement sous leur forme directe matérielle, mais aussi sous la forme la plus abstraite du Péché de l'Esprit][A].

La pensée élémentaire, sèche et précise, n'est donc pas rejetée, elle sert de base aux pensées futures qui se développeront à partir d'elle. Et ces pensées futures, plus tendres, moins précises et moins matérielles, ressemblent aux futurs rameaux, neufs, plus tendres, qui feront de nouvelles percées dans les airs.

Sur la balance du [Christ][B], la valeur du fait n'est pas estimée selon l'aspect extérieur de l'action dans sa rigidité, mais selon son aspect intérieur dans sa souplesse. C'est là la racine de la future transmutation des valeurs qui, sans interruption, donc aujourd'hui même, continue de créer lentement en même temps qu'elle est la racine de cette inté-

---

A. C'est aussi le cours de l'évolution morale qui a sa source première dans les conceptions et les directives religieuses. Les lois bibliques de la morale exprimées dans les formules simples qui ressortissent à une géométrie élémentaire — ne tue pas, ne fornique pas — reçoivent dans la période suivante (chrétienne) des limites pour ainsi dire plus tendres et plus souples, leur caractère géométrique primitif cède la place à un libre contour, extérieurement moins précis. Non seulement le forfait purement matériel est tenu pour inadmissible, mais encore l'action intérieure, qui n'est pas encore sortie des limites de l'immatérialité.
B. christianisme

riorisation que nous atteignons nous aussi peu à peu dans le domaine de l'art. De notre temps, et sous une forme fortement révolutionnaire. En suivant ce chemin, j'ai fini par arriver à la conclusion que je n'avais pas ressenti la peinture sans objet comme une suppression de tout l'art antérieur, mais seulement comme le partage primordial, d'une importance considérable, du vieux tronc unique en deux branches maîtresses *, ramification indispensable à la formation de l'Arbre Vert.

De façon plus ou moins claire, j'ai toujours eu le sentiment de cette réalité, si bien que lorsqu'on affirmait que je voulais rompre avec la vieille peinture, cela me mettait toujours de mauvaise humeur. Je n'ai jamais eu le sentiment de cette rupture durant mes travaux : je n'y sentais que la croissance à venir, inévitable, de l'art, avec sa logique interne et son apparence organique. Le sentiment de liberté d'autrefois m'est revenu peu à peu à la conscience, et c'est ainsi que tombèrent

---

* Par ces deux branches maîtresses, j'entends deux différentes manières de pratiquer l'art. *La manière virtuose* (que la musique connaît depuis longtemps sous la forme d'une spécialisation, et qui correspond en littérature à l'art dramatique) repose sur un sentiment plus ou moins personnel et sur une interprétation artistique, créatrice, de la « nature ». (Un exemple important : le portrait). Par « nature », on peut entendre aussi une œuvre déjà existante et créée par une autre main : l'œuvre virtuose qui en est issue est alors de la même espèce qu'un tableau peint « d'après nature ». Le désir de créer de telles œuvres virtuoses a été jusqu'ici en règle générale réprimé [A] par les artistes [B], ce qui est à regretter. [C] Ce qu'on appelle copie appartient aussi à ce genre : le copiste s'efforce d'approcher l'œuvre étrangère d'aussi près qu'un chef d'orchestre très scrupuleux dirigeant une œuvre composée par un autre.
L'autre manière est celle de *la composition* où l'œuvre naît pour la plus grande part ou même entièrement « de l'artiste », comme c'est le cas pour la musique depuis des siècles. De ce point de vue, la peinture a rejoint la musique et toutes deux ont une tendance de plus en plus grande à créer des œuvres « absolues », c'est-à-dire des œuvres parfaitement « objectives » qui, comme les œuvres de la nature, naissent « d'elles-mêmes » d'une façon purement conforme à la Loi, comme des *êtres* autonomes. Ces œuvres se rapprochent davantage de l'art qui vit « in abstracto » et sont peut-être seules susceptibles d'incarner cet art existant « in abstracto » dans un avenir indéterminé [98].

A. en eux
B. , ou bien né dans les œuvres qui voyaient le jour de cette manière,
C. Les grands artistes n'ont pas craint ce désir.

peu à peu les exigences secondaires ᴬ que je prêtais à l'art. Elles ne tombent qu'en faveur d'une exigence unique : l'exigence de vie *intérieure* dans l'œuvre. Je remarquai alors à ma grande surprise que cette exigence a grandi sur [la base que le Christ posait comme fondement de la qualification morale] ᴮ. [Je remarquai que cette conception de l'art est chrétienne et qu'en même temps elle porte en elle les éléments indispensables à l'accueil de la « troisième » Révélation, la Révélation de l'Esprit *.]

---

* [En Russie le droit des paysans dont il est question plus haut est lui aussi chrétien, en ce sens, et doit être opposé au droit romain païen] ᶜ. Avec une logique audacieuse, on peut expliquer ainsi la qualification intérieure : chez cet homme, cette action n'est pas un crime, bien qu'elle soit généralement considérée comme un crime chez d'autres hommes. Donc dans ce cas, un crime n'est pas un crime. Allons plus loin : le crime absolu n'existe pas. (Quel contraste avec le « nulla poena sine lege! »). Encore plus loin : ce n'est pas l'action (le Réel) mais ce qui en est la racine (l'Abstrait) qui fait le mal (et le bien). Et finalement : toute action est indifférente ᴰ. Elle repose sur l'arête. La volonté lui imprime l'impulsion qui la fait retomber à droite ou à gauche. La souplesse extérieure et la précision intérieure sont très développées dans ce cas chez le peuple russe, et je ne pense pas exagérer en attribuant aux Russes surtout cette forte aptitude à le développer. Il n'y a donc rien d'étonnant à ce que des peuples qui se sont développés selon les principes souvent précieux de l'esprit romain, formel et extérieurement très précis (qu'on se réfère au « jus strictum » de la *première* période), réagissent en face de la vie russe soit par des hochements de tête, soit par un blâme méprisant. En particulier l'observation superficielle ne permet de voir dans cette vie qui paraît si singulière à un œil étranger que [la mollesse et la souplesse extérieures] ᴱ : on les prend pour de l'inconsistance parce que la précision intérieure réside au plus profond. La conséquence en est que les Russes, qui sont libres d'esprit,

---

ᴀ. qui ne concernaient pas l'essence de l'art, et
ʙ. une base semblable à celle du jugement moral. *
ᴄ. J'ai remarqué que cette conception de l'art naît en même temps d'une âme purement russe dans les formes primitives de son droit populaire, qui est aux antipodes du principe juridique d'Europe occidentale [99], dont la source fut le droit romain païen.
ᴅ. du point de vue moral.
ᴇ. la mollesse extérieure, et son aspect oscillant [100].

Mais je trouve tout aussi logique que la suppression de l'objet dans la peinture entraîne de très grandes exigences quant à l'expérience intérieure de la forme purement picturale, et que par conséquent une évolution du spectateur dans cette direction soit absolument indispensable [; et par là-même, elle ne saurait faire défaut]. Ainsi sont réunies les conditions qui créent une nouvelle atmosphère. Dans cette atmosphère, beaucoup, beaucoup plus tard se créera l'*Art pur* qui se présente à notre esprit avec une force d'attraction indescriptible dans les rêves qui glissent aujourd'hui loin de nous.

Je compris avec le temps que la patience que j'avais si lentement cultivée (et en partie conquise) vis à vis d'œuvres *étrangères* ne me nuisait en aucune façon, qu'au contraire elle était tout particulièrement favorable à [la partialité de] *mes* aspirations. A ce propos je voudrais limiter en même temps qu'élargir l'expression : « L'artiste doit être

témoignent envers les autres peuples de bien plus [de patience] [A] que ceux-ci ne leur en témoignent. Et que cette [patience] [B] se transforme couramment en enthousiasme. [C]

A. d'indulgence
B. indulgence
C. J'explique ce profond intérêt et cette foi « en la Russie » toujours plus manifeste, qui s'emparent de plus en plus, en Allemagne, des éléments capables de ressentir librement, par la libération progressive de l'esprit — bonheur de notre temps. Dans les dernières années d'avant-guerre ces représentants de la jeune Allemagne non officielle, inconnus de moi auparavant, vinrent me voir de plus en plus souvent chez moi, à Munich. Ils manifestaient non seulement un vif intérêt intérieur pour l'essence de la vie russe, mais aussi une foi ferme dans « le salut venu de l'Est ». Nous nous comprenions clairement les uns les autres, et nous avions le vif sentiment de vivre dans une seule et même sphère spirituelle. Cependant l'intensité de leur rêve « de voir un jour Moscou » m'impressionnait souvent. Et il était parfois tout à fait étrange et réjouissant de constater la même forme d'esprit intérieur chez les visiteurs suisses, hollandais et anglais. Au moment de la guerre, alors que je séjournais en Suède, j'eus la chance de rencontrer également des suédois qui avaient la même forme d'esprit. De la même manière que les montagnes s'effacent lentement et inexorablement, de même s'effacent lentement et inexorablement les frontières entre les peuples. Et « l'humanité » cessera d'être un son vide.

partial » en disant : « L'artiste doit être partial dans ses œuvres ». La capacité de faire l'expérience d'œuvres étrangères (ce qui naturellement arrive et doit arriver de façon personnelle) rend l'âme plus sensible, plus capable de vibrer et par là même l'enrichit, l'élargit, l'affine et la rend plus apte à atteindre ses buts propres. L'expérience d'œuvres étrangères est semblable à l'expérience de la nature au sens le plus large. Un artiste a-t-il le droit et la possibilité d'être aveugle et sourd ? Je voudrais ajouter qu'on se met au travail avec un esprit encore plus joyeux, une ardeur encore plus sereine lorsqu'on voit qu'il y a aussi d'autres possibilités en art (et elles sont innombrables) qui peuvent être mises à profit à juste titre (ou à plus ou moins juste titre). En ce qui me concerne personnellement, j'aime toute forme née nécessairement de l'Esprit, créée par l'Esprit. De même que je hais toute forme qui ne l'est pas.

Je crois que la philosophie future, outre l'Essence des choses, étudiera aussi leur Esprit avec une particulière attention. Ainsi sera créée l'atmosphère qui rendra les hommes en général capables de sentir l'esprit des choses, de vivre cet esprit, même tout à fait inconsciemment, de même que les hommes en général vivent aujourd'hui encore l'apparence des choses de façon inconsciente, ce qui explique le plaisir [que prend le public] à l'art figuratif. Mais [c']ᴬ est la condition pour que les hommes en général aient l'expérience du Spirituel dans les choses matérielles, et plus tard du Spirituel dans les choses abstraites. Et c'est grâce à cette nouvelle capacité, qui sera sous le signe de « l'Esprit », que l'on arrive à la jouissance de l'art abstrait, c'est-à-dire absolu.

Mon livre « Du Spirituel dans l'Art » de même que « Le Cavalier Bleu » avaient surtout pour but d'éveiller cette capacité, qui sera absolument nécessaire dans le futur et rendra possible des expériences infinies, de vivre le Spirituel dans les choses matérielles et abstraites. Le désir de faire surgir cette capacité, source d'un tel bonheur, chez les

A. cette atmosphère

hommes qui ne l'avaient pas encore, était le but essentiel des deux publications *.

Les deux livres ont été et sont souvent mal compris. On les prend pour des « manifestes » et leurs auteurs sont catalogués parmi ces artistes [« accidentés »] qui se sont égarés dans le travail cérébral et la théorie. Rien n'était plus éloigné de moi que d'en appeler à la raison, au cerveau. Cette tâche aurait été aujourd'hui encore prématurée, et représentera pour les artistes le but (= pas) prochain, important et inéluctable [, dans l'évolution ultérieure de l'art]. Pour l'esprit qui s'est fortifié, et solidement enraciné, rien ne peut et ne pourra plus être dangereux, donc pas même le travail [cérébral][B], [si redouté] en art[C].

Après notre voyage en Italie, dont j'ai déjà parlé, et [notre retour][D] à Moscou, j'avais alors à peine cinq ans, mes parents et ma tante Elisabeth Tikheeva, à qui je dois autant qu'à mes parents, durent déménager pour le Sud de la Russie [(Odessa)][E] à cause de la santé de mon

---

* « Du Spirituel » une fois terminé resta quelques années dans mon tiroir. Les possibilités de publier le « Cavalier Bleu » n'avaient pas abouti. Franz Marc [aplanit les difficultés pratiques][A] pour le premier livre. Il soutint aussi le second par sa collaboration et son aide spirituelle, fine, pleine de talent et de compréhension.

A. , avec lequel je fis connaissance à l'époque où l'hostilité contre moi était générale, trouva un éditeur
B. de la raison
C. , ou même sa suprématie sur la partie intuitive, et peut-être, finalement, l'exclusion complète de l'inspiration. Nous ne connaissons que la loi d'aujourd'hui, celle de quelques millénaires, d'où est sortie progressivement (avec d'évidents atermoiements) la genèse de la création. Nous ne connaissons que les qualités de notre « talent » avec son inévitable élément d'inconscient et avec la couleur *déterminée* de cet inconscient. Mais l'œuvre éloignée de nous par les brouillards « de l'infini » se créera peut-être, par le calcul même ; au demeurant le calcul précis ne sera peut-être révélé qu'au « talent », comme par exemple en astronomie. Et si cela doit être *seulement* ainsi, alors, à ce moment là, le caractère de l'inconscient prendra une coloration différente de celle qu'il a aux époques qui nous sont connues.
D. un bref séjour
E. à Odessa, alors très peu construit,

père. C'est là que plus tard j'allais au lycée, mais je me sentis toujours un hôte de passage dans cette ville, étrangère à toute ma famille[A][101]. L'espoir de pouvoir retourner à Moscou ne nous quitta jamais [, et cette ville fit grandir dans mon cœur une nostalgie semblable à celle que Tchékov décrit dans « les Trois sœurs »[102]]. A partir de ma treizième année mon père m'emmena chaque été à Moscou, si bien que lorsque je m'y installai finalement à l'âge de dix-huit ans, j'avais le sentiment d'avoir enfin retrouvé ma patrie. Mon père est originaire de [la Sibérie orientale où][B] ses ancêtres furent exilés pour des raisons politiques[C]. Il fut éduqué à Moscou et apprit à aimer cette ville autant que sa patrie. Son âme profondément humaine et aimante comprit l' « Esprit moscovite »[D] [sans méconnaître pour autant l'aspect extérieur de Moscou]. C'est toujours un plaisir pour moi de l'entendre énumérer par exemple d'une voix recueillie les [innombrables églises, avec leurs vieux noms merveilleux][E]. Sans aucun doute, il y a chez lui la résonance d'une âme d'artiste.[F] Ma mère est moscovite de naissance et unit en elle les qualités qui incarnent pour moi Moscou : une beauté extérieure frappante, tout à fait stricte et sévère, une simplicité finement racée, une énergie inépuisable, mélange singulier de grande nervosité, d'imposante et majestueuse tranquillité, d'héroïque maîtrise de soi, où la tradition rejoint l'authentique liberté d'esprit[104]. [Bref, « notre mère

---

A. et dont la langue elle-même nous étonnait et ne nous était pas toujours compréhensible.
B. de Nertchinsk où, comme on le raconte dans la famille,
C. de Sibérie occidentale.
D. qui se manifeste avec tant de vivacité dans chaque détail.
E. noms antiques et parfumés des « quarante fois quarante » églises de Moscou[103].
F. Il aime beaucoup la peinture et dans sa jeunesse il a étudié le dessin, ce dont il aime se souvenir. Quand j'étais enfant il me faisait souvent des dessins. Aujourd'hui encore je me rappelle bien son trait délicat, tendre et expressif, qui ressemble tant à son élégante silhouette et à ses mains étonnamment belles. L'un de ses plaisirs favoris a toujours été la visite des expositions où il regarde longuement et attentivement les tableaux. Il ne condamne pas ce qu'il ne comprend pas, mais s'efforce de comprendre en interrogeant tous ceux de qui il espère une réponse.

Moscou » de « pierres blanches » à « tête d'or », sous une forme humaine.]
Moscou : la dualité, la complexité, la plus grande mobilité, les heurts et
la confusion dans l'apparence extérieure qui compose en dernier lieu un
visage personnel, homogène, les mêmes qualités dans la vie intérieure,
ce qui est incompréhensible pour l'observateur étranger (d'où les
nombreux jugements contradictoires des étrangers sur Moscou) et
qui est pourtant tout aussi caractéristique, et en dernier lieu parfaitement homogène — ce Moscou tout à la fois intérieur et extérieur, je le
considère comme la source de mes aspirations d'artiste. C'est mon dia-
pason de peintre. J'ai l'impression qu'il en fut toujours ainsi et qu'avec
le temps, et grâce aux progrès formels extérieurs de ce « modèle »,
j'ai toujours peint et je peins encore avec plus de vigueur dans l'expression, de perfection dans la forme, pénétrant toujours plus avant dans
l'essentiel. Les détours que j'ai faits hors du droit chemin ne me furent
en définitive pas nuisibles ; quelques points morts durent lesquels j'étais
sans force et dont j'eus parfois l'impression qu'ils marquaient le
terme de mon travail, furent pour la plupart des moments de repos
et d'élans qui rendirent possible le pas suivant.

[Pour bien des choses je dois me donner tort, mais il en est une à
laquelle je restai toujours fidèle... la voix intérieure qui m'a fixé mon
but dans l'art et que j'espère suivre jusqu'à la dernière heure.]

Kandinsky
Munich, juin 1913 [105]

Composition IV [107]

Définition postérieure

1. MASSES (du point de vue du poids)

    — dans la partie inférieure au milieu : bleu (donne à l'ensemble une sonorité froide)

Couleur

    — en haut à droite : bleu, rouge et jaune séparés

    — en haut à gauche : lignes noires des chevaux, en nœud

Ligne

    — en bas à droite : lignes étirées au long des gisants

2. CONTRASTES

    — de la masse à la ligne

    — du précis au flou

    — du nœud de lignes au nœud de couleurs, et

    — contraste majeur : du mouvement tranchant acéré (bataille) aux couleurs à la fois claires, froides et douces.

3. DÉBORDEMENTS

    de la couleur sur les contours.

    Les délimitations sont parfaites, sauf pour le Burg où elles sont affaiblies par l'écoulement du ciel au-delà du contour.

4. DEUX CENTRES

    1. Nœuds de lignes

    2. Pointe modelée du bleu

    sont séparés l'un de l'autre par les deux lignes noires verticales (javelots).

La composition tout entière est très claire de conception, avec de nombreuses teintes douces qui débordent souvent l'une sur l'autre (dissolutions); le jaune aussi est froid. Cette froideur claire-douce par opposition au mouvementé acéré (guerre) constitue le contraste majeur du tableau. Il me semble que là le contraste (par comparaison avec la Composition 2) est encore plus fort, mais par là même plus dur (intérieurement), plus distinct, ce qui présente comme *avantage* d'avoir un effet plus précis et comme *inconvénient* une trop grande clarté [108] dans la précision.

*

A la base il y a les éléments suivants :

1. Harmonie des masses *paisibles* entre elles.

2. *Paisible* mouvement des parties, surtout vers la droite et vers le haut.

3. Avant tout, mouvement *acéré* vers la gauche et vers la droite.

4. La *contradiction* dans les deux directions (en direction de la droite des formes plus petites vont vers la gauche, et inversement).

5. *Harmonie* des masses avec les lignes qui sont simplement posées comme telles.

6. *Contraste* entre les formes floues et celles qui ont un contour précis (donc la ligne en tant que ligne [5] et en tant que contour où elle a la résonance d'une ligne).

7. Le *débordement* des couleurs au-delà des frontières de la forme.

8. Le *primat* de la résonance des couleurs sur celle de la forme.

9. *Dissolutions*.

Mars 1911.

Composition VI [109]

J'ai porté le tableau en moi pendant un an et demi et j'ai souvent été amené à penser que je n'en viendrais pas à bout. Le point de départ fut le déluge. Le point de départ fut une peinture sur verre que j'ai

faite surtout pour mon plaisir. On y trouve différentes formes figura-
tives en partie amusantes (je pris plaisir à jeter la confusion parmi les
formes sérieuses en leur donnant des aspects amusants) : nus, arche,
animaux, palmiers, éclairs, pluie, etc... Lorsque la peinture sur verre
fut achevée le souhait naquit en moi de travailler sur ce thème pour une
Composition, et je voyais alors assez clairement ce que je devais faire.
Mais très vite ce sentiment disparut et je me perdis dans des formes de
corps que je n'avais peintes qu'afin d'éclairer et de mieux dégager l'idée
que je me faisais du tableau. Au lieu de clarté, je n'y gagnai qu'en obscurité. Sur certaines esquisses j'ai dissout les formes de corps, sur
d'autres j'ai essayé d'atteindre l'impression de façon purement abstraite. Pourtant je ne réussissais pas. Et cela venait seulement du fait
que j'échouais devant l'expression du déluge lui-même, au lieu d'obéir
à l'expression du *mot* « déluge ». Ce n'était pas la résonance intérieure
qui me dominait mais l'expression extérieure. Les semaines passèrent
et je poursuivais mes essais, mais toujours sans succès. J'essayai aussi
un moyen qui avait fait ses preuves : me détourner un certain temps de
ce travail pour pouvoir ensuite regarder inopinément les meilleures
esquisses avec les yeux d'un étranger. Je vis alors qu'elles contenaient
aussi de bonnes choses, mais je n'arrivais pas à séparer le fruit de
l'écorce. Cela me rappelait un serpent qui n'arriverait pas à ramper
hors de sa vieille peau. La peau paraissait déjà tout ce qu'il y a de plus
mort, et pourtant elle adhérait encore.

C'est ainsi que pendant un an et demi adhéra à moi, étranger à son
image intérieure, l'élément de la catastrophe qui a pour nom déluge.

Ma peinture sur verre était alors partie dans des expositions. Mais
lorsqu'elle revint et que je la revis, je reçus aussitôt le choc intérieur
que j'avais éprouvé lors de sa création. Mais j'avais déjà perdu confiance
et je ne croyais plus que j'arriverais à faire le grand tableau. Malgré tout
je regardais de temps en temps la peinture sur verre qui était accrochée
dans mon atelier. Chaque fois c'était avant tout les couleurs qui me
bouleversaient, puis ce qui concernait la composition et la forme du
dessin lui-même, en dehors de tout objet. Cette peinture sur verre s'était
détachée de moi. Il me semblait étrange que ce soit moi qui l'ait peinte.
Et cela me faisait le même effet que certains objets ou idées objectives

qui ont la force d'éveiller en moi, par une vibration de l'âme, des représentations purement picturales, et qui me conduisent finalement à l'élaboration d'un tableau. Enfin le jour vint et une paisible tension intérieure bien connue de moi me donna une certitude parfaite. Je fis aussitôt, presque sans corrections, la dernière esquisse définitive, qui dans l'ensemble me satisfit tout à fait *. A présent je savais que j'allais peindre ce tableau dans des conditions normales. A peine avais-je reçu la toile commandée que je me mettais déjà à dessiner. Cela alla vite et presque tout fut bon du premier jet. En deux ou trois jours, l'essentiel du tableau était là. Le grand combat, le grand asservissement à la toile étaient passés. Même si plus tard, pour un motif quelconque je n'avais plus pu travailler à ce tableau, il aurait pourtant été là : le principal était déjà fait. Ensuite il fallut considérer chacune des parties par opposition aux autres, travail infiniment délicat, agréable bien que très fatigant. Comme je me tourmentais, autrefois, lorsque je jugeais telle partie fautive, et que je cherchais à l'améliorer ! L'expérience des années m'a appris que parfois la faute ne réside pas du tout là où on la cherche. Il arrive souvent que l'on améliore le coin inférieur gauche parce qu'on change quelque chose au coin supérieur droit. Lorsque le plateau gauche de la balance penche trop, c'est qu'il faut charger un peu plus celui de droite — celui de gauche se relève alors de lui-même. Les recherches menées avec acharnement sur le plateau droit de la balance, la découverte du poids *précis* qui manquait encore, le tremblement du plateau de gauche dû à la manipulation de celui de droite, les retouches minimes du dessin et de la couleur, à un endroit précis, et qui font vibrer l'ensemble du tableau, ce Vivant infini, ce Sensible incommensurable du tableau bien peint : tel est le troisième moment, beau et torturant, de la peinture. Ce sont justement les poids infimes dont on se sert ici, et qui produisent un effet aussi fort sur le tableau tout entier, c'est cette précision indescriptible dans l'action d'une loi secrète, que la main heureusement inspirée laisse agir, et à laquelle elle se soumet docilement, qui sont aussi séduisants que le premier et puis-

---

* Collection Koehler [110].

136

position VI, huile sur toile, 195 × 300 cm, 1913.
ée de l'Ermitage, Léningrad

Composition IV, huile sur toile, 160 × 250 cm, 1911.
Coll. Nordrhein-Westfalen, Düsseldorf

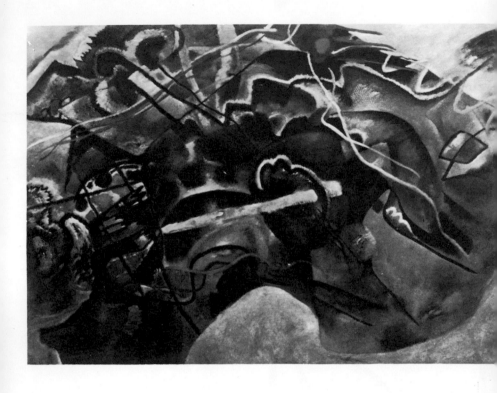

Tableau avec bordure blanche, huile sur toile, 138,5 × 198 cm, 1913.
Guggenheim Museum, New York

sant Jeter-sur-la-toile des grandes masses. A chacun de ces moments correspond une tension particulière, et combien de tableaux, fautifs ou restés inachevés, doivent leur maladive destinée au simple fait qu'on a fait appel à une tension inappropriée!

Dans ce tableau, on voit deux centres :

1. à gauche, le centre délicat, rose et légèrement estompé, avec au milieu des lignes faibles et incertaines.

2. à droite (un peu plus haut que celui de gauche) le deuxième, plus grossier, rouge-bleu, légèrement détonant, avec des lignes acérées quelque peu méchantes, fortes et très précises.

Entre ces deux centres, le *troisième* (plus proche de celui de gauche), que l'on ne peut reconnaître pour centre que plus tard, mais qui est en définitive le *centre principal*. Ici la couleur rose et blanche écume, si bien qu'elle me semble ne reposer ni sur la surface de la toile, ni sur une quelconque surface idéale. Elle est bien davantage suspendue dans les airs et semble environnée de vapeur. On peut observer une telle absence de la surface et cette imprécision due à l'éloignement au bain russe par exemple. L'homme debout dans la vapeur n'est ni proche, ni lointain; il est *quelque part*. Ce « quelque part » du centre principal détermine la résonance intérieure du tableau tout entier. J'ai travaillé à cet endroit jusqu'à ce qu'ait pris forme ce que j'avais d'abord obscurément souhaité, puis désiré de plus en plus clairement en mon for intérieur.

L'ensemble des formes plus petites exigeait dans ce tableau quelque chose qui agirait de façon très simple et très large (« largo »). J'ai employé pour cela les longs traits solennels que j'avais déjà introduits dans la Composition 4. Il me fut très agréable de voir ce procédé, déjà utilisé, produire un effet si différent. Ces traits sont reliés aux traits épais du haut, qui vont vers eux, en biais, précis, et contre lesquels ils buttent directement.

Pour adoucir l'action des lignes à la résonance trop dramatique, c'est-à-dire pour étouffer la voix trop importune de l'élément dramatique (lui mettre une muselière), je laissai se jouer sur la toile toute une fugue de taches roses aux nuances variées. Elles habillent la grande agitation d'une grande paix, et assurent l'objectivité du processus tout entier. Par ailleurs diverses tâches bleues rompent ce caractère de paisible solennité et produisent un effet de chaleur intérieure.

Cet effet de chaleur, dû à des couleurs froides par elles mêmes, intensifie l'élément dramatique d'une manière agréable et, de nouveau, objective. Les formes brunes, d'une grande profondeur (en particulier en haut à gauche), apportent une note assourdie, à la résonance très abstraite, qui rappelle l'élément de désespérance. Du vert et du jaune vivifient cet état d'âme et lui donnent l'animation qui lui manquait. J'ai abondamment utilisé ici le lisse, le brut et les autres façons de traiter la toile elle-même. C'est pourquoi le spectateur vit des expériences nouvelles lors même qu'il se rapproche de la toile. Ainsi tous les éléments, et même ceux qui se contrarient, ont atteint un parfait équilibre intérieur, si bien qu'aucun élément n'a la prépondérance, que le thème qui a inspiré le tableau (déluge) se dissout et se métamorphose en une essence intérieure purement picturale, autonome et objective. Rien ne serait plus faux que d'étiqueter ce tableau sous le titre de description d'un événement.

Une grande destruction, d'un effet objectif, est aussi un chant de louange, qui vit pleinement dans l'isolement de la sonorité, comme un Hymne à la nouvelle création qui suit la destruction.

Mai 1913

Tableau avec bordure blanche [111]

Pour ce tableau, j'ai fait de nombreuses ébauches, esquisses et dessins. Je fis la première ébauche peu après mon retour de Moscou, en décembre 1912 : c'était le résultat des dernières expériences, vécues comme d'habitude très intensément, à Moscou, — ou plus exactement *de Moscou* même. La première ébauche était très succincte et concise. Dès la deuxième, j'ai commencé à « dissoudre » les événements (couleurs et formes) dans le coin inférieur droit. En haut, à gauche, on retrouvait le motif de la Troïka * que je portais en moi depuis très longtemps, et que j'avais déjà utilisé dans différents dessins [112]. Ce coin gauche devait être particulièrement simple, c'est-à-dire que l'impression qu'on en retirait devait être immédiate, sans qu'on soit gêné par le motif. Tout à fait dans le coin, il y a des dentelures blanches qui expriment un sentiment que je ne peux traduire par des mots. Peut-être cela éveille-t-il le sentiment d'un obstacle, qui cependant ne parvient pas à tenir la Troïka à distance.

Décrits de cette manière, ces motifs rapportés l'un à l'autre prennent une expression de raideur qui m'écœure. Une couleur verte, par exemple, fait souvent résonner dans l'âme la tonalité de l'été (inconsciemment). Et cette sourde résonance, due à la fraîcheur et la clarté pures, peut, dans un tel cas, être très justifiée. Mais quel écœurement si cette résonance était si forte et si distincte qu'elle fasse penser aux « joies » de l'été : qu'il est agréable, par exemple, de pouvoir enlever son habit sans risque de s'enrhumer.

Donc *clarté* et *simplicité* en haut à gauche, dissolution grassement étalée, avec de petites *dissolutions* sourdes en bas à droite. Comme je le fais très souvent, *deux centres* (mais qui sont ici moins indépendants que dans la Composition 6 par exemple, que l'on pourrait décomposer en deux tableaux qui ont une vie autonome mais ont grandi ensemble).

Le premier *centre*, à *gauche* : combinaison de formes verticales qui avancent vers le deuxième centre, avec des touches de couleurs pures et très sonores; le rouge un peu déliquescent, le bleu concentré sur lui-même (mouvement concentrique fortement accentué). Le procédé est donc lui aussi très simple, parfaitement apparent et clair.

Le deuxième *centre*, à *droite* : épais motif linéaire en arc de cercle (qui m'a donné beaucoup de peine). Il a, à l'extérieur et à l'intérieur, de chaudes dentelures (assez blanches) ce qui donne à leur courbe un peu mélancolique la nuance d'un énergique « bouillonnement intérieur ». Tout ceci est englouti (si je peux m'exprimer ainsi, et en exagé-

---

* Voiture à trois chevaux. C'est ainsi que je nomme trois lignes parallèles, à quelques écarts près, qui se recourbent vers le haut. Je vins à ce motif en regardant les lignes dorsales des trois chevaux dans l'attelage russe.

rant) dans des tons d'un bleu assourdi qui çà et là seulement arrivent à résonner avec force, et dont l'ensemble enferme le motif principal un peu comme dans un œuf. C'est comme un petit empire en soi, non pas greffé sur l'ensemble comme un corps étranger, mais comme une fleur qui pousserait sur lui. Cette forme qui rappelle celle d'un œuf, j'en ai traité les limites de façon qu'elle apparaisse clairement mais sans qu'on la remarque trop ou qu'elle soit importune : j'ai par exemple indiqué ses limites avec plus de netteté vers le haut, alors que le bas est fondu. Lorsqu'on suit ces limites du regard, on éprouve toute une vague d'émotions.

Les deux centres sont séparés l'un de l'autre et reliés l'un à l'autre par de nombreuses formes, plus ou moins distinctes, faites en partie de simples taches, et vertes. Cette abondance du vert, je l'ai introduite tout à fait inconsciemment, et je remarque maintenant qu'elle correspondait à un plan : je ne souhaitais pas apporter une grande agitation dans ce tableau pourtant fortement animé. Je voulais bien davantage — comme je le remarquai *a posteriori* — exprimer la paix par le biais de l'agitation. Il y eut même trop de vert, et surtout trop de bleu parisien (froideur à la sonorité étouffée) dans le tableau, si bien que ce ne fut pas sans mal et sans fatigue que je réussis à contrebalancer et à faire reculer la surabondance de ces couleurs.

Entre la simplicité qui règne en haut à gauche et les deux centres, une voix intérieure m'ordonna d'employer une technique que j'appellerais volontiers *technique de l'écrasement* : j'écrasais le pinceau sur la toile de façon à donner naissance à de petites pointes et de petites collines. Opération judicieuse et à nouveau conforme à mon plan : tant cette agitation *technique* entre les points décrits était indispensable.

En bas à gauche il y a un combat en noir et blanc, séparé par du jaune napolitain de la clarté dramatique du coin supérieur gauche. La façon dont les taches noires, imprécises, se tordent dans le blanc, je l'appellerais « *le bouillonnement intérieur sous une forme confuse* ».

Le coin supérieur droit qui lui est opposé est semblable, mais fait déjà partie de la bordure blanche. Je mis très longtemps à faire cette bordure blanche. Les esquisses me furent de peu d'utilité, c'est-à-dire que des motifs isolés finirent par m'apparaître clairement, mais que je ne pouvais toujours pas me décider à peindre le tableau. Lorsque, des semaines plus tard, je regardais à nouveau mes esquisses, j'avais toujours la même impression de ne pas être arrivé à maturité. Ce n'est qu'avec les années que j'ai appris à faire preuve de patience dans ces cas-là et à ne pas essayer de bâcler mon travail.

C'est donc seulement au bout de cinq mois environ, alors que j'étais assis au crépuscule devant ma deuxième grande esquisse, que je vis soudain avec une parfaite clarté ce qui manquait encore... C'était la bordure blanche.

J'eus même peur de croire à cette réalité, mais j'allai pourtant directement chez mon marchand de couleurs et je commandai la toile. Mon incertitude sur la grandeur de la toile (longueur de 160, 180, 200 ?) a duré au maximum une demi-heure.

Cette bordure blanche, je l'ai faite avec fantaisie, telle qu'elle me venait spontanément à l'esprit : en bas à gauche, abîme; une vague blanche en surgit qui retombe brusquement, puis se répand sur le côté droit du tableau en une forme qui serpente paresseusement, forme un lac en haut à droite (où prend naissance le noir bouillonnement) et disparaît en direction du coin supérieur gauche, pour apparaître une dernière fois sur le tableau sous la forme définitive de blanches dentelures.

Cette bordure blanche ayant été la clef du tableau, c'est le titre que j'ai donné à l'ensemble du tableau.

Mai 1913

Der Blaue Reiter [113]

1912

SUR LA QUESTION DE LA FORME [114]

Les nécessités arrivent à maturité quand leur heure est venue. Autrement dit, l'esprit créateur (que l'on peut nommer l'esprit abstrait) trouve alors accès à l'âme, puis aux âmes, et provoque une aspiration, un élan intérieur.

Lors que les conditions nécessaires à la maturation d'une forme précise se trouvent remplies, cette aspiration, cet élan intérieur reçoivent le pouvoir de créer dans l'esprit humain une nouvelle valeur, qui commence à vivre consciemment ou inconsciemment dans l'homme. A partir de cet instant, l'homme cherche consciemment ou inconsciemment une forme matérielle à la valeur nouvelle qui vit en lui sous une forme spirituelle.

La valeur spirituelle est alors à la recherche d'une matérialisation. Le nom de *matériel* joue ici le rôle d'un « magasin » où l'esprit, tel un cuisinier, vient choisir ce qui lui est *nécessaire* dans ce cas.

Voilà l'élément positif, créateur. Voilà le bien. *Le Rayon blanc qui féconde.*

Ce Rayon blanc conduit à l'évolution, à l'élévation; derrière la matière, au sein de la matière se cache l'esprit créateur. Le voile qui enveloppe l'esprit dans la matière est souvent si épais que peu d'hommes sont en général capables de le discerner. C'est ainsi que de nos jours beaucoup de gens ne voient pas l'esprit dans la religion ou dans l'art. Il y a des époques qui nient l'esprit parce que, dans de tels temps, les yeux des hommes sont en général incapables de voir l'esprit. Ainsi en était-il au XIXe siècle, ainsi en est-il aujourd'hui encore dans l'ensemble.

Les hommes sont aveuglés.

Une main noire se pose sur leurs yeux. C'est la main de celui qui hait. Celui qui hait cherche par tous les moyens à freiner l'évolution, l'élévation. Voilà l'élément négatif, destructeur. *La Main noire qui sème la mort.*

L'évolution, le mouvement vers l'avant et vers le haut ne sont possibles que lorsque la voie est libre, lorsqu'aucune barrière ne se dresse. Telle est la *condition extérieure.*

force qui pousse l'esprit humain en avant et vers le haut, quand
e est libre, est l'esprit abstrait. Il faut naturellement qu'il reten-
tisse et puisse se faire entendre. L'appel doit être possible. C'est la
condition intérieure.

Détruire ces deux conditions est le moyen qu'emploie la Main
noire pour s'opposer à l'évolution.

Les instruments qu'elle utilise sont la peur de la voie libre, la peur
de la liberté (trivialité) et la surdité à l'égard de l'esprit (matérialisme
borné).

C'est pourquoi les hommes considèrent avec hostilité toute valeur
nouvelle. On cherche à la combattre par la raillerie et la calomnie.
Celui qui instaure cette valeur est présenté comme un individu ridicule
et malhonnête. On se moque de la valeur nouvelle, on l'insulte. C'est
le côté sinistre de la vie.

La joie de la vie réside dans le triomphe irrésistible et constant de
la valeur nouvelle.

Cette victoire est lente. La valeur nouvelle conquiert progressivement les hommes. Et lorsqu'elle devient indiscutable aux yeux de
beaucoup, on fait de cette valeur, aujourd'hui indispensable, un mur
dressé contre l'avenir.

La métamorphose de la valeur nouvelle (fruit de la liberté) en
une forme pétrifiée (mur dressé contre la liberté) est l'œuvre de la
Main noire.

Toute l'évolution, c'est-à-dire le développement intérieur et la
civilisation extérieure, consiste donc à déplacer les barrières.

Les barrières sont toujours édifiées avec les valeurs nouvelles qui
ont renversé les anciennes barrières.

On voit ainsi qu'au fond ce n'est pas la valeur nouvelle qui est
l'élément capital, mais l'esprit qui s'est manifesté dans cette valeur.
Et en outre la liberté, condition nécessaire de ces manifestations.

Il en résulte que l'absolu ne doit pas être cherché dans la forme
(matérialisme).

La forme est toujours liée au temps, c'est-à-dire relative, car elle
n'est que le moyen aujourd'hui nécessaire par lequel la manifestation
actuelle se communique et résonne.

146

La résonance est donc l'âme de la forme, qui ne peut prendre vie que par elle, et *agit* de l'intérieur vers l'extérieur.

La forme est l'expression extérieure du contenu intérieur.

C'est pourquoi on ne devrait pas diviniser la forme. On ne devrait lutter pour la forme que dans la mesure où elle peut servir à exprimer la résonance intérieure. C'est pourquoi on ne devrait pas chercher le salut dans *une* forme donnée.

Cette affirmation doit être correctement comprise. Pour chaque artiste (artiste productif et non pas « suiveur »), son moyen d'expression est le meilleur, puisqu'il matérialise ce qu'il doit communiquer. Mais on en tire souvent la conclusion erronée que ce moyen d'expression est ou devrait être également le meilleur pour les autres artistes.

Comme la forme n'est qu'une expression du contenu et que le contenu diffère selon les artistes, il est clair qu'il peut exister *à la même époque bien des formes différentes* qui sont *également bonnes. La nécessité crée la forme.* Certains poissons des grandes profondeurs n'ont pas d'yeux. L'éléphant à une trompe. Le caméléon change de couleur, etc...

Ainsi l'esprit de chaque artiste se reflète-t-il dans la forme. La forme porte le sceau de sa *personnalité.*

Naturellement, on ne peut concevoir la personnalité comme une entité située en dehors du temps et de l'espace. Au contraire, elle est soumise dans une certaine mesure au temps (époque) et à l'espace (peuple).

Chaque artiste a son mot à dire, de même que chaque peuple, et par conséquent aussi le peuple auquel appartient cet artiste. Cette relation se reflète dans la forme et constitue l'élément *national* de l'œuvre.

Et enfin chaque époque a sa tâche, qui permet à de nouvelles valeurs de se manifester. Le reflet de cet élément temporel est ce qu'on appelle le *style* d'une œuvre.

L'existence de ces trois éléments qui marquent une œuvre est inévitable. Veiller à leur présence est non seulement superflu mais nuisible, car la contrainte, dans ce domaine aussi, ne peut aboutir qu'à une œuvre illusoire, peu durable.

D'autre part, il est évidemment superflu et nuisible de vouloir rendre prévalant un seul de ces trois éléments. Beaucoup d'artistes s'efforcent aujourd'hui de mettre l'accent sur l'élément national, d'autres sur le style, de même qu'on a récemment sacrifié avant tout au culte de la personnalité (de l'individuel).

Comme nous l'avons dit au début, l'esprit abstrait s'empare d'abord de l'esprit d'un individu, pour dominer par la suite un nombre d'hommes toujours croissant. A ce moment certains artistes subissent l'esprit du temps, lequel les pousse vers des formes apparentées les unes aux autres et qui possèdent par conséquent une ressemblance extérieure.

Ce moment coïncide avec l'apparition de ce qu'on appelle un *mouvement*. Celui-ci est parfaitement légitime et indispensable à un groupe d'artistes (tout comme la forme individuelle est indispensable à un artiste).

Et de même qu'on ne doit pas chercher le salut dans la forme d'un artiste particulier, on ne doit pas non plus le chercher dans cette forme collective. Pour chaque groupe la forme qu'il a adoptée est la meilleure, puisqu'elle est la meilleure illustration de ce qu'il a pour mission de communiquer. Mais il ne faudrait pas en conclure que cette forme est ou devrait être la meilleure pour tous. En ce domaine une liberté totale doit régner, on doit admettre, on doit tenir pour bonne (pour artistique) toute forme qui est une expression extérieure du contenu intérieur. Dans le cas contraire, on ne sert plus l'esprit libre (le Rayon blanc), mais la barrière pétrifiée (la Main noire).

Ici aussi nous arrivons au résultat établi plus haut : d'une façon générale ce n'est pas la forme (matière) qui est l'élément essentiel, mais le contenu (esprit).

La forme peut donc produire un effet agréable ou désagréable, apparaître comme belle ou laide, harmonieuse on inharmonieuse, habile ou malhabile, raffinée ou grossière, etc. Et cependant elle ne doit être acceptée ou rejetée ni pour des qualités tenues pour positives ni pour des qualités ressenties comme négatives. Toutes ces notions sont absolument relatives, ce qu'on observe d'emblée si l'on considère la série infinie des formes révolues.

La forme elle-même est tout aussi relative. C'est ainsi qu'il faut l'apprécier et la concevoir. Nous devons nous placer en face d'une œuvre de manière à laisser agir sa forme sur notre âme. Et à travers sa forme, son contenu (esprit, résonance intérieure). Sinon on élève le relatif au rang de l'absolu.

Dans la vie pratique il sera difficile de trouver un homme qui, voulant se rendre à Berlin, descende du train à Ratisbonne. Dans la vie de l'esprit, descendre à Ratisbonne est chose assez courante. Parfois même, le mécanicien ne veut pas aller plus loin et tous les voyageurs descendent à Ratisbonne. Que de gens qui cherchaient Dieu se sont finalement arrêtés devant une figure taillée dans le bois! Que de gens qui cherchaient l'art sont restés prisonniers d'une forme qu'un artiste avait utilisé à ses propres fins, qu'il s'agisse de Giotto, de Raphaël, de Dürer ou de van Gogh!

Enfin il faut poser ce principe : l'essentiel n'est pas que la forme soit personnelle, nationale, d'un beau style, qu'elle corresponde ou non au courant général de l'époque, qu'elle s'apparente ou non à un grand nombre ou à un petit nombre de formes, qu'elle soit isolée ou non; *l'essentiel, dans la question de la forme, est de savoir si elle est née d'une nécessité intérieure ou non* *.

De même l'apparition des formes dans le temps et l'espace doit s'expliquer par la nécessité intérieure qui régit tel temps et tel espace. C'est pourquoi il sera finalement possible de dégager les caractères distinctifs d'une époque et d'un peuple donnés et d'en établir la liste schématique. Plus l'époque sera grande — autrement dit, plus ses aspirations au spirituel seront nombreuses —, plus elle produira de formes, et plus on y observera de courants intéressant l'époque entière (de mouvements animés par des groupes), ce qui va de soi.

Ces caractères distinctifs d'une grande époque spirituelle (dont

---

* C'est dire qu'il ne faut pas faire de la forme un uniforme. Les œuvres d'art ne sont pas des soldats. Chez le même artiste, une seule et même forme peut être une fois la meilleure, une autre fois la plus mauvaise. Dans le premier cas, elle procède de la nécessité intérieure, dans le second de la nécessité extérieure : de l'ambition et de la cupidité.

on a prophétisé la venue et qui manifeste aujourd'hui un de ses premiers stades), nous les discernons dans l'art actuel.

Ce sont :

1. une grande *liberté*, illimitée aux yeux de certains,

2. qui nous permet d'entendre la voix de l'*esprit*,

3. que nous voyons se manifester dans les choses avec une *force particulière*,

4. qui se servira peu à peu et se sert déjà de tous les *domaines spirituels* comme d'autant d'instruments,

5. qui, dans chaque domaine spirituel — donc aussi dans les arts plastiques (spécialement en peinture) —, crée de nombreux *moyens d'expression* (formes) individuels ou de groupes,

6. qui dispose aujourd'hui de tout le stock des choses existantes, autrement dit utilise comme élément formel *n'importe quel matériau*, du plus « dur » à l'abstraction bidimensionnelle.

Reprenons ces différents points en les développant.

1. La liberté s'exprime dans l'effort de l'esprit pour se libérer des formes qui ont déjà rempli leur rôle — des formes anciennes — et pour en créer de nouvelles, infiniment diverses.

2. La recherche involontaire des limites extrêmes que peuvent atteindre les moyens d'expression de l'époque actuelle (moyens d'expression de la personnalité, du peuple, du temps) implique d'autre part que cette liberté apparemment absolue, déterminée par l'esprit du temps, se subordonne à la recherche et que se précise la direction où elle doit s'effectuer. L'insecte qui court en tous sens sous un verre croit jouir d'une liberté illimitée. Mais bientôt il se heurte à ce verre : il peut regarder au-delà, mais non pas aller plus loin. Cependant, le mouvement du verre en direction de l'avant lui donne la possibilité de parcourir un nouvel espace, car son déplacement est déterminé par la main qui déplace le verre. — Notre époque, qui se juge absolument libre, se heurtera elle aussi à des limites déterminées, mais ces limites seront déplacées « demain ».

3. Cette liberté apparemment totale et l'intervention de l'esprit résultent du fait que nous commençons à éprouver l'esprit, la *résonance intérieure* en toute chose. En même temps, cette capacité que

nous commençons à posséder produit un fruit plus mûr, par le concours de la liberté apparemment totale et de l'invention de l'esprit.

4. Nous ne tenterons pas ici de préciser ces effets, tels qu'ils se manifestent dans les domaines spirituels. Cependant, chacun doit comprendre que, tôt ou tard, la collaboration de la liberté et de l'esprit se reflètera partout *.

5. Dans les arts plastiques (tout particulièrement en peinture), nous rencontrons aujourd'hui une quantité surprenante de formes, qui tantôt apparaissent comme des formes créées par de grandes personnalités isolées, tantôt entraînent des groupes entiers d'artistes dans un grand courant, dont la direction est parfaitement précise.

Pourtant, derrière la grande diversité de ces formes, il est aisé de reconnaître une aspiration commune. Et c'est précisément dans ce mouvement massif que nous discernons l'esprit des formes qui s'imposent à toute une époque. De sorte qu'il suffit de dire : *tout est permis*. Ce qui est permis aujourd'hui a toutefois des limites, qui ne peuvent être franchies. Ce qui est interdit aujourd'hui se maintient inébranlablement.

Nous ne devrions pas nous fixer de limites, puisque ces limites existent de toute façon. Il en est ainsi non seulement pour l'émetteur (l'artiste), mais aussi pour le récepteur (le public). Celui-ci peut et doit suivre l'artiste et ne devrait avoir aucune crainte d'être dirigé sur de mauvaises voies. L'homme n'est capable de se mouvoir en ligne droite ni physiquement (songeons aux sentiers à travers champs...), ni encore moins spirituellement. De toutes les routes spirituelles, le droit chemin est souvent le plus long, car c'est le mauvais chemin, alors que celui qui semble mauvais est souvent le meilleur.

Le « sentiment » hautement exprimé mettra tôt ou tard l'artiste et le public sur la bonne voie. L'attachement craintif à *une* forme conduit inévitablement à l'impasse, le sentiment sincère à la liberté. Dans le premier cas, il y a obéissance à la matière, dans le second à l'esprit : l'esprit crée une forme et passe à d'autres formes.

* J'ai traité ce sujet d'une manière plus détaillée dans mon ouvrage *Du Spirituel dans l'art* (Edition R. Piper & Co., Munich).

6. L'œil dirigé sur un point (qu'il s'agisse de la forme ou du contenu) ne peut embrasser une grande surface. L'œil qui erre distraitement sur une grande surface en perçoit l'ensemble ou une partie, mais s'accroche à des disparités extérieures et se perd dans des contradictions. La cause de ces contradictions réside dans la diversité des moyens que l'esprit actuel tire, en apparence sans le moindre plan, du stock des matériaux disponibles. Nombre de gens parlent d' « anarchie » pour qualifier l'état présent de la peinture. Le même reproche est adressé à la musique contemporaine. Ces gens croient assister, à tort, à un bouleversement désordonné. L'anarchie implique méthode et ordre — méthode et ordre non pas produits par une violence extérieure et finalement décevante, mais créés par *le sentiment de ce qui est bien*. Ici aussi nous voyons donc se dresser des limites, mais des limites que nous devons qualifier d'*intérieures* et qui doivent remplacer les limites extérieures. Et ces limites aussi sont portées toujours plus loin, de quoi résulte une liberté sans cesse croissante, qui, de son côté, ouvre la voie à de nouvelles manifestations. L'art actuel, qu'il y a effectivement lieu de qualifier d'anarchique en ce sens, ne reflète pas seulement le point de vue spirituel déjà atteint, mais traduit par sa force matérialisante le spirituel suffisamment mûri pour se manifester.

Les formes que l'esprit tire du stock des matériaux disponibles s'ordonnent aisément autour de deux pôles :

1. la grande abstraction,
2. le grand réalisme.

Ces deux pôles ouvrent *deux voies*, qui conduisent finalement *vers un seul but*.

Entre ces deux pôles se situent les nombreuses combinaisons de l'abstrait et du réel, dans leurs accords variés.

Ces deux éléments ont toujours existé en art, l'un devant être désigné comme « purement esthétique », l'autre comme « objectif ». Le premier s'exprimait dans le second, tandis que le second était au service du premier. On avait affaire à un dosage variable qui cherchait apparemment à atteindre le sommet de l'idéal dans un équilibre absolu.

Il semble qu'aujourd'hui cet idéal ne constitue plus une fin pour nous, que le fléau qui soutenait les plateaux de la balance ait disparu et que les deux plateaux aient l'intention de mener une existence indépendante. Là aussi, dans cette destruction de la balance idéale, on subodore quelque chose d' « anarchique ». Selon toute apparence l'art a mis un terme à l'agréable complémentarité de l'abstrait et de l'objectif.

D'une part, l'artiste ôte à l'élément abstrait l'appui anecdotique qu'il prend sur l'élément objectif et laisse le public dans l'incertitude. On dit : l'art abandonne la terre ferme. D'autre part, l'artiste écarte, par l'abstraction, toute idéalisation anecdotique de l'élément objectif, de sorte que le public se sent rivé au sol. On dit : l'art abandonne l'idéal. Ces griefs viennent de ce que le sentiment est insuffisamment développé. L'habitude de prêter une attention particulière à la forme et de s'attacher à la forme traditionnelle de l'équilibre dont nous avons parlé égare le sentiment du public en l'empêchant d'éprouver l'œuvre d'art avec un esprit libre.

Le grand réalisme, qui ne fait encore que poindre, s'efforce d'éliminer du tableau l'élément esthétique extérieur, afin d'exprimer le contenu de l'œuvre par la restitution simple (« inesthétique ») de l'objet dans sa simplicité et sa nudité.

L'enveloppe extérieure de l'objet — conçue de la sorte et fixée dans le tableau —, ainsi que l'élimination concomitante de l'importune beauté conventionnelle libèrent le plus sûrement la résonance intérieure des choses. Quand l'élément « esthétique » se trouve réduit au minimum, c'est précisément par l'intermédiaire de cette enveloppe que l'âme de l'objet se manifeste le plus puissamment, la beauté extérieure et flatteuse ne venant plus en détourner l'esprit *.

Et cela n'est possible que parce que nous sommes toujours plus capables d'entendre le monde tel qu'il est, donc sans y ajouter d'interprétation embellissante.

---

* Le contenu de la beauté conventionnelle a déjà absorbé l'esprit et ne trouve plus d'aliment nouveau en lui. La forme de cette beauté procure à l'œil corporel — qui est paresseux — les jouissances auxquelles il est accoutumé. L'effet de l'œuvre ne sort pas du domaine corporel. L'expérience spirituelle devient impossible. C'est pourquoi cette beauté constitue souvent une force qui ne conduit pas à l'esprit, mais en détourne.

L'élément « esthétique » réduit au minimum doit être reconnu comme l'élément abstrait le plus puissant *.

A ce réalisme s'oppose la grande abstraction, qui s'efforce d'éliminer d'une manière apparemment totale l'élément objectif (réel) et cherche à traduire le contenu de l'œuvre en formes « immatérielles ». Ainsi conçue et fixée dans un tableau, la vie abstraite des formes objectives réduites au minimum, avec la prédominance frappante des unités abstraites, révèle le plus sûrement la résonance intérieure de l'œuvre. Et de même que le réalisme renforce la résonance intérieure par l'élimination de l'abstrait, l'abstraction renforce cette résonance par l'élimination du réel. Dans le premier cas, c'est la beauté convenue, extérieure et flatteuse qui faisait écran; dans le second, c'est l'objet extérieur, auquel l'œil est habitué et servant de support au tableau, qui joue ce rôle.

La « compréhension » de ce genre de tableaux exige la même libération que la « compréhension » des tableaux réalistes : en leur présence aussi nous devons être capables d'entendre le monde entier tel qu'il est, sans y ajouter d'interprétation liée à des objets. Ces formes abstraites (lignes, surfaces, taches, etc.) n'ont pas d'importance en tant que telles, mais uniquement par leur résonance intérieure, leur vie.

---

* *La diminution quantitative de l'élément abstrait équivaut donc à son augmentation qualitative.* Nous rencontrons ici une loi essentielle : l'amplification *extérieure* d'un moyen d'expression peut diminuer sa force *intérieure* : $2 + 1$ font alors moins que $2 - 1$. Cette loi se vérifie naturellement aussi dans la plus petite forme d'expression : une tache de couleur perd souvent de son intensité, et donc de son effet, par le renforcement extérieur de sa force. Pour donner à des couleurs un mouvement particulièrement heureux il faut souvent entraver le rythme; une résonance douloureuse peut être obtenue par la suavité de la couleur, etc. Tout cela résulte de la loi des contrastes et de ses conséquences. En un mot : *la forme vraie naît de la combinaison du sentiment et de la science.* Ainsi, si on me permet une nouvelle comparaison culinaire, un bon mets résulte de la combinaison d'une bonne recette (où toutes les quantités sont exactement indiquées) et du sentiment du cuisinier. L'essor du savoir est un des grands traits caractéristiques de notre temps : la science esthétique occupe peu à peu la place qui lui revient. Elle sera à l'avenir la « basse fondamentale », quoique son développement comporte un nombre infini de vicissitudes.

De même, dans les œuvres réalistes, ce n'est pas l'objet lui-même ou son enveloppe extérieure qui comptent mais sa résonance intérieure, sa vie.

Dans l'art abstrait, l'élément « objectif » réduit au minimum doit être reconnu comme l'élément réel le plus puissant*.

Nous voyons donc, en fin de compte, que si, dans le grand réalisme, l'élément réel apparaît comme ostensiblement important et l'élément abstrait comme ostensiblement faible — relation qui semble inverse dans la grande abstraction —, ces deux pôles sont équivalents en dernière analyse, c'est-à-dire sous le rapport du but visé.

Réalisme = abstraction

Abstraction = réalisme.

La plus grande dissemblance extérieure devient la plus grande ressemblance intérieure.

Quelques exemples nous ferons passer du domaine de la réflexion dans l'ordre des choses tangibles. Si le lecteur considère avec des yeux neufs n'importe quelle lettre de ces lignes, autrement dit s'il ne la regarde pas comme un signe connu faisant partie d'un mot, mais comme une *chose*, il ne verra plus dans cette lettre une forme abstraite créée par l'homme en vue d'une certaine fin — la désignation d'un son déterminé —, mais une forme concrète produisant par elle-même une certaine impression extérieure et intérieure, indépendante de sa forme abstraite. En ce sens, la lettre se compose :

1. d'une forme principale — son aspect global — apparaissant (très grossièrement dit) comme « gaie », « triste », « dynamique », « languissante », « provocante », « orgueilleuse », etc.;

2. de différentes lignes orientées de diverses manières, produisant à leur tour une impression « gaie », « triste », etc.

Si le lecteur prend conscience de ces deux éléments, il éprouve aussitôt le sentiment que produit cette lettre en tant qu'*être* ayant une *vie intérieure*.

Qu'on ne nous objecte pas que la lettre en question n'agira pas

---

* Nous retrouvons donc, au pôle opposé, la loi déjà mentionnée selon laquelle *la diminution quantitative équivaut à une augmentation qualitative.*

de la même manière sur chacun. Cette différence est secondaire; d'une façon générale, toute chose agit de telle manière sur un individu et de telle autre sur un autre. Nous constatons que la lettre se compose de deux éléments qui expriment cependant, en fin de compte, *une seule* résonance. Les lignes prises isolément peuvent être « gaies », tandis que l'impression globale (élément 1) peut produire un effet de « tristesse », etc. Les différents mouvements du second élément sont des parties organiques du premier. Dans toute mélodie, sonate ou symphonie, nous observons la même subordination des éléments isolés à *un seul* effet d'ensemble. Et nous pouvons en dire autant d'un dessin, d'une esquisse, d'un tableau. Ici se manifestent des lois de la construction. Mais pour le moment nous ne voulons que souligner un point : la lettre produit un certain effet et cet effet est double :

1. il agit en tant que signe ayant une fin,

2. il agit, d'abord en tant que forme, puis en tant que résonance intérieure de cette forme, par lui-même et d'une manière complètement indépendante.

Nous en conclurons que l'*effet extérieur peut différer de l'effet intérieur*, produit par la *résonance intérieure*, ce qui constitue un des *moyens d'expression* les plus *puissants* et les plus *profonds* de toute composition *.

Prenons un autre exemple. Dans le même livre nous voyons un tiret. S'il est placé au bon endroit — comme je le fais ici —, nous avons un trait qui possède une signification pratique et une fin. Si nous prolongeons ce petit trait, tout en le laissant à la bonne place, il conservera son sens, mais le caractère insolite de ce prolongement lui conférera une coloration indéfinissable : le lecteur se demandera pourquoi le trait est si long et si cette longueur ne possède pas une signification pratique et une fin. Plaçons le même tiret au mauvais endroit (comme — je le fais ici). Il perdra sa signification et sa fin, éveillera le sentiment d'une faute d'impression, prendra un caractère négatif. Plaçons le même trait sur une page blanche, par exemple en le prolongeant et en

---

* Je ne peux qu'effleurer ici ces grands problèmes. En les approfondissant lui-même, le lecteur découvrira par ses propres forces ce que cette dernière conclusion, par exemple, comporte de mystérieux et d'excellent.

l'arrondissant. Ce cas ressemble beaucoup au précédent, sauf que nous pensons (aussi longtemps que subsiste l'espoir d'une explication) que le trait possède une signification et une fin. Ensuite, si nous ne lui découvrons aucune explication, il prend un caractère négatif. Mais comme le livre présente tel ou tel trait, nous ne pouvons exclure définitivement qu'il ait un sens.

Traçons maintenant une ligne dans un milieu qui échappe complètement à la finalité pratique, par exemple sur une toile. Aussi longtemps que le spectateur (nous n'avons plus affaire à un lecteur) la considère comme un moyen de délimiter un objet, il reste soumis à l'impression de la finalité pratique. Mais à l'instant où il se dit qu'en peinture l'objet pratique ne joue le plus souvent qu'un rôle fortuit et non pas purement pictural, que la ligne possède souvent une signification purement picturale *, son âme devient capable de ressentir la *résonance purement intérieure* de cette ligne.

L'objet, la chose sont-ils pour autant éliminés du tableau ? Non. La ligne, nous l'avons vu, est une chose ayant un sens et une finalité pratique tout aussi bien qu'une chaise, une fontaine, un couteau, un livre. Et, dans notre dernier exemple, cette chose est utilisée comme un moyen purement pictural, à l'exclusion des autres aspects qu'elle peut posséder — donc dans sa résonance purement intérieure.

Si par conséquent une ligne est affranchie de l'obligation de désigner une chose dans un tableau et fonctionne elle-même comme une chose, sa résonance intérieure ne se trouve plus affaiblie par aucun rôle secondaire et elle reçoit sa pleine force intérieure.

Nous en arrivons à la conclusion que l'abstraction pure, comme le réalisme pur, se sert des choses dans leur existence matérielle. La plus grande négation de l'objet et sa plus grande affirmation sont équivalentes. Et cette équivalence se justifie par la poursuite du même but : l'expression de la même résonance intérieure.

Nous voyons donc qu'en principe *il est sans importance que l'artiste recoure à une forme réelle ou abstraite, car elles sont intérieurement équi-*

---

* Van Gogh a utilisé la ligne en tant que telle avec une force particulière, sans intention de délimiter l'objet.

valentes. Le choix doit être laissé à l'artiste, qui doit savoir mieux que personne par quel moyen il est capable de matérialiser le plus clairement le contenu de son art. En termes plus abstraits, nous pouvons dire qu'*en principe il n'existe pas de problème de la forme.*

En effet, s'il existait en principe un problème de la forme, il pourrait aussi recevoir une réponse. Et tous ceux qui connaîtraient cette réponse seraient à même de créer des œuvres d'art, ce qui veut dire que l'art n'existerait plus. En termes pratiques, le problème de la forme se transforme en une autre question : quelle forme dois-je utiliser dans tel cas pour aboutir à l'expression nécessaire de mon sentiment intérieur ? Dans tel cas, la réponse est toujours d'une précision scientifique absolue, mais n'a qu'une valeur relative pour d'autres cas. Autrement dit, la forme qui est la meilleure dans un cas peut être la plus mauvaise dans un autre : tout dépend de la nécessité intérieure qui seule peut rendre une forme correcte. Et une forme ne peut avoir de signification pour un public que si la nécessité intérieure la choisit sous la pression du temps et du lieu parmi d'autres qui lui sont apparentées. Ceci ne change rien à la signification relative de la forme, qui peut être correcte dans tel cas et fausse dans beaucoup d'autres.

Toutes les règles qui ont été découvertes dans l'art ancien et celles qui seront découvertes plus tard — règles auxquelles les historiens de l'art attachent une importance exagérée — n'ont rien de général : elles ne conduisent pas à l'art. Si je connais les règles de la menuiserie, je serai toujours capable de fabriquer une table. Mais celui qui connaît les lois présumées de la peinture ne sera jamais certain de créer une œuvre d'art.

Ces règles, qui constitueront bientôt la « basse fondamentale » de la peinture, ne sont rien d'autre que la connaissance de l'effet intérieur des différents moyens et de leur combinaison. Mais il n'existera jamais de règles permettant, dans un cas donné, d'employer la forme nécessaire à tel ou tel effet et de combiner les différents moyens.

Résultat pratique : *on ne doit jamais croire un théoricien (historien de l'art, critique, etc.), lorsqu'il affirme avoir découvert une faute objective dans une œuvre.*

La *seule chose* qu'un théoricien est en droit d'affirmer, c'est qu'il ne connaissait pas encore telle ou telle application d'un moyen. Les théoriciens qui blâment ou louent une œuvre en partant de l'analyse des formes déjà existantes sont les intermédiaires les plus pernicieux et les plus trompeurs, car ils édifient un mur entre l'œuvre et celui qui la regarde naïvement.

De ce point de vue (souvent, hélas, le seul possible), *la critique d'art est le pire ennemi de l'art.*

Le *critique d'art idéal* serait donc non pas celui qui cherche à découvrir les « fautes » *, les « erreurs », les « ignorances », les « emprunts », etc., mais celui qui tenterait de sentir comment telle ou telle forme agit et qui, ensuite, communiquerait au public ce qu'il a éprouvé.

Pour ce faire, le critique devrait bien entendu posséder une âme de poète, car le poète doit ressentir les choses objectivement pour traduire subjectivement son sentiment. Le critique, en un mot, devrait être doué d'une force créatrice. Mais en réalité les critiques sont très souvent des artistes ratés, qui ont échoué faute de disposer eux-mêmes de cette force créatrice, et qui pour cette raison se sentent appelés à diriger celle des autres.

Le problème de la forme a des répercussions funestes sur les artistes pour une autre raison encore. En se servant de formes qui leur sont étrangères, des hommes dépourvus de dons (c'est-à-dire des hommes que nul instinct *intérieur* ne pousse à être artistes) créent des œuvres factices qui sèment la confusion.

Précisons notre pensée. Pour la critique, le public, et souvent les artistes eux-mêmes, l'utilisation d'une forme étrangère constitue un crime, une tromperie. Tel n'est le cas, en réalité, que si l' « artiste » recourt à cette forme étrangère sans y être poussé par une nécessité intérieure, car il crée alors une œuvre factice, sans vie. En revanche, lorsque, pour exprimer ses mouvements et son expérience intérieurs, l'artiste use de telle ou telle forme « étrangère » correspondant à sa vérité intérieure, il ne fait qu'exercer son droit : le droit qui lui appar-

---

* Par exemple, « fautes contre l'anatomie », « erreurs de dessin », etc., ou, plus tard, les violations de la « basse fondamentale » à venir.

tient d'utiliser n'importe quelle forme dont il éprouve la *nécessité intérieure* — qu'il s'agisse d'un objet d'usage courant, d'un corps céleste ou d'une forme déjà matérialisée esthétiquement par un autre artiste.

Tout le problème de l' « imitation » * est loin d'avoir l'importance que lui attribue la critique **. Ce qui est vivant demeure, ce qui est mort disparaît.

En effet, plus notre regard se dirige loin dans le passé, moins nous y découvrons d'œuvres factices, mensongères. Elles ont mystérieusement disparu. Seules subsistent les créations authentiques de l'art, celles qui possèdent une âme (contenu) dans leur corps (forme).

Si le lecteur considère n'importe quel objet placé sur sa table (fût-ce un mégot de cigare), il saisira son sens extérieur en même temps qu'il éprouvera sa résonance intérieure, l'un étant toujours indépendant de l'autre. Il en ira ainsi en tout lieu et en tout temps, dans la rue, dans une église, dans l'air, dans l'eau, dans une étable, dans une forêt.

Le monde est rempli de résonances. Il constitue un cosmos d'êtres exerçant une action spirituelle. La matière morte est esprit vivant.

Si nous tirons de l'effet indépendant résultant de la résonance intérieure les conséquences qui concernent notre sujet, nous voyons que celle-ci se renforce quand le sens extérieur de l'objet est mis entre parenthèses. Ce sens est en effet lié au monde pratique et par là il étouffe la résonance intérieure. Ainsi s'explique l'impression profonde que produit un dessin d'enfant sur un esprit impartial et non prévenu. Le monde pratique et ses fins sont étrangers à l'enfant, qui regarde toute chose avec des yeux naïfs et possède encore assez de fraîcheur pour l'envisager en elle-même. Ce n'est que plus tard, à travers beaucoup d'expériences souvent pénibles, qu'il apprendra peu à peu à connaître

---

* Aucun artiste n'ignore les aberrations de la critique en ce domaine. La critique sait que, sur ce point surtout, elle peut formuler les affirmations les plus dénuées de sens avec une complète impunité. Il y a peu de temps, par exemple, la *Négresse* d'Eugen Kahler [115], qui est une bonne étude naturaliste, a été comparée... à un tableau de Gauguin. La seule chose qui pouvait autoriser un pareil rapprochement est la peau brune du modèle (cf. *Münchner Neueste Nachrichten*, 12 octobre 1911). Et ainsi à l'avenant.
** L'importance exagérée qu'elle confère à cette question lui permet du même coup de discréditer impunément l'artiste.

le monde pratique et ses fins. Dans tout dessin d'enfant, sans exception, la résonance intérieure de l'objet se dévoile d'elle-même. Les adultes, notamment les maîtres, s'efforcent d'inculquer à l'enfant la connaissance du monde pratique et critiquent son dessin en se plaçant au point de vue de la platitude : « ton bonhomme ne peut pas marcher, puisqu'il n'a qu'une jambe », « ta chaise est de travers, on ne peut pas s'y asseoir », etc *. L'enfant se moque alors de lui-même. En réalité, il devrait pleurer. De plus, l'enfant doué possède non seulement la faculté d'éliminer de l'objet ce qu'il a d'extérieur, mais le pouvoir de revêtir son âme de la forme là où elle se manifeste le plus fortement, — par laquelle elle agit (ou « parle », comme on dit aussi) avec le plus d'intensité.

Toute forme comporte plusieurs aspects. On ne cesse de découvrir en elle d'heureuses propriétés. Je ne veux souligner ici qu'un trait caractéristique mais important, des dessins d'enfants réussis : leur composition. Ce qui saute aux yeux dans ces dessins, c'est la mise en œuvre inconsciente, spontanée, de ce que nous disions plus haut à propos de la lettre. Leur *aspect global* est très souvent précis, d'une précision qui va parfois jusqu'au schématisme, et les *formes particulières*, constitutives de la forme globale, sont douées d'une existence propre (cf. par exemple les *Arabes* de Lydia Wieber). Une immense force inconsciente réside dans l'enfant, qui s'exprime dans ses dessins et en fait des œuvres qui égalent celles des adultes (quand elles ne les dépassent pas de très loin) **.

Tout feu finit en cendres. Tout bourgeon trop précoce est menacé par le gel. Tout jeune talent, par une académie. Ce n'est pas une boutade, mais une triste réalité. L'académie est le plus sûr moyen de donner le coup de grâce au génie enfantin dont nous venons de parler. Elle entrave plus ou moins même un talent hors de pair et très puissant. Quant aux dons moins éclatants, ils périssent par centaines. Un homme moyennement doué qui a reçu une formation académique peut se carac-

---

* Comme si souvent, on enseigne ceux qui devraient enseigner — et l'on s'étonne plus tard que les enfants doués ne donnent rien.
** On retrouve ce don stupéfiant de la composition dans « l'art populaire » (par exemple dans l'ex-voto des pestiférés provenant de l'église de Murnau).

tériser comme un individu qui a assimilé la pratique mais qui est devenu sourd à la résonance intérieure. Il confectionnera des dessins « corrects » mais sans vie.

Quand un individu sans formation artistique, donc dépourvu de connaissances artistiques objectives, peint n'importe quoi, le résultat n'est jamais un faux-semblant. Nous avons là un exemple de l'action de la force intérieure qui n'est influencée que par la connaissance *générale* du monde pratique et de ses fins.

Mais comme dans ce cas cette connaissance générale ne peut intervenir que d'une manière limitée, l'élément extérieur de l'objet se trouve également éliminé (moins que chez l'enfant, mais toutefois dans une large mesure), et la résonance intérieure gagne en puissance : il naît une chose non pas morte mais vivante. Le Christ a dit : « Laissez venir à moi les petits enfants, car le Royaume des Cieux leur appartient. »

L'artiste, qui ressemble beaucoup à l'enfant durant toute sa vie, est souvent plus apte qu'un autre à percevoir la résonance intérieure des choses. Sous ce rapport, il est intéressant de voir avec quelle simplicité et quelle sûreté le compositeur Arnold Schönberg utilise les moyens de la peinture. Il ne se soucie en général que de la résonance intérieure. Il laisse de côté toutes les fioritures et enjolivures, et la forme la plus « pauvre » devient entre ses mains la plus riche (voir son auto-portrait [116]).

Nous touchons ici à la racine du nouveau grand réalisme. En montrant simplement et exclusivement l'enveloppe extérieure d'une chose, l'artiste l'isole déjà du monde pratique et de ses fins pour en dévoiler la résonance intérieure. Henri Rousseau, que nous devons considérer comme le père de ce réalisme, en a montré le chemin d'une manière aussi simple que convaincante (voir le portrait et ses autres tableaux) *.

Henri Rousseau a ouvert la voie aux possibilités nouvelles de la

---

* La majeure partie des tableaux de Rousseau reproduits ici ont été empruntés au livre chaleureux et sympathique de Uhde (*Henri Rousseau*, Paris, Eugène Figuière et Cie). Je profite de l'occasion pour remercier du fond du cœur Monsieur Uhde de sa complaisance [117].

simplicité. Pour nous, cet aspect de son talent si divers est actuellement le plus important [118].

Un rapport quelconque doit unir entre eux les objets ou les parties de l'objet. Celui-ci peut être ostensiblement harmonieux ou ostensiblement inharmonieux. L'artiste peut mettre en œuvre un rythme schématisé ou caché.

La direction actuelle de l'art, qui pousse irrésistiblement les artistes à mettre en valeur la composition de leurs œuvres et à dévoiler les lois futures de notre grande époque, est la force qui les contraint à s'orienter vers un seul but à travers des voies diverses.

Il est naturel que dans un tel cas l'homme se tourne vers ce qui est à la fois le plus régulier et le plus abstrait. Ainsi nous voyons que différentes périodes artistiques ont utilisé le triangle comme base de la construction. Ce triangle était souvent équilatéral, ce qui mettait en valeur le nombre, c'est-à-dire l'élément abstrait de cette forme. Dans la recherche des rapports abstraits qui se manifeste de nos jours, le nombre joue un rôle capital. Toute formule numérique est froide comme un sommet couvert de glaces et, par sa régularité absolue, ferme comme un bloc de marbre.

Elle est froide et ferme, comme toute nécessité. A l'origine de ce qu'on appelle cubisme. il y a le désir de ramener la composition à une formule. Cette construction « mathématique » est une forme qui doit parfois conduire — et conduit en effet lorsqu'elle est méthodiquement appliquée — à la destruction complète des liens matériels qui unissent les parties d'un objet (cf. par exemple Picasso) [119].

Ce type d'art a pour fin ultime la création d'œuvres qui vivent par leur organisation propre et deviennent par là des êtres autonomes. Si, d'une façon générale, on peut reprocher quelque chose à un tel art, c'est *uniquement* de ne faire appel qu'à un emploi restreint du nombre. Tout peut être traduit par une formule mathématique, ou simplement par un nombre. Mais il existe bien des nombres : 1 et 0,3333... sont des êtres pareillement légitimes, doués d'une égale résonance intérieure. Pourquoi se contenterait-on de 1 ? Pourquoi exclurait-on 0,3333... ? La question qui se pose est donc celle-ci : pourquoi faudrait-il restreindre l'expression artistique par le recours exclusif aux triangles ou aux formes géométriques analogues ? Répétons-le : l'effort de composition des « cubistes » est directement lié à la nécessité de créer des entités purement picturales qui, d'une part, agissent par l'intermédiaire de l'objet représenté et, d'autre part, atteignent l'abstraction pure par les combinaisons variées de ses résonances.

Entre la composition purement abstraite et la composition purement réaliste, il y a place, dans un tableau, pour la combinaison des éléments réalistes et abstraits. Ces possibilités de combinaison sont grandes et multiples. Dans tous les cas, l'œuvre peut vivre avec force, l'artiste lui imposant librement sa forme.

L'artiste est et reste libre de combiner les éléments abstraits et les éléments objectifs, d'opérer un choix parmi la série infinie des formes abstraites ou dans le matériel que lui livrent les objets, autrement dit il est libre de choisir ses moyens. Ce faisant il n'obéit qu'à son désir intérieur. Telle forme aujourd'hui méprisée et décriée, qui semble se situer à l'écart du grand courant de la peinture, attend simplement son maître. Cette forme n'est pas morte, elle est seulement en léthargie. Lorsque le contenu — l'esprit qui ne peut se manifester que par cette forme apparemment morte — parvient à maturité, lorsque l'heure de sa matérialisation a sonné, il entrera dans cette forme et parlera à travers elle.

Le profane, en particulier, ne devrait pas s'approcher d'une œuvre en se demandant ce que l'artiste *n'a pas fait* : autrement dit il ne devrait pas se poser cette question : « En quoi l'artiste se permet-il de négliger *mes* vœux ? » Il devrait au contraire se demander ce que l'artiste a fait, se poser cette question : « Quel désir intérieur *personnel* l'artiste a-t-il exprimé dans cette œuvre ? » Je crois que le temps viendra où la critique considérera elle aussi que sa tâche est non pas de mettre le doigt sur les aspects négatifs, mais de dégager et de faire connaître les résultats positifs, les réussites. En présence d'une production de l'art abstrait, la critique contemporaine se demande avant tout : « Comment peut-on encore distinguer le vrai du faux dans une telle œuvre ? », autrement dit : « Comment peut-on y découvrir des fautes ?» C'est là un de ses « principaux » soucis. Nous ne devrions pas avoir, envers l'œuvre d'art, la même attitude qu'à l'égard d'un cheval que nous voudrions acheter. Dans le cas du cheval, un défaut important réduit à rien toutes les qualités qu'il peut avoir et le rend sans valeur; avec l'œuvre d'art la relation est inverse : une qualité importante réduit à rien tous les défauts qu'elle peut avoir et la rend précieuse.

Ce point de vue une fois admis, les questions de forme, posées au nom de principes absolus, tomberont d'elles-mêmes; le problème de la forme recevra la valeur relative qui lui convient, et l'artiste sera libre enfin de choisir lui-même ce qui lui est nécessaire pour chaque œuvre.

Avant de mettre fin à ces quelques considérations, malheureusement trop rapides, sur la question de la forme, j'aimerais parler dans ce livre de quelques exemples de construction. Je serai contraint ici de ne souligner qu'un aspect des œuvres, en faisant abstraction de leurs nombreuses autres particularités, qui ne caractérisent pas seulement une œuvre mais aussi l'âme de l'artiste.

Les deux tableaux d'Henri Matisse montrent comment la composition « rythmique » *(La danse)* possède une autre vie intérieure et donc une autre résonance que la composition où les parties du tableau se juxtaposent d'une manière apparemment arythmique *(La musique)* [120]. Cette comparaison prouve on ne peut mieux que le salut ne réside que dans un schéma clair, dans une rythmique claire.

La forte résonance abstraite de la forme corporelle n'exige pas absolument la destruction de l'objet. Le tableau de Marc *(Le taureau)* atteste qu'il n'existe pas non plus de règle générale en ce domaine [121]. L'objet peut donc conserver parfaitement sa résonance intérieure et extérieure, ses différentes parties peuvent se muer en formes abstraites à résonance indépendante et produire une impression d'ensemble abstraite.

La nature morte de Münter montre que la traduction inégale des objet sur une toile ne s'opère pas seulement sans dommage mais crée, si elle est correctement effectuée, une résonance intérieure puissante et complexe [122]. L'accord extérieurement disharmonieux est dans ce cas la cause de l'effet intérieur harmonieux.

Les deux tableaux de Le Fauconnier constituent un exemple particulièrement instructif [123]. D'analogues formes « en relief » y produisent deux effets intérieurs diamétralement opposés, du seul fait de la répartition des « poids ». *Abondance* rend un son presque tragique par l'alourdissement des poids; *Paysage lacustre* fait songer à un poème clair et transparent.

Si le lecteur de cet ouvrage est capable d'oublier pour un temps ses désirs, ses pensées et ses sentiments, et feuillette ces pages — qui le feront passer d'un ex-voto à Delaunay, de Cézanne à une gravure populaire russe, d'un masque à Picasso, d'un composition sur verre à Kubin, etc., etc. — son âme ressentira de nombreuses vibrations qui le feront pénétrer dans le domaine de l'art. Il ne découvrira pas dans ces œuvres des imperfections révoltantes, des fautes irritantes, mais en retirera un enrichissement de l'âme, cet enrichissement que l'art seul est capable de donner.

Plus tard, l'artiste et le lecteur pourront passer à des considérations objectives, à une analyse scientifique. Il apparaîtra alors que toutes les œuvres examinées obéissent à un élan intérieur (composition) et qu'elles reposent sur une base intérieure (construction). Le contenu d'une œuvre relève de l'un ou de l'autre des deux processus où confluent aujourd'hui tous les mouvements secondaires (aujourd'hui seulement ? ou ne s'agit-il que d'un phénomène particulièrement visible aujourd'hui ?). Ces deux processus sont :

1. La désintégration de la vie matérielle sans âme du XIXe siècle, c'est-à-dire l'abandon des appuis matériels considérés comme les seuls solides, la décomposition et dissolution des parties isolées.

2. l'édification de la vie intellectuelle et spirituelle du XXe siècle, dont nous sommes déjà les témoins, et qui se manifeste, s'incarne aujourd'hui déjà dans des formes expressives et puissantes.

Ces deux processus constituent les deux aspects du « mouvement contemporain ». Il serait présomptueux de qualifier ce qui a déjà été atteint, ou même de fixer un terme ultime à ce mouvement : nous en serions aussitôt et cruellement punis par la perte de la liberté.

Comme nous l'avons déjà souvent dit, nous ne devons pas tendre à la limitation, mais à la libération. Nous ne devons rien rejeter sans un effort acharné pour découvrir la vie.

Mieux vaut prendre la mort pour la vie que la vie pour la mort. Fût-ce une seule fois. Quelque chose ne pourra *croître* que sur un sol libéré. L'homme libre s'efforce de s'enrichir de tout ce qui existe et de laisser agir sur lui la vie de chaque chose — ne s'agît-il que de celle d'une allumette à demi consumée.

Seule la liberté nous permet d'accueillir *l'avenir*.

Ainsi nous ne resterons pas à l'écart, comme l'arbre desséché sous lequel le Christ aperçut l'épée toute **prête**.

DE LA COMPOSITION SCÉNIQUE [124]

Chaque art à son propre langage, c'est-à-dire ses moyens propres.

Ainsi chaque art est quelque chose de fermé en soi. Chaque art est une vie propre [125]. C'est un domaine en soi.

C'est pourquoi les moyens employés par chaque art, vus de l'extérieur, sont complètement différents : sonorité, couleur, mot!...

En dernier lieu et vus de l'intérieur, ces moyens sont absolument semblables : le but final supprime les différences extérieures et dévoile l'identité intérieure.

Ce but *final* (connaissance), on y parvient en faisant vibrer plus finement l'âme humaine. Mais ces vibrations plus fines, si elles sont identiques au niveau du but final, ont en elles et pour elles-mêmes divers mouvements intérieurs qui les différencient. Ce mouvement [126] de l'âme, indéfinissable et pourtant précis (vibration) est le but recherché par les différents moyens employés par l'art.

Un ensemble complexe et précis de vibrations : tel est le but d'une œuvre.

Affiner l'âme grâce à cet ensemble, rendu précis par la somme des vibrations : tel est le but de l'art.

C'est pourquoi *l'art est* indispensable et il est *conforme à son but*.

Lorsque l'artiste trouve le moyen juste, c'est une matérialisation de la vibration de son âme qu'il se voit contraint d'exprimer.

Si ce moyen est juste, il provoque une vibration presque identique dans l'âme de celui auquel il s'adresse.

C'est inévitable. Seulement, cette deuxième vibration est complexe. En premier lieu, elle peut être faible ou forte; cela dépend du degré d'évolution de celui auquel elle s'adresse, ainsi que de l'influence du monde extérieur (âme absorbée). Deuxièmement, cette vibration de l'âme va aussi ébranler d'autres cordes de l'âme. C'est l'impulsion donnée à l' « imagination » [127] du public qui « continue » de contribuer à la « création » de l'œuvre *.

Les cordes de l'âme qui vibrent le plus souvent vont, presque à chaque effleurement, faire résonner d'autres cordes. Et parfois si intensément qu'elles submergeront la sonorité initiale : il y a des gens que la musique « gaie » fait pleurer, et inversement. C'est pourquoi les différents effets produits par une œuvre seront plus ou moins colorés selon ses différents publics.

Pourtant dans ce cas, la sonorité initiale, loin d'être détruite, continue de vivre et, même si c'est imperceptible, accomplit son travail dans l'âme **.

Il n'y a donc personne qui ne soit accessible à l'art. Chaque œuvre et chacun des moyens mis en œuvre provoque chez tout homme sans exception une vibration qui, au fond, est identique à celle de l'artiste.

C'est sur l'identité interne (que l'on découvre en tout dernier lieu) de chacun des moyens utilisés par les différents arts que l'on s'est fondé pour tenter de soutenir une sonorité particulière à un art par la sonorité identique d'un autre art, de la renforcer et d'obtenir un effet particulièrement puissant. C'est un moyen d'action.

Mais la répétition d'un des moyens propres à un art (par ex. la musique) par un moyen identique propre à un autre art (par ex. la peinture) n'est qu'un cas, une possibilité. Lorsque cette possibilité est aussi utilisée comme moyen intérieur (par ex. chez Scriabine ***), alors nous trouvons dans le domaine du contraste et de la composition complexe : d'abord l'inverse de cette répétition, et plus tard toute une

---

* Actuellement, les mises en scène théâtrales (entre autres choses) tiennent tout particulièrement compte de cette « collaboration », que l'artiste utilise naturellement toujours. De là naquit l'exigence d'un certain espace libre qui devait marquer une distance entre l'œuvre et son dernier degré d'expression. C'est ce Ne-pas-tout-dire que revendiquaient par exemple Lessing, Delacroix et d'autres. Cet espace donne libre champ au travail de l'imagination.
** C'est ainsi qu'avec le temps, une œuvre est vraiment « comprise ».
*** Cf. l'article de Sabaneev dans ce livre [128].

série de possibilités qui vont de l'action conjuguée à l'action contraire. C'est un matériel inépuisable.

Le XIXᵉ siècle se caractérise par son éloignement de toute création intérieure. La concentration sur les apparences et les aspects matériels de ces apparences devait logiquement entraîner la baisse de la force créatrice dans le domaine de l'intériorité, ce qui semble l'avoir conduit au plus bas de l'effondrement.

De ce point de vue partial devaient naturellement découler d'autres points de vue partiaux.

Ainsi sur la Scène :

1. (Comme dans d'autres domaines) se faisait aussi sentir la nécessité de l'élaboration minutieuse de chacun des éléments déjà existants (créés auparavant) et qui pour des raisons de commodité étaient ensuite fortement et définitivement séparés les uns des autres : c'était le reflet d'une spécialisation que l'on retrouve toujours en l'absence de nouvelles formes.

2. Le caractère positif de l'esprit du siècle ne pouvait conduire qu'à une forme de combinaison qui était tout aussi positive. En effet on pensait : deux est plus qu'un, et on cherchait à augmenter chaque effet par la répétition. Et pourtant, dans l'action intérieure, il arrive que ce soit l'inverse, et souvent un est plus que deux. Mathématiquement, $1 + 1 = 2$. Pour l'âme, il se peut que $1 - 1 = 2$.

I

La première conséquence du matérialisme, c'est-à-dire la spécialisation, et l'élaboration extérieure des différentes parties qui lui est rattachée, conduisit à la formation et à la pétrification de trois groupes d'œuvres scéniques qui furent isolés les uns des autres par de hauts murs.

a) Le Drame;

b) l'Opéra;

c) le Ballet.

a) le Drame, au XIXe siècle, est en général le récit, conduit avec plus ou moins de raffinement et de profondeur, d'un événement de caractère plus ou moins personnel. C'est d'habitude la description d'une vie tout extérieure où la vie de l'âme n'entre en jeu que dans la mesure où elle a un rapport avec la vie extérieure *. *L'élément cosmique fait totalement défaut.*

L'événement extérieur et les rapports extérieurs de l'action donnent sa forme au drame d'aujourd'hui.

b) L'Opéra est un drame dans lequel la musique vient s'adjoindre comme élément principal, et la finesse et la profondeur de la partie dramatique s'en ressentent vivement. Les deux parties sont reliées entre elles de façon purement extérieure. Ou bien la musique illustre (ou encore renforce) l'événement dramatique, ou bien l'événement dramatique vient au secours de la musique et la commente.

Wagner avait bien vu ce point et avait cherché de plusieurs manières à y remédier. L'idée fondamentale était de relier organiquement les diverses parties entre elles et de créer de la sorte une œuvre monumentale **.

Par la répétition d'un seul et même mouvement extérieur sous deux formes substantielles, Wagner cherchait à obtenir un renforcement des moyens tout en donnant à l'effet produit une portée monumentale. Son erreur dans ce cas fut de penser qu'il disposait là d'un moyen universel. En réalité ce n'est qu'un moyen parmi l'ensemble des possibilités, parfois plus riches, qu'offre l'art monumental.

Mais mis à part le fait qu'une répétition parallèle n'est qu'*un* moyen, et que cette répétition n'est qu'extérieure, Wagner lui a donné une nouvelle forme qui devait en engendrer d'autres. Par exemple,

---

* Les exceptions sont rares. Et encore, ce peu d'exemples (Maeterlinck, « les Revenants » d'Ibsen, « La vie de l'homme » d'Andréiev, et quelques autres) relèvent-ils de l'événement extérieur [129].
** Cette idée de Wagner, il a fallu plus d'un demi-siècle pour qu'elle franchisse les Alpes où elle a pris la forme d'un paragraphe officiellement imprimé. Le « manifeste » musical des « Futuristes » affirmait : « Proclamer comme une nécessité absolue que le musicien soit l'auteur du poème dramatique ou tragique qu'il doit mettre en musique » (Milan 1911) [130].

avant Wagner, le mouvement n'a eu dans l'opéra qu'un sens purement extérieur et superficiel (peut-être seulement une dégénérescence). Ce n'était qu'un appendice naïf de l'opéra : la main sur la poitrine = amour, les bras au ciel = prière, les bras grands ouverts = forte émotion, et ainsi de suite. Ces formes infantiles (que l'on peut voir encore tous les soirs de nos jours), avaient des rapports extérieurs avec le texte de l'opéra, lequel était à nouveau illustré par la musique. Or Wagner a établi une relation directe (artistique) entre le mouvement et la mesure musicale : le mouvement devenait subordonné à la musique.

Pourtant, la nature de cette relation reste extérieure. La sonorité intérieure du mouvement est encore hors du jeu.

C'est de cette même façon artistique, mais extérieure, que Wagner subordonne par ailleurs la musique au texte, c'est-à-dire au mouvement pris dans son sens large. Le sifflement du fer en fusion dans l'eau, les coups de marteau sur la forge furent représentés musicalement.

Mais cette dépendance *changeante* a été aussi l'occasion d'un enrichissement des moyens qui devait aboutir à de nouvelles combinaisons.

Donc, d'une part Wagner enrichissait l'efficacité d'un moyen, d'autre part il appauvrissait le sens intérieur, — la signification intérieure, purement artistique, du moyen auxiliaire.

Ces formes ne sont que des reproductions mécaniques (et non une collaboration intérieure) du déroulement de l'action selon le plan fixé. De même nature aussi est l'autre relation de la musique au mouvement (au sens large du terme); c'est la « caractéristique » musicale de chacun des rôles. L'opiniâtreté avec laquelle une phrase musicale ressurgit lors de l'apparition d'un héros finit par lui faire perdre de sa force et agit sur l'oreille comme agirait sur l'œil une étiquette de bouteille bien connue. Le sentiment est rebelle à l'emploi aussi conséquent et systématique d'une seule et même forme *.

---

* Cette programmatique imprègne l'œuvre de Wagner et peut s'expliquer non seulement par le caractère de l'artiste, mais aussi par le souci de trouver une forme précise à la création nouvelle, que l'esprit du XIXe siècle avait marqué de son sceau « positiviste ».

Enfin Wagner se sert du mot comme moyen de narration ou pour exprimer ses idées. Mais ce n'était pas un milieu favorable à de tels desseins, car en règle générale, les mots sont couverts par l'orchestre. Il n'y a pas de moyen satisfaisant de faire entendre les paroles dans de nombreux récitatifs. La tentative d'interrompre la continuité du chant portait déjà un rude coup à « l'unité » de l'ensemble. Et pourtant on ne touchait toujours pas à l'événement extérieur.

Mis à part le fait qu'en dépit de ses efforts pour créer un texte (mouvement), il ne se sépare absolument pas de la vieille tradition d'extériorité, Wagner néglige aussi le troisième élément, qui est employé aujourd'hui sous une forme encore primitive : la couleur, et la forme picturale qui lui est liée (décoration).

L'événement extérieur, les rapports extérieurs de chacun de ses éléments et des deux moyens Drame et Musique, donnent à l'Opéra sa forme actuelle.

c) Le Ballet est un drame avec tous les caractères et le contenu qui ont été précédemment décrits. Mais ici, le sérieux du drame perd plus encore que pour l'opéra. Dans l'opéra, il y a d'autres thèmes que l'amour : les relations religieuses, politiques, sociales permettent à l'enthousiasme, au désespoir, à l'honnêteté, à la haine et autres sentiments analogues de s'épanouir. Le ballet se contente de l'amour sous sa forme enfantine et féérique. En dehors de la musique, il a recours à des mouvements isolés ou à des ensembles. Il en reste à une forme naïve de rapports extérieurs. Dans la pratique, on peut même ajouter ou retrancher chacune des danses au gré de chacun. L' « ensemble » est si problématique que de telles opérations passent totalement inaperçues.

L'événement extérieur, les rapports extérieurs de chacun de ses éléments et des trois moyens scéniques Drame, Musique et Danse, donnent au ballet sa forme actuelle.

II

La deuxième conséquence du matérialisme, c'est-à-dire l'addition ($1 + 1 = 2$, $2 + 1 = 3$) avait conduit à ne se servir que d'une seule forme de combinaison (ou encore de renforcement), qui exigeait des moyens parallèles. Une émotion intense, par exemple, est aussitôt soulignée dans la musique par un fortissimo. *Ce principe mathématique donne aux formes agissantes une base purement extérieure.*

Toutes les *formes* dont nous venons de parler et que j'appelle formes substantielles (Drame = mot, Opéra = sonorité, Ballet = mouvement) ainsi que la combinaison de chacun des moyens, que j'appelle moyens d'action, sont construites en vue d'une *unité extérieure*. *Car toutes ces formes sont nées du principe de la nécessité extérieure.*

De là découle comme conséquence logique le caractère limité, unilatéral (= appauvrissement) des formes et des moyens. Cela entre peu à peu dans l'orthodoxie, et chaque modification de détail paraît révolutionnaire.

Venons-en maintenant à l'unité intérieure. L'état des choses est radicalement différent.

1. L'apparence extérieure de chaque élément s'évanouit soudain. Et sa valeur intérieure résonne pleinement.

2. Il apparaît clairement que dès qu'on joue sur cette sonorité intérieure, l'événement extérieur n'est plus seulement accessoire, il devient nuisible car il assombrit tout.

3. La valeur du rapport extérieur apparaît sous son jour véritable : comme un facteur inutile, qui limite et affaiblit l'action intérieure.

4. Il est évident que le sentiment de la nécessité de *l'unité intérieure* s'appuie sur cette non-unité extérieure et lui doit même d'exister.

5. Il se révèle pour chaque élément la possibilité de conserver sa vie extérieure propre, qui s'oppose, extérieurement du moins, à la vie extérieure d'une autre élément.

Si à partir de ces découvertes abstraites, on en fait de plus pratiques, alors on constate qu'il est possible :

a) de prendre la sonorité intérieure d'un élément comme moyen;

b) de supprimer l'événement extérieur (= action);

c) ce qui fait tomber de soi-même le rapport extérieur ainsi que *d*) l'unité extérieure et

e) l'on constate que l'unité intérieure permet de disposer d'une série indénombrable de moyens qui n'auraient pu exister auparavant. *La nécessité intérieure devient ainsi la source unique.*

La petite composition scénique qui suit a tenté de puiser à cette source.

Il y a là trois éléments qui servent de moyens extérieurs à la *valeur intérieure.*

1. Le son musical et son mouvement.

2. La sonorité du corps et de l'âme et son mouvement, qui s'expriment à travers les êtres et les choses.

3. La sonorité des couleurs et son mouvement (une possibilité propre à la scène).

Le drame se compose de l'ensemble des expériences intérieures (vibrations de l'âme) des spectateurs.

a) A l'Opéra on a emprunté l'élément principal, la musique, comme source de sonorité intérieure, qui ne saurait en aucun cas être subordonnée à l'action extérieure.

b) Au ballet on a pris la danse, traitée comme mouvement abstrait agissant par la sonorité intérieure.

c) La sonorité des couleurs prend un signification autonome et est traitée sur un pied d'égalité avec les deux autres moyens.

Ces trois éléments jouent le même rôle et ont la même importance, ils restent extérieurement indépendants et sont traités de la même manière, c'est-à-dire que chacun d'eux reste soumis au but intérieur.

Il peut arriver par exemple que la musique soit totalement éliminée, ou repoussée à l'arrière plan, lorsque le mouvement, par ex., se trouve avoir un effet suffisamment expressif et risquerait d'être affaibli par une forte collaboration de la musique. Au développement du mouvement dans la musique peut correspondre un mouvement décroissant de la danse, les deux mouvements (positif et négatif) prennent alors une valeur intérieure accrue etc... etc... Toute une série de combinaisons est possible entre ces deux pôles : action conjuguée et action contraire. Du point de vue graphique, les trois éléments peuvent suivre chacun leur voie propre, extérieurement indépendante.

On s'est servi du mot pris en soi ou lié dans des phrases pour créer une certaine « atmosphère » qui libère l'âme et la rend réceptive. On s'est servi de la sonorité de la voix humaine à l'état pur, c'est-à-dire dégagée de l'obscurcissement qu'apporte le mot ou le sens des mots.

Le lecteur est prié de ne pas attribuer les faiblesses de la petite composition qui suit à la théorie, mais de les mettre sur le compte de l'écrivain.

LA SONORITÉ JAUNE

UNE COMPOSITION SCÉNIQUE *

Personnages :

cinq géants
êtres vagues
ténor (derrière la scène)
un enfant

un homme
des gens en vêtements flottants
des gens en maillot
chœur (derrière la scène).

Introduction
Quelques accords confus à l'orchestre.

Le rideau se lève.

Sur scène, crépuscule bleu sombre, d'abord blanchâtre puis d'un bleu sombre intense. Au bout d'une certain temps on commence à voir au milieu de la scène une petite lumière qui devient plus vive lorsque le bleu s'assombrit.

Au bout d'un certain temps, musique à l'orchestre. Pause.

Derrière la scène, on commence à entendre un chœur qui est disposé de telle sorte qu'on ne puisse pas situer l'endroit d'où vient le chant. On entend principalement les voix des basses. Le chant est

* la partie musicale a été assumée par Thomas von Hartmann [131].

régulier, sans caractère, avec des interruptions indiquées par des points.

Voix basses d'abord :

« Rêves à la dureté de pierre... Et rochers parlants...

« Glèbe aux questions résolvant les énigmes...

« Mouvement du ciel... Et fonte... des pierres...

« Rempart... invisible... grandissant vers les cieux... »

Voix hautes :

« Larmes et rires... Prières mêlées de malédictions...

« Joie de l'unification et combats les plus noirs. »

Tous :

« Sombre lumière du... jour... le plus ensoleillé

(ils cessent brutalement).

« Ombres à la lueur stridente par la nuit la plus sombre!! »

La lumière disparaît. Obscurité soudaine. Assez longue pause. Puis introduction à l'orchestre.

Premier tableau

(à gauche et à droite du spectateur).

Il faut que la scène ait la plus grande profondeur possible.

Très loin derrière, une large colline verte. Derrière la colline, un rideau lisse, mat, bleu, d'une teinte assez foncée.

Bientôt la musique commence, d'abord dans les aigus. Ensuite elle passe directement et très vite aux sons graves. En même temps l'arrière plan passe au bleu sombre (en suivant le rythme de la musique) et de larges bords noirs l'entourent (comme dans un tableau). Derrière la scène un chœur sans paroles devient perceptible; il a des résonances sans âme, sèches comme du bois et mécaniques. A la fin du chœur, pause générale : plus de mouvement, plus de son. Puis tout devient sombre.

Un peu plus tard, la même scène, éclairée. De droite à gauche, cinq géants d'un jaune cru (aussi grands que possible) sont projetés sur la scène (comme s'ils planaient juste au-dessus du sol).

Ils restent debout en file indienne — certains avec les épaules haussées, d'autres les épaules affaissées, avec de curieux visages jaunes qu'on distingue mal.

Ils tournent *très* lentement la tête, en direction les uns des autres et ils font des mouvements simples avec les bras.

La musique devient plus précise.

Là-dessus le chant *très* grave et sans paroles des géants devient perceptible (*pp*) et les géants se rapprochent très lentement de la rampe. De gauche à droite passent en volant rapidement des êtres vagues, rouges, qui rappellent *un peu* les oiseaux, ont de grosses têtes et une ressemblance lointaine avec des êtres humains. Ce vol se reflète dans la musique.

Les géants continuent de chanter, et toujours plus piano. En même temps on les distingue de plus en plus mal. La colline, derrière, grandit lentement et s'éclaircit graduellement. A la fin elle est blanche. Le ciel devient tout noir.

Derrière la scène le même chœur aux sonorités de bois sec redevient perceptible. On n'entend plus les géants.

Le devant de la scène devient bleu et de plus en plus opaque.

L'orchestre lutte avec le chœur et l'emporte sur lui. Une épaisse vapeur bleue masque la scène tout entière.

Deuxième tableau

La vapeur bleue cède peu à peu à la lumière, qui devient d'une blancheur parfaite, crue. En arrière de la scène, une colline vert cru, la plus grande possible, toute ronde. L'arrière plan violet, assez clair.

La musique est stridente, tourmentée, avec des *la*, *si*, *la b*, souvent répétés. Ces sons isolés finissent par être absorbés par la tempête sonore. Soudain il se fait un silence absolu. Pause, à nouveau, le *la* et le *si* gémissent, plaintifs, mais précis et aigus. Cela dure assez longtemps Puis, une nouvelle pause.

A ce moment, l'arrière-plan devient bruquement brun sale. La colline devient vert sale. Et juste au milieu de la colline, il se forme une tache noire, imprécise, qui paraît tantôt nette, tantôt estompée. A chaque modification de la netteté, la lumière blanche crue devient grise par à-coups. A gauche sur la colline, on aperçoit soudain une *grande* fleur jaune. Elle offre une ressemblance éloignée avec un grand concombre recourbé, et elle devient de plus en plus crue. La tige est longue et mince. Une seule feuille, étroite, en forme d'aiguillon, jaillit du milieu de la tige et pointe sur le côté. Longue pause.

Ensuite, *dans un silence total*, la fleur se balance très lentement de droite à gauche. Plus tard, la feuille aussi, mais pas en même temps. Plus tard encore, toutes deux se balancent à un rythme inégal. Puis à nouveau séparément; durant le mouvement de la fleur, un *si* retentit, très ténu, et durant le mouvement de la feuille, un *la* très grave. Ensuite elles se balancent à nouveau ensemble, et les deux notes résonnent en accord. La fleur tremble violemment, puis reste immobile. Dans la musique on continue d'entendre les deux notes. Au même moment, une foule arrive de la gauche, en costumes crus, longs, informes (le premier est tout bleu, le deuxième rouge, le troisième vert, etc... seul le jaune manque). Les gens ont à la main de grandes fleurs blanches, semblables à la fleur de la colline. Les gens se serrent le plus possible les uns contre les autres, ils passent tout près de la colline et s'arrêtent sur le côté droit de la scène, étroitement pressés les uns contre les autres. Ils parlent tous ensemble et récitent :

« Les fleurs couvrent tout, couvrent tout, couvrent tout.

« Ferme les yeux! Ferme les yeux!

« Nous regardons. Nous regardons.

« Couvrons d'innocence la conception.

« Ouvre les yeux! Ouvre les yeux!

« Fini! Fini! »

Ils disent d'abord cela tous ensemble, comme en extase (très clairement). Puis ils recommencent séparément, l'un pour l'autre, et vers des horizons lointains — voix d'altos, de basses, et de sopranos. A « nous regardons, nous regardons », on entend un *si*, à « Fini, fini », un *la* — çà et là, une voix s'éraille. Çà et là, l'un d'eux crie comme un possédé. Çà et là, une voix devient nasale, tantôt lentement, tantôt brusquement. Dans le premier cas, la scène, baignée d'une lumière rouge et mate, devient floue. Dans le deuxième, une obscurité totale alterne avec une lumière bleu cru. Dans le troisième, tout devient brusquement d'un gris de plomb (toutes les couleurs disparaissent!). Seule la fleur jaune brille encore avec une certaine intensité.

Peu à peu l'orchestre commence et couvre les voix. La musique devient agitée, saute du *ff* au *pp*. La lumière s'éclaircit un peu et on reconnaît vaguement les couleurs des gens. De droite à gauche, de toutes petites figures franchissent la colline, floues et d'un ton gris-vert incertain. Elles regardent devant elles. Au moment où apparaît la première figure, la fleur jaune se balance, comme prise de convulsions. Puis elle disparaît soudain. Aussi soudainement, toutes les fleurs blanches deviennent jaunes.

La foule vient lentement, comme en rêve, à l'avant scène, et se disperse toujours plus.

La musique baisse et de nouveau on entend le même récitatif *. Bientôt les gens s'arrêtent, comme dans un ravissement, et se retournent. Ils remarquent soudain les petites figures qui continuent à franchir la colline dans une suite ininterrompue. Les gens se détournent et font quelques pas rapides vers l'avant de la scène, s'arrêtent à nouveau, puis se retournent à nouveau et restent immobiles, comme enchaînés **.

Enfin ils jettent loin d'eux les fleurs, qui sont comme remplies de sang, et, se libérant avec violence de leur rigidité, courent se grouper en avant de la scène. Ils regardent souvent derrière eux ***. L'obscurité se fait soudain.

Troisième tableau

A l'arrière de la scène, deux grands rochers brun rouge, l'un est pointu, l'autre arrondi et plus grand que le premier. L'arrière plan est noir. Entre les rochers il y a les géants, debout, qui se chuchotent quelque chose sans bruit. Tantôt ils chuchotent deux par deux, tantôt toutes les têtes se rapprochent. Le corps reste immobile. Alternant

---

* Une demi-phrase est prononcée par l'ensemble, la fin de la phrase par *une* voix très indistincte. En inversant souvent.
** Ces mouvements doivent être faits comme au commandement.
*** Ces mouvements ne doivent pas être en mesure.

rapidement, des rayons aux couleurs crues tombent de tous côtés (le bleu, le violet, le rouge et le vert changent à plusieurs reprises). Puis tous ces rayons se rencontrent au centre et se mêlent les uns aux autres. Tout reste immobile. On ne voit presque plus les géants. Soudain, toutes les couleurs disparaissent. Pendant un moment il fait noir. Ensuite, une lumière jaune et mate coule sur la scène, s'intensifie progressivement jusqu'à ce que la scène entière devienne d'un jaune citron cru. Tandis que la lumière augmente, la musique va vers les graves et s'assombrit toujours plus (ce mouvement rappelle celui d'un escargot rentrant dans sa coquille). Pendant ces deux mouvements, on ne doit rien voir d'autre sur la scène que la lumière : pas d'objets. La lumière la plus crue est atteinte, la musique est entièrement fondue. Les géants redeviennent visibles, ils sont immobiles et regardent devant eux. Les rochers ne se voient plus. Les géants sont seuls sur scène : ils se tiennent maintenant plus éloignés les uns des autres et ils ont grandi. Le sol et l'arrière plan sont noirs. Longue pause. Soudain on entend derrière la scène une voix de ténor, criarde, pleine d'angoisse, qui crie à toute vitesse des mots parfaitement indistinct. (on entend souvent le son *a* : par exemple, kalasimunafakola!). Pause. L'obscurité se fait pour un moment.

Quatrième tableau

A gauche de la scène, un petit édifice de guingois (semblable à une chapelle très simple), sans porte ni fenêtre. Sur le côté de l'édifice (sortant du toit) un petit clocher étroit, de guingois, avec une petite cloche fêlée. A la cloche pend une corde. L'extrémité inférieure de la corde est tirée lentement et régulièrement par un petit enfant qui porte une chemisette blanche et est assis par terre (tourné vers le spectateur). A droite sur la même ligne, un très gros homme est debout, tout habillé de noir. Le visage est tout blanc, très indistinct. La chapelle est d'un rouge sale. Le clocher bleu cru. La cloche en fer blanc. L'arrière-plan gris, régulier, lisse. L'homme noir est debout, jambes écartées, mains sur les hanches.

L'homme (très fort, impératif; jolie voix) : Silence! L'enfant lâche la corde. L'obscurité se fait.

Cinquième tableau

La scène est plongée progressivement dans une froide lumière rouge, qui augmente lentement tout en devenant jaune, lentement aussi. Au même instant on aperçoit les géants, derrière (comme pour le troisième tableau). On retrouve les mêmes rochers.

Les géants chuchotent à nouveau (comme pour le troisième tableau). Au moment où leurs têtes sont à nouveau réunies, on entend le même cri derrière la scène, mais très rapide et bref. L'obscurité se fait momentanément : le même événement se répète encore une fois *. Lorsque tout s'est éclairci (lumière blanche, sans ombres), les géants recommencent à chuchoter, et de plus ils font de faibles mouvements des mains (ces mouvements doivent être différenciés, mais faibles). Çà et là l'un d'eux étend les bras (ce mouvement, lui aussi, doit être plutôt une ébauche) et penche un peu la tête de côté, en regardant les spectateurs. A deux reprises, les géants laissent retomber leurs bras brusquement, grandissent un peu, et regardent les spectateurs sans faire un mouvement. Ensuite, ils sont pris d'une sorte de crampe (comme la fleur jaune) et recommencent à chuchoter, étendant çà et là les bras faiblement et comme en se plaignant. La musique se fait progressivement plus stridente. Les géants restent immobiles. De la gauche arrive une foule de gens, habillés de maillots multicolores. Les cheveux sont cachés, de la même couleur. Les visages aussi. (Les gens sont comme des marionnettes). D'abord viennent des hommes en gris, puis en noir, en blanc, et pour finir, en couleurs. Les mouvements sont différents dans chaque groupe : le premier va vite et droit devant lui, le deuxième, lentement, comme avec peine, le troisième fait çà et là des bonds joyeux, le quatrième regarde constamment autour de lui, le cinquième avance d'une démarche pompeuse et théâtrale, avec les bras en croix, le sixième marche sur la pointe des pieds avec la main levée, à plat, etc...

Tous se répartissent de différentes façons sur scène : certains s'assoient en petits groupes fermés, d'autres isolément. De même, certains sont debout en groupes, d'autres solitaires. La répartition

---

* Naturellement la musique doit chaque fois se répéter.

dans son ensemble ne doit être ni « belle », ni très précise. Mais elle ne doit pas donner l'impression d'une *totale* confusion. Les gens regardent dans des directions différentes, certains ont la tête haute, d'autres la tête basse, ou très basse. Comme si une langueur les oppressait, ils changent rarement de position. La lumière est toujours blanche. La musique change souvent de tempo, çà et là elle devient elle aussi languissante. A l'un de ces moments précis, un homme en blanc sur la gauche (relativement à l'arrière plan) fait des mouvements incertains, mais beaucoup plus rapides, tantôt avec les bras, tantôt avec les jambes. Çà et là il conserve un mouvement un peu plus longtemps et garde ensuite quelque temps la position. C'est comme une sorte de danse. Seulement son tempo change souvent aussi, et parfois il va de pair avec la musique, parfois il est à contretemps. (Ce simple événement doit être travaillé avec un soin particulier, afin que ce qui suit soit expressif et produise un effet de surprise). Les autres commencent peu à peu à regarder l'homme blanc. Certains tendent le cou. A la fin tous le regardent. Mais cette danse cesse brutalement : le blanc s'assied et étend un bras, comme pour de solennels préparatifs et, pliant lentement le coude, il rapproche son bras de sa tête. La tension générale se fait particulièrement expressive. Mais le blanc appuie le coude sur le genou et pose sa tête sur sa main étendue. L'obscurité se fait pour un moment. Ensuite on voit les mêmes groupes et les mêmes positions. Certains groupes sont illuminés plus ou moins vivement de couleurs différentes : un groupe assis, assez important, est illuminé de rouge, un autre debout, de bleu livide, etc... La lumière jaune crue est concentrée (en dehors des géants qui deviennent maintenant particulièrement distincts) sur le seul blanc, qui est assis. Soudain toutes les couleurs disparaissent (les géants restent jaunes) et une lumière blanche crépusculaire envahit la scène. A l'orchestre, des couleurs commencent à parler isolément. Et parallèlement, des figures isolées se lèvent à différents endroits : vite, à la hâte, solennellement, lentement, tout en regardant en l'air. Certains restent debout. D'autres se rassoient. Puis une langueur les terrasse tous à nouveau, et tout reste immobile.

Les géants chuchotent. Mais eux aussi restent maintenant immobiles et debout, au moment où derrière la scène le chœur aux sonorités de bois sec se fait entendre, mais pour peu de temps.

Ensuite on entend à nouveau à l'orchestre des couleurs isolées. Au-dessus des rochers, une raie de lumière rouge : ils tremblent. En alternance avec cet éclairage, les géants tremblent.

Aux différentes extrémités on perçoit un mouvement. A l'orchestre, le *si* et le *la* se répètent plusieurs fois; isolément, en accord, tantôt très fort, tantôt imperceptiblement.

Quelques-uns abandonnent leurs places et se dirigent, tantôt vite, tantôt lentement, vers d'autres groupes. Ceux qui étaient debout, isolés, forment de petits groupes de deux ou trois, ou se rassemblent en groupes plus importants. De grands groupes se dispersent. Certains quittent la scène en courant et en regardant autour d'eux. A cette occasion, tous les hommes en noir, en gris et en blanc disparaissent : il ne reste que des couleurs sur la scène.

Peu à peu il se forme un mouvement arythmique généralisé. A l'orchestre, c'est la confusion. Le cri perçant du troisième tableau se fait entendre. Les géants tremblent. Différentes lumières effleurent la scène et se croisent.

Des groupes entiers quittent la scène en courant. Une danse générale commence; d'abord à divers endroits, puis elle se répand et entraîne tout le monde. Course, sauts, les gens courent les uns vers les autres puis en sens opposé. Chutes. Certains remuent les bras, sur place, d'autres les jambes, la tête, le tronc. D'autres encore combinent tous les mouvements. *Parfois* ce sont des mouvements de groupe. Des groupes entiers font *parfois* un seul et même mouvement.

Au moment où la confusion est à son comble à l'orchestre, dans les mouvements et dans les éclairages, l'obscurité et le silence se font soudain. Seuls, au fond de la scène, les géants sont encore visibles, et ne sont absorbés que très lentement par l'obscurité. On dirait que les géants s'éteignent comme une lampe, c'est-à-dire que la lumière a encore quelques sursauts une fois que l'obscurité est complète.

Sixième tableau

(Ce tableau doit arriver le plus vite possible).

Arrière plan bleu mat, comme pour le premier tableau (sans bords noirs).

Au milieu de la scène, un géant jaune clair au visage blanc et flou, avec de grands yeux noirs tout ronds. L'arrière plan et le sol sont noirs.

Il élève lentement les deux bras le long du corps (les paumes vers le bas) tout en se mettant à grandir.

Au moment où il atteint le haut de la scène, et où sa figure se met à ressembler à une croix, l'obscurité se fait brusquement. La musique est expressive, semblable à ce qui se passe sur scène.

Der Sturm [132]

1912-1913

L'atmosphère spirituelle des grandes époques est si lourde d'un désir précis, d'une nécessité bien définie, qu'il est alors aisé de se faire prophète.

C'est d'une manière générale ce qui se passe aux périodes de changement : la maturité intérieure qui échappe au regard superficiel donne alors une secousse invisible et irrésistible au pendule de la vie spirituelle.

Aux yeux de l'observateur superficiel, ce pendule continue d'osciller à la même place. Il monte suivant sa marche régulière, s'arrête un instant, un instant extrêmement court au sommet de sa courbe, et prend la direction nouvelle, la voie nouvelle.

C'est à cet instant incroyablement court que n'importe qui peut prophétiser sa direction nouvelle.

Il n'en est que plus curieux, presque incroyable, que la « grande masse » ne croie pas le « prophète ».

La « précision », l'esprit d'analyse, les définitions tranchantes et rigoureuses, les lois rigides, ce qui a vécu pendant des siècles pour se « développer » au XIXe jusqu'à tout dominer, à notre grand effroi d'hommes du XXe, est devenu soudain si étranger, si périmé, et, aux yeux de bien des gens, inutile, qu'il faut se faire violence pour penser, pour se souvenir que « c'était hier encore » et que... « en moi subsistent encore bien des traces de cette époque ». Cette dernière pensée nous semble aussi peu croyable que l'imminence de notre propre mort. Et la connaissance en ce domaine n'est pas chose facile.

Je ne crois pas qu'il existe aujourd'hui un seul critique qui ne sache pas que « c'en est fini de l'impressionnisme ». Certains savent aussi qu'il a été la conclusion naturelle de la volonté d'être naturel dans l'art.

Il semble que même les événements extérieurs veuillent rattraper le « temps perdu ».

Les « choses évoluent » à une rapidité désespérante. Il y a trois ans, tout tableau nouveau était accueilli par les insultes du grand public, du connaisseur, de l'amateur, du critique.

Aujourd'hui on ne parle que de cube, de répartition de surfaces, de juxtaposition de couleurs, de verticalité, de rythme.

Et c'est bien ce qui est désespérant.

Pour parler simplement : il est absolument impossible que l'on emploie tous ces mots en les comprenant. On se gargarise de mots d'allure moderne, on « sauve les apparences » *. On a peur d'avoir l'air bête. Et en général, on n'a pas idée de l'air bête que cela vous donne justement. Et de la bêtise réelle de cette attitude !

En un mot : il n'existe pas de plus grand mal que la compréhension de l'art.

Parce qu'il sent obscurément ce mal l'artiste a toujours eu peur d' « expliquer » ses œuvres, somme toute, finalement, de parler de ses œuvres. Certains pensent même qu'ils s'abaisseraient en donnant des explications. Je ne voudrais pour rien au monde les faire descendre de leurs sommets.

Deux lois bien vieilles et éternellement jeunes gouvernent le monde de l'esprit :

1. la peur de la nouveauté, la haine de ce que l'on n'a pas encore vécu,

2. la tendance à accrocher hâtivement à cette nouveauté, à cet inconnu une étiquette qui va le tuer.

Le méchant de se réjouir ! De rire, car ces lois sont les plus belles fleurs de son jardin malodorant.

Haine et paroles creuses ! Vieux compagnons fidèles de tout ce qui est grand et nécessaire !

La haine veille à le tuer.

Les paroles creuses à l'enterrer.

Mais il y aura résurrection.

Dans notre cas, la résurrection viendra de la non-compréhension de l'art.

* En français dans le texte (N.D.T.).

Cette affirmation peut aujourd'hui encore avoir l'air d'un paradoxe.

Mais les temps sont proches, où ce paradoxe deviendra vérité claire et inéluctable.

Expliquer l'art, en permettre la compréhension, peut avoir deux conséquences :

1. les mots agissent sur l'esprit et éveillent de nombreuses représentations;

2. conséquence possible et heureuse de ce premier fait, on assiste à un éveil des forces de l'âme, capables de découvrir ce qui fait la nécessité d'une œuvre donnée : dans ce cas il s'agit d'une expérience vécue de l'œuvre.

Il existe deux sortes d'individus : les premiers se contentent de vivre intérieurement la réalité (donc aussi la réalité intérieure et entre autres la réalité de l'œuvre donnée); les autres cherchent à définir leur expérience.

Dans notre domaine, seule compte l'expérience vécue, puisqu'il ne peut y avoir définition sans expérience préalable.

Quoi qu'il en soit, les deux conséquences que nous venons de mentionner constituent les résultats positifs de l'explication.

Ces deux conséquences sont susceptibles (comme toute réalité vivante) de développements ultérieurs, puisque, par les représentations qu'elles suscitent et par la participation à la vie de l'œuvre qu'elles provoquent, elles enrichissent l'âme et la font aussi progresser.

Mais cette même explication peut avoir de tout autres conséquences :

1. les mots n'éveillent pas de nouvelles représentations mais se bornent à apporter quelque apaisement aux maux dont souffre l'âme; on dit « moi aussi, maintenant, je sais », et on se rengorge;

2. conséquence possible et regrettable de ce premier fait, ces mots n'amènent pas l'éveil de forces spirituelles; au contraire : un mot sans vie (une étiquette) prend la place d'une œuvre vivante.

Il est donc clair que l'explication en tant que telle ne peut rapprocher de l'œuvre l'art. L'œuvre d'art est l'esprit qui, à travers la forme, parle, se manifeste, exerce une influence féconde. On peut critiquer la forme, bien montrer quelle forme a été utilisée dans une œuvre et pour quelles raisons. Ce qui ne permet pas pour autant d'entendre l'esprit de l'œuvre. De même, il est facile d'expliquer de quelles substances chimiques un aliment se compose : on connaîtra alors les composants, mais non le goût de l'aliment. Et la faim n'en sera pas calmée.

Il est clair que, dans le domaine de l'art, les explications ne peuvent agir que de manière indirecte, qu'elles ont donc deux aspects, et ouvrent ainsi deux voies : celle de la mort, celle de la vie.

On voit clairement les conséquences effroyables que peut entraîner une explication dont toute vie est absente.

Il est clair, enfin, qu'une volonté réelle de compréhension, même sublimée par l'amour, n'aboutit pas nécessairement à une explication féconde.

Il n'y aura d'explication féconde que si cette volonté réelle sublimée par l'amour est en face d'une autre volonté réelle sublimée par l'amour. On ne doit donc pas aborder l'art avec sa raison et son intelligence mais avec son âme, avec son existence vécue.

La raison et l'intelligence, on les trouve chez l'artiste, comme on trouve des provisions dans les placards de la bonne ménagère, l'artiste devant disposer de tous les moyens pour atteindre son but.

Et celui pour qui l'œuvre a été créée, doit ouvrir toute grande son âme pour la vivre.

Alors, il connaîtra, lui aussi, le bonheur.

Munich,
Septembre 1912

LA PEINTURE EN TANT QU'ART PUR [134]

Contenu et forme

Deux éléments constituent l'œuvre d'art : l'élément *intérieur* et l'élément *extérieur*.

Le premier, pris à part, est l'émotion de l'âme de l'artiste. Cette émotion possède la capacité de susciter une émotion foncièrement analogue dans l'âme du spectateur.

Aussi longtemps que l'âme est liée au corps, elle ne peut normalement entrer en vibration que par l'intermédiaire du sentiment. Celui-ci est donc le pont qui conduit de l'immatériel au matériel (l'artiste) et du matériel à l'immatériel (le spectateur).

Émotion — sentiment — œuvre — sentiment — émotion.

L'élément intérieur de l'œuvre est son contenu. Il doit donc y avoir vibration de l'âme. Si celle-ci n'existe pas, il ne peut naître d'œuvre. Autrement dit, il ne peut naître qu'un semblant d'œuvre.

L'élément intérieur, créé par la vibration de l'âme, est le contenu de l'œuvre. Aucune œuvre ne peut exister sans contenu.

Pour que le contenu, qui vit d'abord « abstraitement », devienne œuvre, il faut que le second élément — l'élément extérieur — serve à la matérialisation. C'est pourquoi le contenu aspire à un moyen d'expression, à une forme « matérielle ».

L'œuvre est ainsi la fusion inévitable et indissoluble de l'élément intérieur et de l'élément extérieur, c'est-à-dire du contenu et de la forme.

L'élément déterminant est celui du contenu. De même que le mot ne détermine pas le concept, mais le concept le mot, le contenu détermine la forme : *la forme est l'expression matérielle du contenu abstrait.*

Le choix de la forme est donc déterminé par la *nécessité intérieure*, laquelle constitue proprement la seule loi immuable de l'art.

Une œuvre née de la manière que nous venons de décrire est « belle ». *Une belle œuvre* est par conséquent *la liaison régulière de deux éléments, l'intérieur et l'extérieur.* Cette liaison confère à l'œuvre son unité. L'œuvre devient sujet. Et tant que peinture, elle est un organisme spirituel qui, comme tout organisme matériel, consiste en un grand nombre de parties différentes.

Celles-ci, prises isolément, sont dépourvues de vie comme un doigt séparé de la main. La vie du doigt et son action rationnelle sont conditionnées par leur combinaison rationnelle avec les autres parties du corps. Cette *combinaison rationnelle est la construction.*

L'œuvre d'art est soumise à la même loi que l'œuvre naturelle : à la loi de la construction. Ses différentes parties deviennent vivantes par l'ensemble.

Dans la peinture, le nombre infini des parties se décompose en deux groupes :

la *forme dessinée* et

la *forme picturale.*

La combinaison des différentes parties des deux groupes, combinaison obéissant à un plan et visant une fin, a pour résultat le tableau.

Nature

Si nous appliquons à des œuvres ces deux définitions (des composants de l'œuvre et spécialement du tableau), nous nous heurtons à la présence apparemment fortuite, au sein du tableau, de composants étrangers. Nous voulons parler de ce qu'on nomme la *nature.* La nature n'a reçu aucune place dans nos deux définitions. D'où vient-elle dans le tableau ?

L'origine de la peinture fut celle de tous les autres arts et de toutes les actions humaines. Elle fut purement pratique.

Lorsqu'un chasseur sauvage traque du gibier pendant des jours, il y est poussé par la faim.

Lorsqu'aujourd'hui un chasseur princier traque du gibier, il y est poussé par son plaisir. De même que la faim est une valeur corporelle, le plaisir est ici une valeur esthétique.

Lorsqu'un sauvage a besoin de sons artificiels pour sa danse, c'est l'instinct sexuel qui le pousse à les émettre. Les sons artificiels, dont procède, après des millénaires, la musique contemporaine, incitaient le sauvage aux mouvements d'approche érotique que nous nommons danse aujourd'hui.

Quand l'homme d'aujourd'hui se rend au concert, il ne cherche pas dans la musique un auxiliaire pratique, mais le plaisir.

Dans ce cas aussi, l'instinct corporel et pratique est devenu esthétique. En d'autres termes, le besoin originel du corps est devenu, dans ce cas aussi, besoin de l'âme.

Ce *raffinement* (ou cette spiritualisation) des besoins pratiques (ou corporels) les plus simples entraîne toujours et partout deux consé- quences : l'élément spirituel *s'isole* de l'élément corporel et se *développe* d'une manière indépendante, dans une évolution dont découlent les différents arts.

Les *lois* (du contenu et de la forme) que nous venons de men- tionner interviennent ici d'une manière graduelle et toujours plus précise, lois qui, en définitive, *tirent de chaque art de transition un art pur.*

C'est là une croissance tranquille, logique et naturelle, pareille à la croissance d'un arbre.

Peinture

On relève la même évolution dans la *peinture.*

Première période. *Origine :* désir pratique de fixer l'élément corporel éphémère.

Seconde période. *Développement :* la peinture se dégage progres- sivement de cette fin pratique et l'élément *spirituel* y *domine* progres- sivement.

Troisième période. *But :* la peinture atteint le stade plus élevé de l'*art pur*, où les vestiges du désir pratique sont totalement éliminés. Elle parle d'esprit à esprit dans une langue artistique, elle est un domaine d'êtres picturaux-spirituels (sujets).

Dans la *situation actuelle* de la peinture nous pouvons saisir ces trois caractéristiques dans des combinaisons diverses et à des degrés divers. Sous ce rapport, la caractéristique de la seconde période (développement) est déterminante. Précisons :

Première période. *Peinture réaliste* (le réalisme étant compris ici tel qu'il s'est développé à travers la tradition jusqu'au xixe siècle) : prépondérance de la caractéristique de l'origine — du désir pratique de fixer l'élément corporel éphémère (portraits, paysages, sujets historiques au sens *direct*).

Seconde période. *Peinture naturaliste* (sous la forme de l'impressionnisme, du néo-impressionisme et de l'expressionnisme, à quoi se rattachent partiellement le cubisme et le fauvisme) : élimination de la fin pratique et prépondérance graduelle de l'élément spirituel (élimination toujours plus rigoureuse et prépondérance toujours plus forte, de l'impressionnisme à l'expressionnisme en passant par le néo-impressionnisme).

Au cours de cette période, le besoin intérieur de conférer au spirituel une importance exclusive devient si intense que le *credo* impressionniste peut déjà se formuler ainsi : « En art, l'essentiel n'est pas *ce que* représente l'artiste (entendons non le contenu esthétique, mais la nature), mais *comment* il le représente ».

Manifestement, on accorde si peu d'importance aux vestiges de la première période (origine) que la nature est exclusivement considérée comme un point de départ, comme un prétexte permettant d'exprimer le contenu spirituel. En tout cas, les impressionnistes adoptent et proclament déjà ces points de vue qui entrent dans leur *credo*.

Cependant, ce *credo* n'est en réalité qu'un « pium desiderium » de la peinture, dans la seconde période. En effet, si le choix de l'objet (nature) était indifférent à cette peinture, elle ne devrait se mettre en quête d'aucun « motif ». En elle, l'objet conditionne son traitement; le *choix de la forme ne demeure pas libre*, mais dépend de l'objet.

Si nous éliminons d'un tableau de cette époque l'élément objectif (nature) pour n'y laisser *que* l'élément purement artistique, nous remarquons aussitôt que cet élément objectif (nature) constitue une sorte de support à défaut duquel l'édifice purement artistique (construction) s'effondre par indigence formelle. Ou bien il se révèle que cette élimination ne laisse subsister sur la toile que des formes parfaitement indéterminées, fortuites et inaptes à la vie (dans un état embryonnaire). Dans cette peinture, *la nature* (« ce qui » est peint au sens de cette peinture) n'est donc pas chose accessoire, mais essentielle.

Cette élimination de l'élément pratique, objectif (de la nature) n'est possible que dans le cas où ce composant essentiel est remplacé par un autre, également essentiel : la forme purement artistique, qui peut conférer au tableau la puissance d'une vie indépendante et l'élever au rang de sujet spirituel.

Il est clair que ce composant essentiel n'est autre que la construction, que nous venons de décrire et de définir.

Nous rencontrons cette substitution dans la troisième période de la peinture, qui commence de nos jours : dans la *peinture de composition.*

Selon notre schéma des trois périodes, nous sommes donc parvenus à la troisième, que nous avons désignée comme le *but.*

Dans la peinture de composition qui se développe sous nos yeux nous discernons tout de suite la caractéristique de l'accession au *stade supérieur de l'art pur :* les vestiges du désir pratique peuvent être complètement éliminés, la peinture peut parler d'esprit à esprit en une langue purement artistique; elle constitue un domaine d'êtres picturaux-spirituels (sujets).

Il doit être clair et indubitable à chacun qu'un tableau de cette troisième période, sans support venant du but pratique (de la première période) ou du contenu spirituel soutenu objectivement (de la seconde période), ne peut exister qu'en tant qu'être né d'une construction.

L'effort de remplacer l'élément objectif par l'élément constructif — effort conscient ou souvent encore inconscient, qui se manifeste fortement aujourd'hui et se manifestera avec toujours plus de force — est le premier stade de l'art pur qui s'annonce et pour lequel les époques révolues de l'art furent des phases inévitables et logiques.

Par ces quelques remarques, j'ai tenté d'exposer schématiquement et à grands traits l'ensemble de l'évolution, et tout spécialement la situation actuelle. D'où de nombreuses lacunes qui ne pouvaient être comblées. D'où aussi l'omission des écarts et des déviations, aussi inévitables dans tout développement que les branches latérales sur un arbre, en dépit de sa poussée vers le haut.

Le développement qui attend la peinture connaîtra encore de nombreuses contradictions et déviations apparentes, comme ce fut le cas pour la musique, qui est aujourd'hui déjà un art pur.

Le passé nous apprend que l'évolution de l'humanité consiste dans la spiritualisation de nombreuses valeurs. Parmi ces valeurs l'art occupe la première place.

Parmi les arts la peinture parcourt le chemin qui va de la finalité pratique à la finalité spirituelle. De l'objectif au compositionnel.

Conférence de Cologne[135]

1914

Mon développement comprend trois phases :

1. Le dilettantisme de mon enfance et de ma jeunesse, temps d'impulsions indéfinies, le plus souvent tourmentées, chargées d'aspirations qui me restaient incompréhensibles.

2. Le temps d'après l'école, au cours duquel ces impulsions prirent peu à peu une forme plus définie et plus claire pour moi-même. Je cherchais alors à les exprimer par toute sorte de formes extérieures que me fournissait la nature extérieure, par des objets.

3. Le temps de l'utilisation consciente du matériel pictural, où je pris conscience que la forme réelle était superflue *pour moi*, où, graduellement et péniblement, je devins toujours plus capable de puiser en moi, non seulement le contenu, mais la forme qui lui était adéquate — le temps, par conséquent du passage à la peinture pure, appelée aussi peinture absolue, et de l'accès à la forme abstraite qui m'était nécessaire.

Pendant ce long chemin, que je *devais* parcourir, j'ai usé beaucoup de forces pour lutter contre la peinture traditionnelle. Un préjugé tomba après l'autre, mais lentement. En dehors de mes nombreuses tentatives j'ai beaucoup réfléchi, j'ai voulu résoudre beaucoup de problèmes par la logique. Et ce qui était logiquement si facile ne parvenait pas à se réaliser en pratique. En arriver à l' « ergo » représente en règle générale une entreprise facile et joyeuse, dans la majorité des cas. Nous savons *ce que* nous voulons bien plus souvent que nous ne découvrons *comment* le réaliser. Ce *comment* n'est réellement *bon* qu'à condition de s'être présenté spontanément, lorsque la main, heureusement inspirée, n'obéit pas à la raison, mais accomplit *d'elle-même*, souvent contre la raison, ce qu'il convient de faire. Et seule une pareille forme apporte, en dehors de la satisfaction, une joie qui ne se compare à nulle autre.

Cette grande question apparemment simple, en réalité complexe, prend de nos jours une importance décisive. La forme actuelle de ce problème peut se définir ainsi pour l'avenir : l'intuition et la logique entrent-elles pour une part également légitime dans la création de l'œuvre ? Je ne peux approfondir ici ce problème. Je me contenterai de la réponse succincte qui correspond à ma manière de penser. La genèse d'une œuvre est de caractère cosmique. Le créateur de l'œuvre est donc l'esprit. L'œuvre existe abstraitement avant sa matérialisation, qui la rend accessible aux sens humains. Par conséquent, tous les moyens sont bons pour cette matérialisation nécessaire, la logique aussi bien que l'intuition. L'esprit créateur examine ces deux facteurs et rejette ce qui est faux en l'un et l'autre. De sorte que la logique ne doit pas être rejetée parce qu'elle est d'une nature étrangère à l'intuition. Pour la même raison l'intuition ne doit pas être rejetée. Les deux facteurs sont en eux-mêmes stériles et dépourvus de vie sans le contrôle de l'esprit. Ni la logique ni l'intuition ne peuvent créer, en l'absence de l'esprit, des œuvres parfaitement bonnes.

Je caractériserai ainsi, en gros, les trois périodes de mon développement que je viens de mentionner :

Lorsque je songe à la première, celle du dilettantisme, j'y découvre l'action simultanée de deux éléments distincts, dont mon évolution ultérieure montre qu'ils étaient radicalement différents :

1. l'amour de la nature,

2. les impulsions indéfinies du besoin de créer.

Cet amour de la nature se composait principalement de la pure joie et de l'enthousiasme que me donnait la couleur. Souvent une tache d'un bleu limpide et d'une puissante résonance aperçue dans l'ombre d'un fourré me subjuguait si fort que je peignais tout un paysage uniquement pour fixer cette tache. Bien entendu l'étude tournait mal, et j'étais en quête de « motifs » dont tous les composants agiraient avec une force égale sur mon esprit. Bien entendu, je ne découvrais jamais rien de tel. Ensuite, je m'efforçai de donner de l'effet, sur la toile, aux parties qui en avaient le moins. De ces exercices procèdent ma faculté, acquise plus tard, et ma manière de peindre des paysages vibrants de résonances; la présente exposition en fournit des exemples.

En même temps, je ressentais en moi des impulsions incompréhensibles, un besoin qui me poussait à peindre un *tableau*. Et je sentais obscurément que le tableau pouvait être autre chose qu'un beau paysage, une scène intéressante et pittoresque, ou la représentation d'un être humain. Comme j'aimais les couleurs par dessus tout, j'ai songé dès cette époque, quoique d'une manière très imprécise, à une composition de couleurs et cherché l'élément objectif susceptible de légitimer ces couleurs.

Je passe ici à la phase de l'étude, deuxième période de ma recherche.

Il m'apparut bientôt que les époques passées, parce qu'elles n'existaient plus réellement, pourraient me fournir des prétextes me permettant d'employer plus librement ces couleurs dont j'éprouvais le besoin. Je choisis d'abord le moyen âge allemand dont je me sentais spirituellement proche. Pour mieux connaître ce temps, je dessinais dans des musées, dans le Cabinet des estampes de Munich, je visitais de vieilles villes. Je procédais très librement en accumulant ce matériel et me souciais peu de savoir si tel costume était contemporain de tel autre ou du caractère de tel édifice. Beaucoup d'esquisses naquirent spontanément, et dans la période russe qui suivit j'en arrivai au point de tout dessiner et peindre librement, en me laissant guider par le souvenir ou l'imagination. J'étais beaucoup moins libre dans le traitement des « lois du dessin ». Je tenais par exemple pour nécessaire de situer assez exactement sur une ligne les têtes des personnages, ainsi qu'on les observe dans la rue. Dans *Vie bariolée (Buntes Leben)*, qui présentait pour moi l'attrayante difficulté de rendre un pêle-mêle de masses, de taches et de lignes, j'ai recouru à la « perspective aérienne » afin de pouvoir placer les figures l'une au-dessus de l'autre [136]. Pour ordonner à ma guise la répartition des taches et l'utilisation des traits, je devais trouver chaque fois un prétexte afin de légitimer la perspective.

Je ne me libérai que très lentement de ce préjugé. *Composition 2* présente une libre utilisation des couleurs, sans égard aux exigences de la perspective. Cependant il m'était toujours désagréable, quelquefois insupportable, de maintenir la figure dans le cadre de ses lois physiologiques et de procéder en même temps à des déformations voulues par la composition. J'avais le sentiment que si un ordre physique se trouve détruit au profit de la nécessité picturale, l'artiste possède le droit esthétique et le devoir esthétique de nier aussi les autres ordres physiques. Je n'aimais pas voir, sur des tableaux qui n'étaient pas de moi, des allongements qui violentaient la structure du corps ou des contours qui offusquaient l'anatomie, et je savais avec certitude que, pour moi, ce n'était pas là, ce ne pouvait être, la solution du problème de l'objet. C'est ainsi que, dans mes tableaux, l'objet ne cessa de se dissoudre de lui-même, comme on le constate dans presque tous mes travaux de 1910.

L'objet ne voulait et ne devait pas encore complètement disparaître de mes tableaux. Tout d'abord une époque ne doit pas parvenir artificiellement à sa maturité. Rien de plus dommageable et de plus coupable que de chercher sa forme en se faisant violence. L'instinct intime, donc l'esprit créateur, créera irrésistiblement à l'heure convenable la forme dont il a besoin. On peut philosopher sur la forme, on peut l'analyser, on peut même l'édifier. Elle doit néanmoins entrer spontanément dans l'œuvre, et ceci au stade d'accomplissement qui correspond au développement de l'esprit créateur. J'étais donc contraint d'attendre patiemment l'heure qui devait conduire ma main à la création de la forme abstraite.

Secondement (et ceci est intimement lié à mon développement intérieur), je n'avais pas l'intention d'abandonner totalement l'objet. J'ai dit à maintes reprises que l'objet pris en soi dégage une résonance spirituelle déterminée qui peut servir et sert effectivement, dans tous les domaines, de matériel à l'art. Et j'étais encore trop désireux de chercher les formes picturales pures à travers *cette* résonance spirituelle. Je dissolvais donc plus ou moins les objets dans le tableau, afin qu'ils ne puissent pas être tous reconnus d'un coup et que, par conséquent, le spectateur puisse éprouver peu à peu, l'une après l'autre, ces résonances spirituelles concomitantes. Çà et là des formes purement abstraites s'introduisaient d'elles-mêmes dans l'œuvre, formes qui devaient agir de manière purement picturale, sans les résonances dont je viens de parler. En d'autres termes, je n'avais pas encore assez de maturité pour éprouver la forme abstraite pure, sans support objectif. Si j'avais possédé cette faculté à ce moment, j'aurais produit des tableaux absolus dès cette époque.

Mais, d'une façon générale, je savais dès cette époque avec certitude que j'accéderais à la peinture absolue. Mes expériences me commandaient une grande patience. Mais à certaines heures il m'était infiniment pénible de m'y conformer.

Dans mon *Spirituel dans l'art*, je définis l'harmonie moderne comme la rencontre et le conflit dramatique des éléments isolés. A ce moment je cherchais encore cette harmonie, mais jamais je ne désirais l'exagérer et traiter toutes les formes picturales de manière à les faire servir sans exception au plus pur tragique. Un sentiment intime de mesure ne me fit jamais descendre à cette conception unilatérale. C'est ainsi que dans *Composition 2*, par exemple, j'ai atténué le tragique, dans la composition et le dessin, par des couleurs plus ou moins indolentes. Je cherchais volontairement à opposer la grandeur du dessin au tragique des couleurs (*Tableau avec un canot, plusieurs paysages*) [137]. Pendant un certain temps, je concentrai toutes mes énergies sur le dessin, parce que je savais en moi-même que cet élément demandait encore à être travaillé. Les couleurs que j'employai ensuite s'étendaient en quelque sorte sur une seule et même surface, mais leur poids intérieur était inégal. Ainsi des sphères différentes agirent spontanément de concert dans mes tableaux. Par là j'évitais aussi les aplats, qui conduisent aisément la peinture au style ornemental. Cette diversité des surfaces conférait à mes toiles une profondeur qui remplaçait remarquablement la profondeur née de la perspective. Je répartissais les masses de manière à ne faire apparaître aucun centre architectonique. Souvent l'élément lourd était en haut et l'élément léger en bas. Quelquefois je laissais faible le milieu de la composition et renforçais les côtés. Je posais une masse pondéreuse, d'un effet oppressant, entre des parties légères. Ainsi je faisais ressortir le froid et refoulais le chaud. Je traitais les tons de la même manière, refroidissant les chauds, réchauffant les froids, de sorte qu'une couleur seule se trouvait déjà élevée au rang d'élément de composition. Il est impossible et assez vain d'énumérer tous les moyens auxquels je recourus pour parvenir à cette fin. Le visiteur attentif découvrira de lui-même bien des choses que je ne soupçonne peut-être pas. Et que peuvent les mots sur celui qui ne veut pas entendre...

En Allemagne l'été de 1911 fut exceptionnellement chaud et s'étira désespérément. Chaque matin, en me levant, je retrouvais à ma fenêtre un ciel bleu, incandescent. Des orages éclataient, laissaient tomber quelques gouttes de pluie, puis s'éloignaient. J'avais l'impression de me trouver en présence d'un malade grave qui doit transpirer à tout prix mais résiste à tous les traitements qu'on lui fait subir. A peine quelques gouttes de sueur apparaissent-elles que son corps torturé se remet à brûler. Sa peau se déchire. Le souffle lui manque. Subitement, la nature m'apparut blanche; le blanc (le grand silence — plein de choses possibles) se montrait partout et s'étendait visiblement. Je me suis souvenu plus tard de ce sentiment, en observant que j'avais accordé au blanc un rôle spécial, soigneusement étudié, dans mes tableaux. Je sais depuis ce moment quelles possibilités insoupçonnées cette couleur fondamentale recèle. Je compris que j'en avais eu une conception fausse jusqu'alors, car je ne l'avais tenue pour nécessaire en grandes masses que pour faire ressortir le dessin et avais peur de la légèreté de sa force intérieure. Cette expérience fut pour moi d'une immense importance. Je ressentis avec une précision jamais éprouvée que la résonance fondamentale, le caractère intime inné de la couleur peut changer à l'infini à travers des applications différentes, que, par exemple, l'élément le plus indifférent peut devenir plus expressif que celui qu'on tient pour le plus expressif. Cette découverte révolutionnait toute la peinture et ouvrait devant mes yeux un domaine auquel on ne pouvait croire auparavant. Autrement dit, la valeur intime, multiple, illimitée d'une seule et même qualité, la possibilité de dégager et de mettre en œuvre des séries infinies uniquement dans les combinaisons d'une seule qualité ouvrirent devant moi les portes du royaume de l'art absolu.

Une des conséquences spirituelles et logiques de cette découverte fut de me pousser à rendre la forme extérieure encore plus concise et à revêtir le contenu de formes beaucoup plus froides. Pour mon sentiment d'alors, encore parfaitement inconscient, le plus haut tragique se revêtait de la plus grande froideur; je voyais donc que la plus grande froideur est le plus haut tragique. Il s'agit du tragique cosmique, au sein duquel l'humain n'est qu'une résonance, une seule voix qui parle à l'unisson des autres, et où le centre est déplacé dans une sphère qui se rapproche du divin. On doit user de tels mots avec prudence et ne pas en jouer. Mais je les emploie ici en toute conscience, et je me sens le droit de le faire, car je ne parle pas de mes tableaux mais de l'art qui ne s'est encore jamais matérialisé, dont l'essence abstraite attend encore de s'incarner.

En ce qui me concerne, je fis plusieurs tableaux sous l'empire de ces sentiments (*Tableau avec zig-zag, Composition 5, Composition 6,* etc...) [138]. J'étais certain, cependant, que s'il m'était donné de vivre, je pénétrerais dans le champ qui s'ouvrait devant moi. C'est ainsi que, d'en bas, on aperçoit le sommet d'une montagne.

Pour la même raison, j'étais maintenant toujours plus attiré par la maladresse. J'abrégeais les choses expressives par l'inexpressivité. Je soulignais un élément pas très clair dans son expression par la situation extérieure où je le plaçais. J'ôtais aux couleurs la netteté de leur résonance, j'assourdissais leur superficie et faisais luire leur pureté et leur vraie nature comme à travers un verre dépoli. Je peignis de la sorte *Improvisation 22* et *Composition 5*, de même que, pour la majeure partie, *Composition 6*. Celle-ci reçut trois centres et sa composition prit une grande complexité, que j'ai décrite exactement dans mon album [138bis]. *Composition 2* a été peint sans thème, et peut-être aurais-je craint alors de choisir un thème comme point de départ. En revanche, je pris tranquillement la Résurrection pour thème de *Composition 5* et le Déluge pour *Composition 6*. Il faut une certaine audace pour prendre des sujets aussi usés comme point de départ de la peinture pure. Ce fut pour moi un test, dont le résultat, à mon sens, a été satisfaisant.

Les tableaux que je peignis ensuite n'ont comme point de départ ni un thème ni des formes d'origine corporelle. Cela se fit sans aucune violence et tout naturellement, de soi-même. Au cours de ces dernières années, les formes qui étaient d'abord nées spontanément prirent pied toujours plus solidement, je ne cessai de m'absorber dans les valeurs multiples des éléments abstraits. C'est pourquoi les formes abstraites devinrent prépondérantes et chassèrent silencieusement et sûrement les formes d'origine objective.

J'évitais ainsi et abandonnais au passé les trois grands périls que je vis d'emblée sur mon chemin :

1. le danger de la forme stylisée, forme soit mort-née, soit trop faible pour vivre;

2. le danger de la forme ornementale, qui est essentiellement la forme de la beauté extérieure, du fait qu'elle peut être (et qu'elle est en règle générale) extérieurement expressive et intérieurement inexpressive;

3. le danger de la forme expérimentale, qui naît par voie expérimentale, donc sans aucune intuition, de même que *toute* forme possède une certaine résonance intérieure qui suggère trompeusement la nécessité intérieure [139].

La maturité intérieure, sur laquelle je comptais fermement d'une manière générale et qui m'apporta néanmoins maintes heures de désespoir, a créé d'elle-même l'élément formel.

On a souvent dit qu'il est impossible de faire comprendre par des mots le but d'une œuvre. Bien qu'une telle affirmation soit répétée, et surtout exploitée, d'une manière quelque peu superficielle, elle est en gros exacte et le demeure même quand on use avec le plus grand soin du langage et de ses moyens. Et cette affirmation est exacte — je quitte ici le terrain de la raison objective — ne serait-ce que parce que l'artiste lui-même ne peut jamais complètement appréhender et connaître son but.

Enfin, il faut dire que les meilleures paroles ne servent à rien pour celui dont le sens de l'art est resté à l'état embryonnaire.

Pour terminer, je veux me définir négativement et dire aussi clairement que possible ce que je ne veux pas. Du même coup je réfuterai maintes affirmations de l'actuelle critique d'art, affirmations qui jusqu'ici, ont souvent produit un effet perturbateur et corné des contre-vérités aux oreilles de ceux qui étaient disposés à les écouter.

osition II, esquisse, huile sur toile, 97 × 129 cm, 1909-1910.
enheim Museum, New York

Composition V, huile sur toile, 190 × 275 cm, 1911.
Coll. part., Soleure

Je ne veux pas peindre de la musique.

Je ne veux pas peindre des états d'âme.

Je ne veux pas peindre avec des couleurs ou sans couleurs.

Je ne veux ni changer, ni combattre, ni renverser un seul point dans l'harmonie des chefs-d'œuvre qui nous viennent du passé.

Je ne veux pas montrer la voie à l'avenir.

Abstraction faite de mes travaux théoriques, qui jusqu'ici laissent beaucoup à désirer sous le rapport de l'objectivité scientifique, je souhaite uniquement peindre de bons tableaux, nécessaires et vivants, qui soient ressentis avec justesse au moins par quelques personnes.

Comme tout phénomène neuf, qui a et conservera quelque importance, mes tableaux sont l'objet de nombreuses critiques. Pour l'un je peins trop vite et trop facilement, pour l'autre avec trop de peine; pour le troisième je suis trop abstrait, pour le quatrième trop peu abstrait; pour le cinquième mes toiles sont d'une clarté choquante, pour le sixième elles sont incompréhensibles. Plus d'un déplore que je ne reste pas fidèle aux idéaux dont procèdent mes tableaux d'il y a dix ans. D'autres estiment qu'à ce moment déjà j'allais trop loin, d'autres encore tracent le trait qui sépare le licite de l'illicite plus près du moment actuel.

Tous ces reproches et toutes ces prescriptions pourraient être justes et pénétrants si l'artiste travaillait comme se l'imaginent ces esprits critiques. Leur erreur fondamentale vient de ce qu'ils se font une idée fausse de cette activité : l'artiste ne travaille pas pour mériter des louanges et de l'admiration, ou pour éviter le blâme et la haine, mais en obéissant à la voix qui lui commande avec autorité, à la voix qui est celle du maître devant lequel il doit s'incliner, dont il est l'esclave.

Appendice

Fagott

Ganz grosse Häuser stürtzten plötzlich. Kleine Häuser blieben ruhig stehen.

Eine dicke harte eiförmige Orangewolke hing plötzlich über der Stadt. Sie schien an der spitzen Spitze des hohen hageren Rathausturmes zu hängen und strahlte violett aus.

Ein dürrer, kahler Baum streckte in den tiefen Himmel seine zuckenden und zitternden langen Äste. Er war ganz schwarz, wie ein Loch im weissen Papier. Die vier kleinen Blätter zitterten eine ganze Weile. Es war aber windstill.

Wenn aber der Sturm kam und manches dickmäurige Gebäude umfiel, blieben die dünnen Äste unbeweglich. Die kleinen Blätter wurden steif : wie aus Eisen gegossen.

Eine Schar Krähen flog durch die Luft in schnurgerader Linie über die Stadt.

Und wieder plötzlich wurde alles still.

Die Orangewolke verschwand. Der Himmel wurde schneidend blau. Die Stadt gelb zum Weinen.

Und durch diese Ruhe klang nur ein Laut : Hufeisenschläge. Da wusste man schon, dass durch die gänzlich leeren Strassen ein weisses Pferd ganz allein wanderte. Dieser Laut dauerte lange, sehr, sehr lange. Und man wusste deswegen nie genau, wann er aufhörte. Wer weiss, wann die Ruhe entsteht ?

Durch gedehnte, lang gezogene, etwas ausdruckslose, teilnahmslose, lange, lange in der Tiefe sich im Leeren bewegende Töne eines Fagotts wurde allmählich alles grün. Erst tief und etwas schmutzig. Dann immer heller, kälter, giftiger, noch heller, noch kälter, noch giftiger.

Die Gebäude wuchsen in die Höhe und wurden schmäler. Alle neigten sie zu einem Punkt nach rechts, wie vielleicht der Morgen ist. Es wurde wie ein Streben dem Morgen zu bemerkbar.

Basson

De très grandes maisons s'écroulèrent soudain. De petites maisons restèrent tranquillement debout.

Il y eut soudain au-dessus de la ville un nuage orange, épais, dur, en forme d'œuf. Il semblait suspendu à la pointe pointue du haut hâve clocher de l'hôtel de ville et il émettait des rayons violets.

Un arbre desséché, dénudé, tendait au ciel profond ses longs rameaux tressaillants et tremblants. Il était tout noir, comme un trou dans le papier blanc. Les quatre petites feuilles tremblèrent un bon moment. Mais c'était le calme plat.

Mais lorsque la tempête arriva et renversa plus d'un édifice aux larges murs, les minces rameaux restèrent immobiles. Les petites feuilles devinrent rigides : comme coulées dans le fer.

Une bande de corneilles vola à travers les airs en ligne droite au-dessus de la ville.

Et tout redevint calme aussi soudainement.

Le nuage orange disparut. Le ciel devint d'un bleu coupant. La ville, jaune à en pleurer.

Et à travers ce silence, seul, un bruit résonnait : le martèlement des fers d'un cheval. Alors on savait déjà qu'à travers les rues complètement vides, un cheval blanc cheminait tout seul. Ce bruit dura longtemps, très, très longtemps. Et c'est pourquoi on ne sut jamais très bien quand il s'arrêta. Qui sait quand naît le silence ?

Les sons traînants, longuement étirés, un peu inexpressifs, indifférents, longs, longs dans le grave se mouvant dans le vide, d'un basson, firent peu à peu tout verdir. D'abord un vert profond et un peu sale. Puis toujours plus clair, plus froid, plus vénéneux, encore plus clair, encore plus froid, encore plus vénéneux.

Les édifices poussèrent en hauteur et rétrécirent. Tous, ils penchaient vers un point sur la droite où peut-être il y a le levant. On put remarquer comme une tension des efforts vers le levant.

Und noch heller, noch kälter, noch giftiger grün wurde der Himmel, die Häuser, das Pflaster und die Menschen, die darauf gingen. Sie gingen fortwährend, ununterbrochen, langsam, stets vor sich schauend. Und immer allein.

Eine grosse, üppige Krone bekam aber dementsprechend der kahle Baum. Hoch sass diese Krone und hatte eine kompakte, wurstartige, nach oben geschweifte Form. Diese Krone allein war so grell gelb, dass kein Herz es aushalten würde.

Es ist gut, dass keiner der da unten gehenden Menschen diese Krone gesehen hat. Nur das Fagott bemühte sich diese Farbe zu bezeichnen. Es stieg immer höher, wurde grell und nasal in seinem gespannten Ton. Wie gut das ist, dass das Fagott diesen Ton nicht erreichen konnte.

Anders

Es war eine grosse 3 — weiss auf dunkelbraun. Ihr oberer Haken war in der Grösse dem unteren gleich. So dachten viele Menschen. Und doch war dieser obere

ETWAS, ETWAS, ETWAS

grösser als der untere.

Diese 3 guckte immer nach links — nie nach rechts. Dabei guckte sie auch etwas nach unten, da die Zahl nur scheinbar vollkommen gerade stand. In Wirklichkeit, die nicht leicht zu bemerken war, war der obere

ETWAS ETWAS, ETWAS

grössere Teil nach links geneigt.

So guckte diese grosse weisse 3 immer nach links und ein ganz wenig nach unten.

Es war vielleicht auch anders.

Et encore plus clair, encore plus froid, encore plus vénéneux devint le ciel, les maisons, le pavé et les hommes qui allaient dessus. Ils allaient sans arrêt, continuement, lentement, regardant toujours devant soi. Et toujours seuls.

Mais cela valut une grande couronne luxuriante à l'arbre dénudé. Haute était cette couronne, et elle avait une forme compacte, à la façon d'une saucisse, recourbée vers le haut. Cette couronne à elle seule était d'un jaune si cru que pas un cœur n'y aurait résisté.

C'est une bonne chose qu'aucun des hommes qui allaient là en bas n'ait vu cette couronne. Seul le basson se fatiguait à désigner cette couleur. Ça montait toujours plus haut, devenait strident et nasal dans sa tonalité tendue. Comme c'est bien que le basson n'ait pu atteindre cette tonalité.

(extrait de *Sonorités*)

Autrement

Il était un grand 3, blanc sur un fond brun sombre. La boucle du haut était, pour la taille, égale à celle du bas. C'était ce que pensaient beaucoup de gens. Et pourtant, celle du haut était

UN PEU, UN PEU, UN PEU

plus grande que celle du bas.

Ce 3 regardait toujours vers la gauche — jamais vers la droite. En même temps, il regardait aussi un peu vers le bas, car le chiffre n'était parfaitement droit qu'en apparence. En réalité, et ce n'était pas facile à remarquer, la partie supérieure

UN PEU, UN PEU, UN PEU

plus grande était inclinée vers la gauche.

Ainsi ce grand 3 blanc regardait toujours vers la gauche et un tout petit peu vers le bas.

Il en était peut-être autrement.

(extrait de *Sonorités*)

Bunte Wiese

Auf einer Wiese, auf der kein Gras war, sondern nur Blumen, die höchst bunt waren, sassen in gerader Linie fünf Manner.

Ein sechster stand seitwärts.

Der Erste sagte :

« Das Dach ist fest... Ist fest das Dach... Fest... »

Nach einer Weile sagte der zweite :

« Rühr mich nicht an : Ich schwitze... Schwitzen tu ich... Ja! »

Und dann der dritte :

« Nicht über die Mauer!

Nicht über die Mauer! Nein! »

Der Vierte aber :

« Reifende Frucht! »

Nach langem Schweigen schrie der fünfte mit greller Stimme :

« Weckt ihn! Macht ihm die Augen gross!

Es rollt ein Stein vom Berge.

Ein, Stein, ein Stein, ein Stein, ein Stein! Vom Berge!...

Es rollt herunter!... Macht ihm die Ohren gierig!

Oh macht ihm die Augen gross!

Macht ihm die Beine lang! Lang, lang... die Beine! »

Der Sechste, der seitwärts stand schrie auf kurz und stark :

« Schweigen! »

Prairie multicolore

Sur une prairie où il n'y avait pas d'herbe, mais seulement des fleurs qui étaient de toutes les couleurs, cinq hommes étaient assis en ligne droite.

Un sixième était debout de côté.

Le premier dit :

« Le toit est solide... Il est solide le toit... Solide... »

Quelque temps après le second dit :

« Ne me touche pas : je sue... suer, c'est ce que je fais...
... Oui! »

Et puis le troisième :

« Ne pas franchir le mur!

Ne pas franchir le mur! Non! »

Mais le quatrième :

« Fruit mûrissant! »

Après un long silence, le cinquième cria d'une voix stridente

« Éveillez-le! Faites-lui ouvrir de grands yeux!

Il roule une pierre de la montagne.

Une, pierre, une pierre, une pierre, une pierre! De la montagne!...

Elle roule vers nous! Faites-lui ouvrir d'avides oreilles!

Oh! Faites-lui ouvrir de grands yeux!

Faites-lui avoir de longues jambes! Longues, longues... les jambes! »

Le sixième qui était debout de côté cria d'une voix brève et puissante :

« Silence! »

(extrait de *Sonorités*)

Tisch

Es war ein langer Tisch.
Oh! ein langer, langer Tisch.
Rechts und links von diesem Tische sassen viele, viele viele Menschen.
Menschen, Menschen
Menschen.
Oh, lange, lange sassen an diesem langen, langen Tische Menschen.

Blick und Blitz

Dass als sich der (der Mensch) ernähren wollte,
entschlug der dichte weisse Kamm den Rosavogel.
Nun wälzt sie die Fenster nass in hölzernen Tüchern!
Nicht zu den entfernten, aber krummen. —
Entlud sich die Kapelle — ei! ei!
Halbrunde Lauterkreise drücken fast auf Schachbretter und!
eiserne Bücher!
Knieend neben dem zackigen Ochs will Nürnberg will liegen
— entsetzliche Schwere der Augenbrauen.
Himmel, Himmel, bedruckte Bänder du ertragen kannst - -
Auch aus meinem Kopf könnte vom kurzschwänzigen Pferd mit
Spitzmaul
das Bein wachsen.
Aber der Rotzacken, der Gelbhacken am Nordpollacken wie eine
Rakete am Mittag!

Table

Il était une longue table.

Oh, une longue, longue table.

A droite et à gauche étaient assis beaucoup, beaucoup beaucoup de gens.

De gens, de gens

De gens.

Oh, longuement, longuement étaient assis à cette longue, longue table des gens.

(extrait de *Sonorités*)

Regard et éclair

Que lorsque lui (l'homme) se voulut nourrir,

le peigne dense bannit l'oiseau-rose.

Maintenant elle roule des fenêtres mouillées dans des étoffes de bois!

Non vers ceux qui sont loin mais bossus. —

Éclata l'orchestre — eh! eh!

Des purcercles à moitié ronds appuient presque sur des échiquiers et! livres de fer!

Agenouillée près du bœuf dentelé Nuremberg veut être là veut.

— effroyable lourdeur des sourcils.

Ciel, ciel, rubans imprimés tu peux supporter - -

De ma tête aussi la jambe pourrait pousser du cheval à la queue courte

et au museau pointu.

Mais la dentelure rouge, le crochet jaune sur le Polack Nord, comme une fusée à midi!

(extrait de *Sonorités*)

Sehen

Blaues, Blaues hob sich, hob sich und fiel.

Spitzes, Dünnes, pfiff und drängte sich ein, stach aber nicht durch.

An allen Ecken hats gedröhnt.

Dickbraunes blieb hängen scheinbar auf alle Ewigkeiten.

Scheinbar, Scheinbar.

Breiter sollst du deine Arme ausbreiten.

Breiter. Breiter.

Und dein Gesicht sollst du mit rotem Tuch bedecken.

Und vielleicht ist es noch gar nicht verschoben : bloss du hast dich verschoben.

Weisser Sprung nach weissem Sprung.

Und nach dieser weisser Sprung wieder ein weisser Sprung.

Und in diesem weissen Sprung ein weisser Sprung. In jedem weissen Sprung ein weisser Sprung.

Das ist eben nicht gut, dass du das Trübe nicht siehst : im Trüben sitzt es ja gerade.

Daher fängt auch alles an - - -

- - - es hat gekracht.

Voir

Du bleu, du bleu s'éleva, s'éleva et tomba.

Du pointu, du mince, siffla et fit intrusion, mais ne transperça pas.

Dans tous les coins ça a résonné.

Du brun épais resta suspendu apparemment pour l'éternité.

Apparemment. Apparemment.

Plus écartés tes bras que tu écartes.

Plus écartés. Plus écartés.

Et ton visage couvre-le d'un tissu rouge.

Et peut-être qu'il n'est encore pas du tout dérangé : toi seul t'es dérangé.

Saut blanc après saut blanc.

Et après ce saut blanc de nouveau un saut blanc.

Et dans ce saut blanc un saut blanc. Dans chaque saut blanc un saut blanc.

Justement ce n'est pas bien que tu ne voies pas le trouble : car c'est dans le trouble que ça réside.

C'est à partir de là que tout commence - - -

- - - ça a craqué.

(extrait de *Sonorités*)

LETTRES [141]
(1913-1921)

Lettre à Franz Marc (5 juin 1913) [142]

Cher Marc,

Comme toujours Piper est d'une grande magnificence. Il doit pourtant venir avec des chiffres précis. Je suis aussi tout à fait d'accord pour temporiser en ce qui concerne les comptes de juillet. Espérons que Koehler obtiendra de lui plus que nous. Je crois que pour le 2ᵉ volume nous pourrons à peine embrayer avant la prochaine saison d'hiver. Où va-t-on trouver le matériel, et avant tout de bons articles? Jusqu'ici, j'ai reçu des propositions de von Busse, Reuber (Berlin), Larionoff. Je les ai tous priés de faire un envoi, mais je n'ai rien promis. Wolfskehl publierait volontiers quelque chose, et là on peut être certain que ce ne sera pas mauvais. De plus, j'ai deux Russes en vue. Tous deux peuvent, je crois, écrire quelque chose de bien. Mais s'ils le feront, et quand, c'est une autre histoire! Et la documentation photographique? Jusqu'ici je n'ai eu qu'une idée, que je vous prie pour le moment de garder absolument secrète — à l'exception de votre femme naturellement. Ce sont de vieilles enseignes de boutiques et des peintures publicitaires, parmi lesquelles je compte aussi les décorations peintes des échoppes (par exemple la prairie d'octobre). Je voudrais essayer d'aller à la limite du Kitsch (ou bien, comme beaucoup le penseront, *au-delà* de cette limite). En rapport avec ceci, des photographies, en particulier d'objets isolés ou de parties d'objets. Etc... Mais les *nouveaux* tableaux? Le nouvel art? La seule chose nouvelle, véritablement intéressante et véritablement vivante, ce sont les tableaux d'un jeune hollandais qui venait encore chez moi et qui maintenant vient de temps en temps. Ah! vous savez déjà : c'est celui qui a commencé *à la Van Gogh* *. Maintenant il peint et dès le départ c'est avec une note

---

* En français dans le texte *(N.D.T.)*.

222

entièrement personnelle. Dommage que j'ai oublié de vous demander d'aller le voir. Donc une chose importante : il reste à Munich. A part cela, il n'y a que de vides imitations ou des amusettes (par ex. les Synchromistes qui sont loin d'être sans dons). Mais que tout ceci reste pour le moment entre nous! N'est-ce pas? Sinon il va venir un Pathétique ou un Orphiste qui fera de mes plans un... Goltz!

Très cordialement vôtre.

Kandinsky

La semaine prochaine nous allons à Murnau — espérons-le! Vous ne me reconnaîtrez plus. Je me suis rasé et j'ai l'air d'un curé — *vocation manquée* *.

Lettres à A. J. Eddy (1913) [143]

L'appellation « Canons » choisie par moi *pour mon propre usage* ne doit pas être comprise comme indiquant le « contenu » du tableau.

Ce contenu est effectivement ce que le spectateur « vit » ou « ressent » tant qu'il est sous l'effet de la *forme et de l'agencement des couleurs* du tableau. Ce tableau a pratiquement la forme d'une croix. Le centre — un peu en-dessous du milieu — est constitué par un vaste plan irrégulier de couleur bleue. (La couleur bleue en elle-même contredit l'impression donnée par les canons!). Sous ce centre se trouve un second centre d'un gris boueux et déchiqueté, presque égal en importance au premier. Les quatre coins qui étirent la croix oblique jusqu'aux coins du tableau sont plus lourds que les deux centres, et surtout plus

---

* En français dans le texte *(N.D.T.)*.

lourds que le premier, ils diffèrent les uns des autres par leurs caractéristiques, leurs lignes, leurs contours et leurs couleurs.

Ainsi le tableau devient plus léger, ou plus lâche, au centre, et plus lourd ou plus dense vers les coins.

Le schéma de la construction est ainsi atténué, presque rendu invisible aux yeux du plus grand nombre par la souplesse des formes. Des résidus plus ou moins grands d'*objectivité* (les canons par exemple) produisent chez le spectateur la tonalité secondaire qu'appellent les objets chez tous les hommes capables de ressentir.

La présence des canons dans le tableau s'explique sans doute par les conversations que nous avions eues toute l'année au sujet de la guerre. Mais il n'entrait nullement dans mes intentions de donner une image de la guerre; pour cela il eût fallu disposer de moyens pictu-raux différents; par ailleurs de telles tâches ne m'intéressent pas — tout au moins pour l'instant.

Toute cette description est essentiellement une analyse du tableau que j'ai peint dans un état plus ou moins conscient de forte tension intérieure. Je ressentais si intensément la nécessité de certaines de ces formes que je me souviens m'être donné à moi-même à haute voix certaines directives, comme par exemple : « Mais il faut que les coins soient lourds! ». En pareil cas il est important d'apprécier toutes choses, le poids par exemple, d'après le sentiment. En règle générale je serais presque tenté d'affirmer que là où le sentiment existant dans l'âme, dans l'œil, et dans la main est assez fort pour déterminer sans faute les mesures et les poids les plus précis on n'a guère à redouter le « schématisme » et l'écueil du « conscientisme » [144]. Au contraire dans ce cas-là de tels éléments s'avèreront extraordinairement bénéfiques.

Je voudrais que l'on puisse juger tous mes tableaux uniquement de ce point de vue et que les éléments non essentiels soient totalement éliminés du jugement porté sur eux.

Tout ce que je pourrais dire de moi-même ou de mes tableaux ne peut avoir trait au *pur sens artistique* que *superficiellement*, l'observa-

...isation 30, Canons, huile sur toile, 110 × 110 cm, 1913.
...rt Institute of Chicago

Kandinsky à Munich, 1913

teur doit apprendre à regarder le tableau comme la représentation graphique d'un *état d'esprit* et non comme la représentation de certains *objets*.

* *

Tout ce que l'on peut dire des tableaux, tout ce que je pourrais en dire moi-même, ne peut avoir trait au contenu, au *pur sens artistique* d'un tableau, *que superficiellement*. Chaque spectateur doit apprendre par lui-même à voir dans le tableau *uniquement* la représentation graphique d'un état d'esprit en négligeant les détails sans importance, comme la représentation ou la suggestion d'objets naturels. Cela le spectateur peut le faire au bout d'un certain temps, et si un homme peut le faire, tous peuvent le faire.

* *

En ce qui concerne les autres artistes, je suis très tolérant mais en même temps très sévère; mon jugement sur les artistes n'est que peu influencé par des considérations de forme pure et simple; j'attends de l'artiste qu'il apporte intérieurement tout au moins « l'étincelle » (sinon la « flamme ») « sacrée ». Il n'y a en réalité rien de plus facile que de maîtriser la forme de quelque chose ou de quelqu'un. On cite la remarque de Böcklin selon laquelle même un caniche pourrait apprendre à dessiner; et sur ce point il avait raison. Dans les écoles où je suis allé j'avais plus de cent collègues qui avaient appris quelque chose; un grand nombre d'entre eux parvenaient au bout de quelque temps à dessiner fort correctement en respectant la correction anatomique — et *pourtant* ce n'était pas des artistes, ils ne valaient pas un sou. Bref je *n'*estime *que* les artistes qui sont vraiment des artistes; c'est-à-dire ceux qui consciemment ou inconsciemment, et dans une forme *entièrement originale* ou dans un style qui porte leur *empreinte personnelle* incarnent l'expression de leur moi intérieur; ceux qui consciemment ou inconsciemment travaillent *uniquement* à *cette fin* et ne savent pas travailler autrement. Le nombre de ces artistes est très petit. Si j'étais collectionneur j'achèterais leurs œuvres même s'il y avait des faiblesses dans ce qu'ils font; de telles faiblesses diminuent avec le temps et finissent par disparaître entièrement, et même si elles sont apparentes dans les premières œuvres de l'artiste, elles n'ôtent pas pour autant leur valeur à ces premières œuvres moins parfaites. Mais l'*autre* faiblesse, la faiblesse du *manque d'âme* ne diminue jamais avec le temps, et au contraire empire, et devient de plus en plus apparente au point d'ôter absolument toute valeur à des œuvres qui *techniquement* peuvent être très satisfaisantes. Toute l'histoire de l'art en est la preuve. *L'union* des deux types de force — celle de l'intelligence ou de la spiritualité et celle de la forme ou de la perfection technique — est fort rare, ce que l'histoire de l'art prouve également.

*
* *

J'expose depuis près de quinze ans et pendant ces quinze ans on m'a dit (bien que plus rarement ces derniers temps) que je suis allé trop loin dans la voie que je me suis tracée; qu'avec le temps mes exagérations diminueraient certainement et que je peindrai dans une « manière entièrement différente »; que je « retournerai à la nature ». La première fois que je dus entendre ces remarques, j'exposais mes études, peintes selon les conceptions naturalistes avec la corne (spatule).

La vérité en cette affaire est que tout artiste vraiment doué, c'est-à-dire tout artiste travaillant en raison d'une impulsion ou d'un élan *venu de l'intérieur*, doit s'avancer dans une voie qui, d'une manière quelque peu mystique, est tracée pour lui depuis le début. Sa vie n'est que l'accomplissement d'une tâche qui *lui a été* assignée et non pas une tâche qu'il s'est imposé lui-même. Comme il se heurte dès le début à l'hostilité, il ne sent que vaguement et indistinctement qu'il est porteur d'un message pour l'expression duquel il lui faut trouver une manière *déterminée*. C'est la période d' « orage et d'épreuve » [145], puis vient la recherche désespérée, la souffrance, la grande souffrance — jusqu'à ce qu'*enfin* ses yeux s'ouvrent et qu'il se dise à lui-même : « Voici ma voie ». Le reste de sa vie se trouve au long de ce chemin.

Et il faut le suivre jusqu'à la dernière heure, *qu'on le veuille ou non.* Et que nul ne s'imagine qu'il s'agit là d'une promenade dominicale pour laquelle on choisit son chemin à son gré. D'ailleurs il n'y a pas de dimanche sur cette route; il s'agit d'un jour ouvrable au sens le plus fort du terme. Et plus l'artiste est grand plus il est exclusif dans son travail; certes il garde la capacité d'accomplir de jolies choses dans d'autres domaines (en raison de son « talent »), mais dans son art exclusif il ne peut accomplir que des œuvres ayant un poids intérieur, une profondeur insondable, et un sérieux infini. Le talent n'est pas une lampe de poche électrique dont on peut à volonté diriger le faisceau tantôt ici tantôt là; c'est une étoile dont la trajectoire est prescrite par notre cher Seigneur.

En ce qui me concerne personnellement je fus comme frappé par la foudre le jour où, pour la première fois, et d'une manière encore générale, je commençai à entrevoir ma route. Je fus terrifié. Je pensai que cette inspiration n'était qu'une illusion, une « tentation ».

Vous comprendrez aisément quels doutes il me fallut surmonter, avant d'être convaincu qu'il me fallait suivre cette route. Certes je comprenais clairement ce que voulait dire « rejeter l'objectivité ». De quels doutes sur mes propres forces n'étais-je pas assailli! Car je compris immédiatement *quelles* étaient les forces que cette entreprise exigeait *absolument.* Comment cette évolution intérieure se fit, comment *tout* me poussa dans cette voie et comment l'évolution extérieure lentement mais logiquement (pas à pas) s'ensuivit vous le lirez dans mon livre qui doit bientôt paraître (en anglais) [146]. Tout ce que j'aperçois encore *devant* moi, toutes les tâches, le domaine toujours plus vaste des possibilités, la profondeur de plus en plus grande de la peinture, je ne saurais le décrire. Et on ne doit pas, on ne *peut* pas décrire ces choses : elles doivent mûrir intérieurement, dans une gésine secrète, et elles ne peuvent s'exprimer que dans l'art du peintre.

Si avec le temps vous acquérez la faculté de *vivre* plus exactement mes tableaux vous devrez convenir que l'élément de « hasard » se rencontre rarement dans ces tableaux, et qu'il est amplement compensé par de larges aspects positifs — si amplement qu'il est à peine utile de mentionner ces points faibles.

Mes formes constructives, même si extérieurement elles paraissent indistinctes, sont en fait fixées avec autant de rigueur que si elles étaient taillées dans la pierre.

Ces explications nous mènent trop loin; elles ne seraient utiles que si elles étaient illustrées par des exemples. Quant à cette lettre elle est déjà bien plus longue qu'elle ne le devrait. Je crois que je me suis exprimé clairement! Ces choses sont si infiniment compliquées et je dévie si souvent de mon thème qu'au lieu de faire la « clarté » je rends la confusion encore plus confuse!

Lettres à Herwarth Walden (novembre 1913) [147]

Munich, le 12 novembre 1913

Cher Monsieur Walden,

(...) Si possible, ne « poussez » pas particulièrement les peintres futuristes. Vous connaissez mon point de vue à leur égard et le dernier manifeste (peinture des sons, bruits et odeurs — sans gris! sans brun! etc.) est encore plus farfelu que les précédents. Ne m'en veuillez pas, cher monsieur Walden. Je n'aime pas non plus en parler. Mais l'art est effectivement une chose sacrée que l'on ne peut pas traiter aussi légèrement. Et les futuristes jouent avec les idées les plus importantes qu'ils avancent ici et là. Mais tout est si peu réfléchi et si peu senti! Ces choses-là me peinent. Je sais que tout cela fait partie de notre vie actuelle, qui est infiniment variée et qui crée des sujets d'une variété inouïe. Mais j'ai toutefois le droit de ne pas appuyer directement les éléments qui me sont antipathiques. Il suffit que je ne les combatte pas...

Le 15 novembre 1913

(...) Vous n'avez jamais « particulièrement fait ressortir » les futuristes. J'ai de nouveau examiné le « côté » dessin des tableaux dans le catalogue futuriste. Pour la troisième ou la quatrième fois. Et de nouveau très objectivement. Eh! non! les choses ne sont pas dessinées! Du point de vue composition seulement *Cahots du Fiacre* est bon — les autres tableaux sont d'une composition académique — c'est-à-dire comme nous en voyons aux musées, qu'il faut « inonder ». (Cette conception démontre déjà comment les futuristes jugeaient les musées.) ... Toute ma vie j'ai pu constater que les gens qui savent faire quelque chose (sur n'importe quel plan) se prononcent en critiquant violemment le savoir-faire d'autrui le moins publiquement et encore moins dans le style d'un collégien. Les dessins relevés dans le catalogue futuriste sont sans exception superficiels. Je sais ce qu'est une ligne et quand elle a été dessinée par une main à la fois froide et chaude. Il est vrai qu'un bon dessin (et plus particulièrement la ligne) est rare. Quand on ne possède pas le don nécessaire (la main magique) ou qu'on ne s'attelle pas à la besogne pour se perfectionner, alors cela donne inévitablement un dessin mort. La couleur, qui en soi est toujours belle, peut camoufler ce mauvais côté, mais la reproduction ne ment pas. Je n'y suis pour rien si j'ai l'œil, car le dessin a été pour moi un problème extrêmement difficile dans l'art — pendant des années j'y ai travailler de façon parfois irrésolue et lentement — mais mon œil a fini par acquérir l'expérience. La légèreté et la grande hâte sont aujourd'hui les caractéristiques de beaucoup d'artistes radicaux; c'est en ceci que les futuristes, comme je l'ai déjà dit, ont gâché le bon côté de leurs idées. Si je précise ainsi ma pensée — peut-être trop longuement — c'est afin que vous sachiez que j'ignore quant à moi tous ces défauts dont je parle. De tels artistes peuvent être heureux que notre critique d'art soit impotente. A parler franc, j'ai souvent dû supprimer mes envies de râler contre les éléments nuisibles dans l'art : il vaut mieux ne pas jouer le rôle du temps, il travaille mieux que nous.

Cordialement vôtre,

Kandinsky

Lettres à Paul Klee *(1914-1921)* [148]

15.VIII.14

Cher Monsieur Klee, de façon assez inattendue et après des épreuves pas très attendues nous sommes arrivés dans votre patrie, qui nous a accueillis avec hospitalité. Un ecclésiastique ami nous a laissé ici sa villa inoccupée, où nous vivons le plus économiquement possible : nous trois de l'Ainmillerstrasse, Madame Kandinsky, sa sœur, son mari et sa fille. Notre adresse est : Goldach am Bodensee, Mariahalde.

Où êtes-vous ? En Suisse aussi, j'espère, c'est-à-dire dans l'unique, ou presque, pays d'Europe où l'atmosphère de l'avenir n'a pas été dissipée par la haine. J'ai lu avec grand plaisir un article de tête dans la « Neue Zürcher Zeitung » où l'esprit suisse s'exprimait dans une très belle forme. Ç'a été une voix de la musique future d'une humanité fraternellement réunie.

Que savez-vous de nos amis ?

. . . .

Si vous vous rendez en Allemagne, nous serions très heureux de vous rencontrer lors de votre passage à Rorschach (Goldach n'est à proprement parler qu'un prolongement de R.).

Je ne sais si vous recevrez cette lettre. Il me faut terminer ainsi. Quel plaisir ce serait de recevoir de vos nouvelles.

A vous deux et à Felix nos sincères amitiés.

Votre Kandinsky

Goldach (St. Gallen) Mariahalde

10.IX.14

Chers amis, que peut signifier votre silence ? Où êtes-vous ? Monsieur Klee ? Reçu hier des nouvelles de Mitricz. Il est bien à l'abri. Aujourd'hui une carte de Walden du 29.VIII. Il a licencié son personnel de bureau, la situation financière est pitoyable. A part cela nous n'avons rien appris. Où est Marc, c'est-à-dire dans quelle forteresse? Avez-vous des nouvelles de Madame Marc? Que sont devenus les biens de son frère?

Avez-vous reçu notre lettre avec nos très sincères remerciements pour le prompt règlement de l'affaire d'argent?

Aujourd'hui, il y a eu de grandes clameurs d'allégresse chez nous : nous avons reçu les *premières* nouvelles de Russie — pendant six semaines nous n'avons rien su. Des possibilités de communication, au moins par lettres, se forment lentement.

Quel bonheur ce sera quand cette effrayante époque sera passée. Que viendra-t-il après? Un grand déchaînement, je crois, des forces les plus pures, qui mènera aussi à la fraternisation. Et également donc un grand épanouissement de l'art, qui maintenant doit rester caché dans des coins obscurs.

Récrivez très bientôt!

Meilleures amitiés de nous deux

Votre Kandinsky

Berlin W.
Motzstr., 21, rez-de-chaussée
tél. Kurfürst 6187 le 27.XII.21

Cher Klee, enfin nous sommes à Berlin! Il m'a fallu longtemps avant de pouvoir écarter et vaincre tous les obstacles qui se sont dressés l'un après l'autre devant moi. La patience, c'est connu, donne des roses, mais le prix de celles-ci, à notre étonnement, a incroyablement augmenté depuis 1914. Elles sont probablement moins chères à Weimar. Je ne sais pour le moment combien de temps je resterai ici. Je veux d'abord examiner la situation et avant tout reprendre un peu de forces en me reposant sérieusement. Mais je voudrais absolument aller à Weimar et étudier à fond le nouveau système d'enseignement artistique. J'y parlerai, si cela intéresse les collègues allemands, de nos réformes scolaires. J'aimerais en outre entrer en contact avec les jeunes artistes allemands. C'est le côté professionnel. Mais en ce qui concerne le côté personnel, je voudrais avoir le plus tôt possible l'occasion de vous saluer bien amicalement, vous et votre famille, après une interruption de sept ans.

Donnez *bientôt* de vos nouvelles!

Avez-vous reçu ma lettre de Moscou (la réponse à la vôtre)?

Dans l'attente d'une réponse prochaine et (comme un Russe l'écrivait un jour) d'une réponse polie, avec mes sincères amitiés.

Votre Kandinsky

La question du logement est-elle aussi brûlante à Weimar qu'à Berlin? Y trouve-t-on facilement une chambre ou doit-on retenir à l'avance?

Savez-vous où habite Jawlensky et lesquels encore de nos anciens amis vivent à Berlin?

INTERVIEW PAR C. A. JULIEN [149]
(1921)

Kandinsky : 10 juillet 1921
Art russe.

« Deux directions de l'art russe. L'une que l'on voit intérieurement, vers la théorie. Jusqu'ici pas de science d'art. J'ai publié un livre sur les théories d'art en 1912 : *Le Spirituel dans l'art*, à Munich (*The Art of Spiritual Harmony*, by Wassily Kandinsky, Constable, 1914) [150]. Le premier, j'ai rompu avec tradition de peindre les objets qui existent. J'ai fondé la peinture abstraite. J'ai peint le premier tableau abstrait en 1911 [151]. Jusque-là, depuis les impressionnistes, on disait que le point de vue artistique est moins de savoir ce que l'on peint que comment on le peint. Je dis dans le livre que le *quoi* l'emporte sur le *comment*. Maintenant je les mets sur le même pied. Mon point de vue premier était opposé au point de vue qui perdait l'âme de l'art. J'ai remarqué, par mon travail, que le « comment » est comme le veston pour un corps et que l'équilibre est la vraie harmonie. J'ai étudié l'art ancien, égyptien, que j'aime tellement, Italiens de la Renaissance vénitienne et florentine et l'art russe des icônes.

« Actuellement, on pense, à Moscou (non en Russie), que la qualification de « comment » est devenue singulièrement outrée. Au lieu de faire des œuvres, des tableaux, on fait des expériences. On fait de l'art expérimental, des laboratoires. Je pense que ce sont deux choses différentes. On peint du noir sur du noir, du blanc sur du blanc. Couleur unie, posée très bien. Ceux qui peignent ainsi disent qu'ils font des expériences et que la peinture est l'art de mettre une forme sur la toile, de telle sorte qu'elle apparaisse collée à la toile. Pourtant il est impossible de coller du noir sur du jaune sans que l'œil l'arrache à la toile. Or, en science, on n'essaie pas au hasard, comme le font ces peintres qui n'ont aucune direction. Ce n'est pas un mouvement très étendu. J'attends une réaction qui sera, peut-être, trop grande et académique.

« Depuis 1900, mon idéal : faire un tableau excessivement dramatique, un tableau « tragique ». J'ai peint une quantité de travaux dans
ce genre. Ainsi jusqu'à la Révolution. Pendant octobre, vu la révolution
de mes fenêtres. J'ai peint tout à fait autrement. J'ai senti en moi une
grande tranquillité d'âme. Au lieu du tragique, quelque chose de
tranquille et d'organisé. Les couleurs sont devenues, chez moi,
beaucoup plus vives et aimables, au lieu des tons profonds et sombres
d'avant.

« On discute en Russie de la question de l'instruction en art.

« On dit qu'il n'est pas nécessaire et qu'il est même dangereux
en art d'avoir de l'intuition. C'est le point de vue de quelques peintres
jeunes qui poussent jusqu'à l'absurde le point de vue matérialiste.
Ce sont des purs au point de vue révolutionnaire qui pensent que la
fin de la peinture est publique, que chaque objet d'art qui ne peut
servir à rien est bourgeois, que la période de l'art pur est révolue.
C'est curieux que moi, qui suis contre ce point de vue, aie été le premier
à faire des tasses [152]. Ils ne sont pas très nombreux. Steinberg parle
ainsi mais peint autrement. Je pense que la théorie est nécessaire,
comme toujours, mais qu'elle est très bien pour le passé, et seulement
un des éléments pour l'avenir. Tout ce qui est fait théoriquement
est mort. Il doit subsister un X qui fait la vie de l'art. La pratique
est une chose et la théorie une autre. Il faut travailler sur les deux
routes sans les mêler. Je fais personnellement beaucoup de théorie
mais n'y pense jamais quand je peins.

Ce qui manque ici, ce sont les possibilités de produire. Nous
sommes tous tenus à un travail officiel. Nous avons demandé à Kroupskaïa [153] la possibilité de travailler dans notre profession. Nous faisons
métier de professeur. Moi, pendant trois ans, j'ai travaillé à faire plus
de trente musées de province. Ce qui est tout à fait pénible, c'est la
paperasserie. Nous devons tenir des comptes en règle, justifier l'argent
dont on a besoin. Les tasses, faites depuis décembre, ne sont pas
payées. On perd des heures en formalités. Les peintres ont peu de
loisirs.

« En 1913, plus de 30 tableaux, 2 grandes compositions de 5 m
précédées de tout un travail de préparation; en 1918, aucun tableau,

rien que des dessins. Pris toute la journée par le travail officiel; en 1919, j'ai pu avoir quelques loisirs, j'ai commencé à peindre; en 1920 : 10, en 1/2; 1921 : 8, des tasses, des broderies.

« On va fonder une académie pour la science d'art où je travaillerai.

« Je ferai un cours au printemps sur peinture moderne [154].

« Les tableaux : l'État en achète et aussi les particuliers, ceux-ci, surtout les peintres morts. On paie 300.000 R. On fixe la taxe d'après le nombre d'heures employées à la conception du tableau, son esquisse, son exécution. C'est la prime aux médiocres. On abaisse les grands.

Un dessin pour une tasse se paie 30.000 R, quel qu'en soit l'auteur. La plupart des peintres font du travail pour vivre : affiches (etc.). Aussi, ensemble des affiches médiocres (on payait 10.000 R). Les enrichis n'achètent pas des tableaux mais des bas de soie, des bibelots.

« L'Union professionnelle comprend tous les artistes de toutes catégories. C'est elle qui fixe les prix. Les grands peintres ne travaillent plus au presidium; les acteurs y restent parce que plus libres, car ils travaillent pour leur art, le soir. »

Notes

N.B. *La mention des ouvrages les plus fréquemment cités est faite souvent sous forme abrégée ; on retrouvera aisément le titre complet à l'aide de la bibliographie.* **ex.** : Grohmann 1958 = W. Grohmann, *V. Kandinsky*, Paris, 1958.

REGARDS SUR LE PASSÉ 1913-1918

1. *Rückblicke :* littéralement « regards en arrière ». Nous avons préféré conserver le titre usuel en français. *Regards sur le passé* (Rückblicke) est le titre qui figure avant le texte lui-même, dans la dernière partie de l'album publié à Berlin en 1913 (cf. bibliographie); la première page du livre indique : *Kandinsky 1901-1913*. Celle de l'édition russe donne pour titre : *Texte de l'artiste*, puis, après le poème tiré de *Klänge* (cf. note 2), le sous-titre : *Étapes* (au sens de marches, échelons, degrés).

2. Ce poème d'Albert Verwey est placé en tête de l'édition allemande de 1913, immédiatement après la page de titre et avant les reproductions de tableaux. Dans l'édition russe il a été remplacé par le poème *Voir*, de Kandinsky lui-même, « feuillet tiré de Klänge, 1913 », et accompagné d'une vignette sur bois également tirée de *Klänge* (Röthel 1970, n° 142, qui a omis de mentionner cette nouvelle publication) : Cf. le texte et la traduction de ce poème pp. 220-221. Les principaux textes biographiques sur Kandinsky ne disent rien des relations du peintre et du poète, non plus que de cet épisode, particulièrement révélateur pourtant du « climat » des années 1912-1913. Poète et critique néerlandais, Albert Verwey (1865-1937) avait été, avec quelques jeunes écrivains, à l'origine du mouvement *De Nievwe Gids* (le Nouveau Guide) qui contribua, dans les années 1880, au renouveau de la littérature hollandaise. Au moment où il écrivit son poème « A Kandinsky » il dirigeait la revue d'avant-garde *De Beweging* (le Mouvement, 1905-1919) dont le titre indique suffisamment les intentions. Son œuvre propre oscille entre un éclectisme de haute culture et le souci poussé de la perfection formelle d'une part (admiration pour Stefan George) et le désir d'une expressivité « naturelle » qui explique son attirance pour les mouvements expressionnistes germaniques d'autre part (« Le véritable inspiré recherche le langage de la nature, non pour être bizarre ou différent de la foule, mais parce qu'à cette seule condition il *pourra* parler comme il *doit* parler ») : à ce titre elle n'est pas exempte des contradictions que Kandinsky, dont la problématique n'est pas fondamentalement différente, parviendra à surmonter (Cf. en hollandais, F. W. Van Heerikhuisen, *Albert Verwey.* Desclée de Brouwer, Ontruoetingen, 1963, avec bibliographie, et la monumentale étude biographique de Maurits Uyldert, *Wit het leven van Albert Verwey.* C. V. Albert de Lange, Amsterdam, de 1948 à 1959, 3 vol.; en français, voir P. Brachin, *Anthologie de la prose néerlandaise*, Aubier-Asedi, Paris-Bruxelles, 1971, Tome I, pp. xxxviii-xl, où l'on trouvera également la traduction d'un important essai sur la poésie de 1907, et J. M. Delcour, *Verwey est-il un poète cérébral?* dans *Études Germaniques*, 1964, Tome III, p. 349-362, qui donnera un aperçu de sa poésie). L'histoire même du poème et de sa traduction est instructive. Verwey l'a écrit lors d'un voyage à Paris, en novembre 1912, puis l'a publié dans *De Beweging* à la fin de l'année; (on le trouvera reproduit dans ses œuvres poétiques *Oorspronkelijk Dichtwerk*, Amsterdam Santpoort, 1938, Tome I, p. 838). L'œuvre portait alors le titre *De Schilder* (Le peintre) suivi de la dédicace à Kandinsky. C'est un ami commun de deux hommes, Karl Wolfskehl, qui la fit connaître à ce dernier (K. W., 1869-1948, cf. Lankheit, 1965, p. 279). En décembre 1912 Verwey lui annonçait qu'il avait décidé de dédier ce poème à Kandinsky « dont les expositions à Rotterdam, Leiden et Amsterdam m'ont fait une forte impression » (lettre reproduite, ainsi que les suivantes, dans l'excellent recueil *Wolfskehl und Verwey, Die Dokumente ihrer Freundschaft, 1897-1946*, herausgegeben von Mea Nijland-Verwey, Verlag Lambert Schneider, Heidelberg, 1968, p. 108 sq.; ces expositions ne sont pas mentionnées dans la liste donnée dans Grohmann 1958, p. 424). Peu après sa parution, au début de 1913, le poème fut publié en allemand dans la revue *Der Sturm* (n° 148-149, février 1913, p. 269), dans une traduction dont les principaux intéressés furent particulièrement mécontents : le 7 avril 1913 Wolfskehl écrivait à Verwey : « Kandinsky fut très heureux de votre poème, que je lui ai traduit aussi bien que j'ai pu, et j'aurais aimé une traduction poétique si la version de *Sturm* ne m'avait pas gâché le plaisir. Votre poème est merveilleux, expressif et s'illumine de l'intérieur... » (*op. cit.* p. 112), et Verwey répondait à la femme de Wolfskehl : « C'est justement à cause de la tentative de *Sturm* que je serais très heureux de voir paraître maintenant encore une bonne traduction... » (*ibid.* p. 113). C'est ce que fit Karl Wolfskehl et c'est sa traduction, signée des initiales K. W., qui fut placée en tête de l'album Kandinsky, ce qui donnait toute satisfaction à Verwey : « Avant tout je suis content que Kandinsky ait maintenant vraiment la traduction qu'il souhaitait (...) Cette traduction pourrait-elle être imprimée en Allemagne, de telle sorte que la mauvaise édition de Zeck (le premier traducteur) n'ait plus cours ? J'en serais alors très heureux » (lettre à Wolfskhehl du 10 mai 1913, *ibid.* p. 114). Dans une lettre précieuse du 31 janvier 1913 Kandinsky avait lui-même exprimé sa satisfaction à

Verwey : « Très honoré Monsieur Verwey, Je voudrais vous remercier du fond du cœur pour votre beau poème, fort et expressif, que le Docteur Wolfskehl m'a récemment traduit. Malheureusement il me manque la possibilité de jouir de la forme du poème, dont Wolfskehl parle avec un grand enthousiasme (...) L'hommage d'un artiste (c.-à-d. sous une forme artistique) est une bien grande joie comme on a rarement l'occasion d'en vivre. Elle évoque une affinité des esprits, et au nom de cette affinité je vous serre chaleureusement la main » (cité par M. Uylderts, *op. cit.*, Tome II, p. 310, annexe XXXV). Il serait trop long d'analyser ici la composition et le style du poème : on trouvera sans peine les analogies qu'il présente, dans sa tentative de transposition, avec les œuvres de Kandinsky des années 1910-1912 (on notera, à la 6e strophe, la présence du « mouvement » — Bewegung —, titre de la revue dirigée par Verwey). Wolfs-kehl a accentué le flou lyrique et quelque peu hermétique de cette « composition » en supprimant pratiquement toute la ponctuation de l'original hollandais. Devant l'impossibilité de donner une version satisfaisante de ce qui devient traduction d'une traduction, nous nous en sommes tenus pour notre part à une traduction aussi littérale que possible du texte allemand. A titre de comparaison, voici les deux versions, hollandaise et allemande, de la strophe 5 :

« Wat maakt het mij of er vormen zich klaren,
Of aan gedaanten uw kinderhart hangt,
Waar zich in kleuren voor't oog openbaren
Wondren waar ziel, dublel zalig, voor bangt.

« Was gilt es mir ob Formen sich klären
Ob Euer Kind-Herz Gewesenen anhangt
Wo sich in Farben dem Auge gebären
Wunder : das Seele zwie seelig vor-bangt »

Voir aussi la note 61 p. 265.

3. Sur le thème fondamental du cheval, qui pourrait jouer, pour Kandinsky, un rôle comparable à celui du trop fameux milan de Léonard de Vinci (présenté lui aussi comme un souvenir de petite enfance), on se reportera d'abord à l'œuvre elle-même, où le motif revient fréquemment (cf. Grohmann 1958, p. 112 sq.) notamment dans le tout récent symbole du « Cavalier bleu » pour lequel Kandinsky avait dessiné une couverture de catalogue (1911), puis celle de l'almanach (1912). On pourra consulter à propos de ces deux œuvres la documentation sur le cheval et les interprétations proposées par K. C. Lindsay pour la première (*Genesis and meaning of the cover design for the first Blaue Reiter exhibition catalog*, dans *Art Bulletin*, New York, mars 1953, vol. 35, pp. 47-52) et, de façon moins convaincante, par Hideho Kishida pour la seconde (*Genèse du Cavalier Bleu*, dans *XXe siècle*, 1966, no 27, pp. 18-24). Aucun de ces deux auteurs ne s'appuie sur la place importante faite au cheval dans *Rückblicke*. Dans une brève remarque postérieure, Kandinsky a lui-même

indiqué la place centrale qu'occupait alors le cheval dans son œuvre (réponse à l'enquête de Paul Plaut, en 1928 : « j'aime aujourd'hui le cercle comme autrefois j'ai par exemple aimé le cheval — peut-être davantage encore, car je trouve dans le cercle plus de possibilités intérieures, et c'est pourquoi aussi il a pris la place du cheval », dans *Die Psychologie der produktiven Persönlichkeit*, Stuttgart, 1929, p. 306-308). Ces éléments, et surtout les confidences de *Rückblicke*, devraient ouvrir la voie aux analyses psychologiques esquissées par K. C. Lindsay (*Les thèmes de l'inconscient*, dans *XXe siècle*, ibid., pp. 46-52). Parmi les œuvres on remarquera tout spécialement la peinture sur verre « Avec le cheval de bois », qui fait partie de 17 peintures sur verre peintes à Moscou en 1917 et où figure au premier plan un petit garçon avec un petit cheval de bois (Grohmann 1958, p. 405, fig. 671,) Voir aussi p. 101 et 111.

4. On pourra comparer ce début à celui du *Journal* de Paul Klee dont les premiers souvenirs remontent au même âge (3 ans, en 1882), et tournent, curieusement, autour des mêmes thèmes (éd. franç., trad. de P. Klossovski, Paris, 1959, p. 9 sq.). Les liens d'amitié de Klee et de Kandinsky sont bien connus, et leurs œuvres, qui interfèrent parfois, ont souvent été mises en parallèle (voir par ex. *Klee et Kandinsky, une confrontation*, Paris, 1959), mais l'étude comparée de leurs écrits, et en particulier des textes autobiographiques, reste à approfondir. Voir aussi p. 272 note 94 et note 14 in fine.

5. Malgré ce que pourrait laisser entendre cette dernière indication, Kandinsky fait très certainement allusion à la colonnade du Bernin, à l'extérieur de la Basilique, avec sa quadruple rangée de deux fois 128 colonnes, et non à l'intérieur de Saint-Pierre, qui peut frapper par son immensité mais où l'on ne trouve qu'un nombre restreint d'énormes piliers à pilastres (ces « pieds droits massifs » que critiquait Boullée au XVIIIe siècle, en regrettant précisément l'absence de « files immenses de colonnes »). A moins que les deux impressions, et les deux images, se soient superposées dans son souvenir. Selon les indications de Grohmann 1958, c'est lors de ce séjour à Rome qu'un artiste italien fit le portrait de la mère de Kandinsky (reproduit p. 18, fig. 3 de son livre).

6. Le mot allemand désigne un cheval « pie », c'est-à-dire dont la robe est faite de deux couleurs non mélangées, en l'occurrence, d'après les précisions de la parenthèse, un cheval à la robe « alezane-pie »; en revanche le terme employé plus loin dans la version russe désigne un cheval à la robe jaune tirant sur le gris avec queue ou crinière noire (boulanaïa).

7. Voir la photo donnée dans Grohmann, 1958, p. 19, fig. 6, et cf. aussi p. 130. L'importance de la dette de Kandinsky envers sa tante se marque assez bien

par la dédicace qu'il lui avait faite, l'année précédente, de son premier livre *Du spirituel dans l'art*, « dédié au souvenir d'Elisabeth Tichejeff » (dédicace omise dans plusieurs des éditions postérieures et en particulier dans l'édition américaine, 1947, rééd. 1970).

8. Cf. lettre à Gabriele Münter du 16 novembre 1904 : « J'ai grandi à demi allemand : ma première langue, mes premiers livres étaient allemands » (cité dans Grohmann 1958, p. 16).

9. La Maximilianplatz et la Lenbachplatz par laquelle Kandinsky l'a remplacée dans la version russe, sont situées dans le prolongement l'une de l'autre, au centre de Munich; la Promenadeplatz est voisine des deux précédentes; Schwabing est le quartier des artistes, qui s'étend au nord, au-delà de la Siegestor; l'Au est un faubourg situé sur la rive droite de l'Isar, au sud-est de la ville. Parmi les premières œuvres peintes par Kandinsky on relève un *Winter in Schwabing* (Hiver à Schwabing) de 1902 (n° 7 de son catalogue manuscrit; Cf. Grohmann p. 329, 345 et fig. 545, p. 394), et plusieurs petites études à l'huile peintes dans le même quartier : cf. p. 104, p. 119 et note 56.

10. Le terme russe, qui appartient au langage populaire, désigne plus précisément un tramway tiré par un cheval (Konka).

11. Le jaune des boîtes aux lettres avait été pris comme exemple dans les analyses de couleurs de *Du Spirituel* : « le jaune tourmente l'homme (...) l'importune avec une espèce d'insolence insupportable (et en note :) Telle est, par exemple, l'action exercée par le jaune de la boîte aux lettres bavaroise (...) Observons à ce propos (...) que le canari est jaune aussi (chant aigu). » (rééd. 1971, p. 122).

12. Pour cette dénomination courante voir par exemple un emploi comparable dans les Mémoires de Bruno Walter (tr. fr. *Thème et Variations*, Lausanne, s.d. p. 223 : à propos de Munich en 1913). A la fin du siècle et en particulier à partir de 1896, date de l'arrivée de K., Jawlensky et Marianne Werefkin, la vie artistique était particulièrement active à Munich : face aux courants académiques le mouvement de la Sécession avait été lancé en 1892 par Fritz von Uhde et exposait annuellement depuis 1893; la revue *Jugend* organe des artistes du Jugendstil commença à paraître en 1896, et contribua rapidement à faire de Munich le centre allemand de l'Art Nouveau européen, ce qui ne fut d'ailleurs pas sans influencer fortement certaines des premières œuvres de K. En 1899 un critique notait, à propos des diverses manifestations artistiques organisées pendant l'été en Allemagne que « de toutes ces expositions la plus riche, la plus nombreuse, la plus parfaite est celle de la « Sécession », à Munich

(G. Keyssner dans *The Studio*, 15 août 1899, p. 180; voir également E. Evans, *Artists and art life in Munich*, dans *The Cosmopolitan*, n° 9, mai 1890, et Ch. Bekay, *Munich as an art center*, ibid., n° 6, oct. 1892). Cf. Introduction, p. 21.

13. Le sens voulu par Kandinsky est plus vraisemblablement celui du texte russe; pour avoir la même signification la version allemande (begrüsste) aurait dû être complétée (mit Freude begrüsste).

14. Rothenburg, « l'une des villes les plus curieuses et les plus pittoresques d'Allemagne » comme la caractérise les guides, est une petite cité de Moyenne-Franconie, située environ à 90 km de Würzburg et de Nuremberg et à 230 km de Munich; c'est l'une des rares villes anciennes allemandes qui ait été épargnée par la guerre : elle reste aujourd'hui à peu près telle qu'elle était au XVIe siècle, et telle que l'a vue Kandinsky (en plus des monographies récentes comme celle de A. Ress, *Stadt R.o.d.T.*, Munich 1959, et de nombreuses plaquettes, on consultera avec intérêt l'important album que venait de publier l'éditeur de K. pour *Du Spirituel*, Reinhard Piper, au moment où celui-ci écrivait son texte : T. Boegner, *R.o.d.T.*, Piper, Munich, 1912 (avec 156 photographies). Le voyage de Kandinsky est assez facilement reconstituable : la ligne reliant Rothenburg à Dombühl n'existant pas encore à cette date il est vraisemblablement venu par l'express de la ligne Munich-Würzburg jusqu'à Anspach (187 km), puis par l'omnibus jusqu'à Steinach (32 km), enfin par le tortillard de Steinach à Rothenburg (11 km). En 1892 ce dernier trajet demandait 40 minutes (30 encore en 1902), ce qui peut contribuer à expliquer l'impression d'irréalité « de ce voyage interminable » (cf. K. Baedeker, *Süddeutschland, Handbuch für Reisende*, Leipzig, 1892, p. 226). On pourra rapprocher l'évocation de la locomotive du célèbre *Eisenbahn bei Murnau* (chemin de fer près de Murnau) de la Städtische Galerie de Munich, que Kandinsky avait peint quelques années avant d'écrire ce texte (1909, Grohmann, 1958, n° 600). L'excursion, qui constitua certainement une expérience capitale pour Kandinsky, peut être comparée avec celle que Klee fit, peu après (1899), également à partir de Munich, à Burghausen et Mühldorf dans la vallée de l'Inn (*Journal*, éd. cit., p. 29).

15. La version russe précise : glapissements, cris d'animal.

16. La description de Kandinsky est assez précise pour qu'on puisse retracer l'itinéraire suivi : en venant de la gare située à 500 mètres de la ville, on entre par la Rödertor, ensemble fortifié entouré en effet de profonds fossés, puis l'on suit la Rödergasse, en passant sous la Markusturm, reste de l'enceinte du XIIIe siècle, ce qui justifie la mention de plusieurs portes. Les principaux hôtels

sont aujourd'hui les mêmes qu'en 1896 : il est possible que Kandinsky ait choisi l'Eisenhut, situé au centre de la ville et décrit alors dans le Baedeker comme une « altdeutsche Weinstube » (caveau vieil allemand).

17. *Alte Stadt* (vieille ville), huile sur toile, H. 52 × 78,5, coll. N. Kandinsky, Paris, n° 12 du catalogue manuscrit de ses œuvres rédigé par K. (Grohmann 1958, p. 329); le tableau fut exposé pour la première fois au groupe *Phalanx* en 1902, puis au Salon d'Automne à Paris en 1906. K. Lindsay a mis en doute que le tableau actuellement conservé soit bien l'œuvre dont parle K. et qu'il a mentionnée dans son catalogue : « Si on compare cette œuvre avec la *Vieille ville* exposé à la Société des Artistes de Moscou à Saint-Pétersbourg en 1904 et reproduite dans *Mir Iskusstva*, 1904, n° 4, p. 143, il apparaît d'après le style des deux peintures que Grohmann a inconsidérément substitué une étude préparatoire à la version définitive qui est maintenant perdue » (*Art Bulletin*, déc. 1959, p. 350). Cf. aussi la note, p. 298.

18. Le tuba fait partie des cuivres : « son étendue au grave est la plus grande qui existe à l'orchestre (...) son timbre (...) a un peu de la vibration du timbre des trombones (...) On ne saurait se faire une idée de l'effet produit dans les grandes harmonies militaires par une masse de bass-tuba. Cela tient à la fois du trombone et de l'orgue » (Berlioz, *Traité d'instrumentation*, 1844); Wagner, auquel K. fait plusieurs fois allusion, en avait généralisé l'emploi dans l'orchestre symphonique. On sait que selon la correspondance des couleurs présentée dans *Du spirituel dans l'art*, c'est très précisément le rouge de Cinabre (vermillon) qui est comparé au tuba (le rouge Saturne l'étant à la trompette, la laque rouge au violon ou au violoncelle, le violet, rouge refroidi, au cor anglais ou au basson) : « le rouge moyen (comme le rouge de Cinabre) atteint à la permanence de certains états intenses de l'âme. Comme une passion qui brûle avec régularité, il a en lui une force sûre d'elle-même qui ne se laisse pas aisément recouvrir... » (*Du Spirituel*, chap. VI : le langage des formes et des couleurs). Voir aussi, en appendice, le poème *Basson* (p. 213). Tubas, et plus tard trombones, allaient être parmi les instruments les plus fréquemment évoqués par les poètes expressionnistes, dans des sens toutefois sensiblement différents : « Le poète évite les harmonies rayonnantes, Il souffle dans des tubas, bat le tambour à l'aigu. » (J. Becher, 1916; cf. John Willet *l'Expressionnisme dans les Arts*, 1970 p. 114).

19. Clocher-tour à multiples galeries dont les étages en retraits sont couronnés par une coupole; construit de 1505 à 1508 par un architecte italien il domine de ses 80 mètres toute la masse architecturale du Kremlin. Son nom Ivan le Grand, fait allusion à Saint Jean Climaque, auteur de l'*Échelle du ciel*. Il aurait figuré au centre de l'important tableau *Moscou (Impression 2)*, peint par Kan-

dinsky à la fin de 1910 à la gloire de sa ville natale, et brûlé à la fin de la guerre à Berlin, dans l'incendie de la collection Bernahrd Köhler (Grohmann 1958, n° 114, planche p. 269 et texte p. 106). Sur la photographie de l'œuvre on voit également les « autres coupoles » de Moscou évoquées dans la phrase suivante, ainsi qu'un cocher avec un attelage, en haut à droite, que Grohmann rapproche du début de *Regards*.

20. Nous avons traduit littéralement la phrase allemande, mais la version russe est plus satisfaisante : il est vraisemblable qu'elle donne le sens voulu dès l'origine par K.

21. Parmi les toutes premières œuvres peintes par K. on relève un *Coucher de soleil*, un *Soir*, un *Soleil d'automne* (1901-1902. perdus. n° 5, 8 et 14 du catalogue manuscrit), et un peu plus tard *Les derniers rayons* et *Crépuscule d'hiver* (1904, n° 28 et 32).

22. Lösung : le mot, qui revient plus bas et à plusieurs reprises dans le texte, signifie plus exactement « solution », ce qui s'intègre assez mal au texte; la version russe permet de préciser qu'il s'agit de la « trouvaille » qui marque l'aboutissement d'une recherche; d'où la traduction par « découverte ».

23. La version russe est la plus imagée : « regarde à la dérobée, jette un coup d'œil furtif », au lieu du simple « regard » ou « coup d'œil » du texte allemand.

24. Dans cet énoncé lapidaire on peut discerner déjà certaines des idées fondamentales qui seront développées plus tard dans *Punkt und Linie zu Fläche* (*Point, ligne, plan*, 1926) notamment en ce qui concerne la « signification intérieure » du point : « Le point est un petit monde à part — isolé plus ou moins de tous côtés, et presque arraché à son entourage (...) il est, intérieurement, *l'affirmation la plus concise et permanente*, qui se produit brièvement, fermement et vite », et l'analyse de la ligne : « la ligne géométrique est un être invisible. Elle est la trace du point en mouvement, donc son produit. Elle est née du mouvement — et cela par l'anéantissement de l'immobilité suprême du point (...) La ligne est donc *le plus grand contraste* de l'élément originaire de la peinture, qui est le point. » (dans *Écrits complets*, Tome II, Paris 1970, p. 69, 68 et 93).

25. En allemand respectivement « Abstrakt » et « Gegenständlich »; en russe, « predmietnoïé » et « abstraktnoïé ». L'emploi et la traduction des termes ont souvent prêté à controverse. A « Gegenständlich » (littéralement « objectif ») peuvent s'opposer en fait trois termes : « Ungegenständlich », (« non-objectif » ou « non figuratif »), « abstrakt » (« abstrait »), et « gegenstandslos » (« sans objet »).

Le premier n'est guère usité. Kandinsky préfère ici « abstrakt », ce qui est à mettre, entre autres, en rapport avec l'emploi fréquent qu'il fait, dans ce texte, de termes d'origine latine; mais il lui arrivera aussi d'opposer l'art « sans objet » à l'art « objectif », par exemple dans *Abstrakte Kunst* (l'Art abstrait), 1925 (*Écrits complets*, Tome II, p. 311). Les implications légèrement péjoratives du premier de ces deux termes (= « néant », « nul ») ne lui ont cependant pas échappé : après avoir parlé d'art « pur » (« reine ») ou « absolu » (« absolute ») comme on le verra ici même (pp. 128-129) il cherchera, après 1935, à résoudre plus systématiquement ce problème terminologique en proposant successivement les termes d'art « réel » (reale), puis « concret » (le premier dans *Abstrakte Malerei*, 1935, le second, en français, dans *Art concret*, 1936, puis *La valeur d'une œuvre concrète*, 1943). Il s'agit évidemment beaucoup plus que d'une question de mots : voir à ce sujet l'article célèbre d'Alexandre Kojève, *Pourquoi concret*, inspiré par K. (rédigé en 1936, publié dans *XXe siècle*, 1966 pp. 63-65) et surtout les éclaircissements de K. lui-même par exemple dans *Abstrakte Malerei* (*Peinture abstraite*, 1935, dans *Écrits complets*, Tome II, pp. 339-345) : « On n'aime guère l'expression de « peinture abstraite ». Et c'est justice car elle ne signifie pas grand-chose, ou du moins prête à confusion. C'est pourquoi les peintres et les sculpteurs abstraits de Paris ont essayé de créer une expression nouvelle : ils parlent d'art « non figuratif », équivalent de l'expression allemande « gegenstandslose Kunst ». Les éléments négatifs de ces expressions (non et « los ») ne sont pas très heureux : ils excluent l'objet sans rien mettre à sa place. Depuis un certain temps déjà, on a essayé de remplacer (ce que j'ai fait avant la guerre) abstrait par absolu. A vrai dire cela ne valait guère mieux. A mon avis le meilleur terme serait art « réel », puisque cet art juxtapose au monde extérieur un nouveau monde de l'art, de nature spirituelle. Un monde qui ne peut être engendré que par l'art. Un monde réel. Mais la vieille dénomination d'art abstrait a déjà droit de cité ». On ne saurait oublier enfin et surtout, pour expliquer ces recherches, qu'après plusieurs manifestes et débats, Malevitch avait publié en 1927 un de ses textes fondamentaux sous le titre *Die gegenstandslose Welt* (Bauhausbücher, n° 11, publication originale en allemand), titre correspondant au russe « Mir kak bespredmeitnost » (le monde comme non-objectivité) : Kandinsky est un spiritualiste, et en ce domaine, dans les luttes serrées qui voient s'affronter les artistes russes depuis 1910-1911 environ, il se situe encore plus « à droite », pour reprendre les termes employés dans les milieux artistiques russes de l'époque, que Malevitch (qu'on ne peut pourtant guère assimiler aux constructivistes « matérialistes ») d'où l'emploi d' « abstrakt » ou « abstraktny » par le premier, de « gegenstandslose » et « bespredmietny » par le second... : le choix des termes est ici fondamental (cf. la mise au point d'A. B. Nakov, dans Nikolaï Taraboukine, *Le dernier tableau*, Paris, 1972, p. 22, avec lequel nous nous accordons totalement sur ce point). Kandinsky a cité à nouveau tout ce paragraphe, depuis « Toute chose morte... », dans un article paru en 1935 dans la revue *Konkretion* de Copenhague (15 septembre), et reproduit dans *Essays über Kunst und Künstler*, Stuttgart, 1955 (tr. fr. dans les *Chroniques de l'art vivant*, février 1972, n° 27, p. 32).

26. A cette explication des bouleversements « d'origine toute humaine » (reinmenschliche) on peut ajouter, ce qu'on attendrait plutôt après ce début de paragraphe, que K. épousa en 1892 sa cousine Ania Tchimiakin. Sa discrétion sur ces sujets ayant toujours été extrême, il est possible qu'il y fasse indirectement allusion ici.

27. Cette loi s'inscrivait dans le cadre des mesures réactionnaires prises par Pobiedonostsev (« Orthodoxie, autocratie, russification »)» et le ministre de l'instruction publique Delianov (ministre de 1882 à 1897) sous le règne du tsar Alexandre III (1881-1894); en ce qui concerne l'enseignement supérieur elle mettait en application les projets répressifs d'un précédent ministre, Tolstoï : abrogation du statut libéral de 1863 sur l'autonomie des Universités, constitution de jurys spéciaux nommés par le gouvernement, discipline renforcée, droits universitaires augmentés, interdiction des associations d'étudiants. Ces mesures devaient entraîner des troubles graves en 1887, puis 1890, à Moscou, Kazan et Saint-Pétersbourg : de nombreux étudiants furent exclus et condamnés à la relégation dans des provinces éloignées.

28. En russe « otvlietchinnoïë » : « abstrait » au sens intellectuel du terme, au lieu d' « abstraktnoïë » qui s'appliquerait plus précisément à la peinture.

29. Tchouprov (Alexandre Ivanovich, 1842-1908), économiste, statisticien et publiciste de tendance libérale. Il s'était prononcé contre la possession de la terre par les pomiéchtchiki (propriétaires fonciers) et pour son rachat par les communautés paysannes, mais à des prix acceptables par ces pomiéchtchiki. En 1892 il publiait une *Histoire de l'économie politique*.

30. Cesare Lombroso (1835-1909), professeur de médecine légale et de psychiatrie à l'université de Turin, dont les théories allaient à l'encontre de la criminologie classique; pour lui les conditions indépendantes de la volonté, physiques et physiologiques surtout, jouaient un rôle déterminant dans la psychologie du criminel : celui-ci devait donc être plus assimilé à un malade irresponsable qu'à un délinquant conscient. Son livre fondamental *L'uomo deliquente* (1875) fut traduit en français en 1887, et en allemand, par M. O. Fränkel en 1887-1890, c'est-à-dire à l'époque où K. faisait ses études de droit. Ce dernier a peut-être lu aussi une des premières études sur l'œuvre de Lombroso, parue l'année où il passait ses examens de droit : *Lombroso und die Naturgeschichte des Verbrechers*, par H. Kurella (1892). A cette époque comme le notait

un peu plus tard le docteur Hermann dans la *Grande encyclopédie* : « Ses théories ingénieuses mais trop absolues (...) très applaudies en Italie ont trouvé une assez vive opposition à l'étranger et surtout en France » (vers 1897); au même moment un anarchiste comme Darien lui reprochait au contraire de négliger l'aspect social et politique de la criminalité pour mettre l'accent sur les explications psychologiques, et louait ironiquement « son plus grand titre de gloire : sa tranquille audace à donner doctoralement l'explication du crime sans prendre la peine de le définir », laissant cette définition « à la mûre expérience des gendarmes, ces anges gardiens de la civilisation » (*Le Voleur*, 1897, rééd. de 1964, pp. 227-228). A partir de ces quelques éléments on peut imaginer les raisons de l'intérêt de K. pour les « ingénieuses » analyses qui déplaçaient le problème juridique de l'étude du mécanisme des lois à celle des motivations intérieures. Kandinsky avait déjà cité Lombroso dans une note du chapitre III de *Du spirituel* (Le tournant spirituel) : « ... C. Lombroso, le créateur de la méthode anthropologique en criminologie, assiste avec Eusapia Palladino à des séances de spiritisme et reconnaît la réalité des phénomènes ».

31. Allusion à l'un des chapitres de la « Loi Générale » de 1861, qui abolissait le servage et prévoyait simultanément la mise en place d'institutions rurales dont les paysans auraient seuls la charge. C'était pour le gouvernement d'Alexandre II le moyen de combler le vide administratif laissé dans les campagnes par la disparition des droits et des devoirs des propriétaires nobles à l'égard de leurs paysans : droits de police et de tutelle sur la communauté paysanne, responsabilité financière du seigneur pour les impôts dûs par le paysan à l'Etat, et devoir d'assistance en cas de famine. La loi de 1861, prenant le « mir » comme base, dota les paysans d'une administration fiscale, policière, judiciaire jusqu'à l'échelle du canton.

32. A. N. Filippov (1853-1927) : juriste russe spécialiste de l'histoire du droit; privat-dozent à l'Université de Moscou de 1885 à 1892; auteur de divers ouvrages sur l'histoire du droit russe.

33. Cette importante variante de la version russe indique très explicitement l'une des « sources » de la théorie de la « nécessité intérieure », pour laquelle on a trop souvent et abusivement fait appel à des doctrines philosophiques complexes, pourtant étrangères, à l'évidence, à la réalité de la vie de K. et à la problématique de son art. Le « retour à l'intériorité » trouvait un plus proche point d'appui dans les théories juridiques que K. avait alors l'occasion d'étudier quotidiennement : voir plus haut l'allusion à Lombroso (et la note 30). Kandinsky eut l'occasion de développer certains aspects de cette conception de la justice rendue « par le dedans » dans son enquête sur les populations syriannes du gouvernement de Vologda (1889) : cf. p. 101 et note 46.

34. Il convient de rapprocher de ce passage la notice autobiographique que Kandinsky avait rédigé pour ses premières expositinso personnelles, à la fin de 1912 (cf. note 9 de l'introduction, p. 17) : elle traite essentiellement de ce moment de son existence et complète les indications données dans *Regards* (nous citons la traduction de Michel Seuphor qui a pour la première fois redonné ce texte dans son livre fondamental, *L'art abstrait*, Paris, 1949, p. 298) : « Je suis né le 5 décembre 1866 à Moscou. Jusqu'à ma trentième année j'ai désiré devenir peintre, parce que j'aimais la peinture plus que toute autre chose, et il ne m'était pas facile de combattre ce désir. Il me semblait alors que l'art est un luxe interdit à un Russe.

C'est pourquoi, à l'Université, je choisis l'économie nationale pour ma spécialité. La Faculté me proposa la carrière de savant. J'ai d'ailleurs reçu pour cela les moyens officiels comme attaché de l'Université de Moscou.

Après six ans d'exercice je m'aperçus que mon ancienne foi en la vertu des sciences sociales et finalement en la vérité absolue de la méthode positive avait beaucoup fondu. Enfin je me résolus de jeter par-dessus bord l'acquis de tant d'années. Il me semblait que tout ce temps était pour moi perdu. Aujourd'hui je sais ce qui, pendant toute cette période, s'est accumulé en moi, et j'en ressens de la reconnaissance.

Je m'étais principalement occupé du problème théorique du salaire des ouvriers. Maintenant je voulais approcher le côté pratique de la même question, et j'acceptai une position dans une des plus grandes imprimeries de Moscou. Ma partie était l'impression des clichés, ce qui me mettait en contact avec l'art. Mon entourage était composé d'ouvriers.

Mais je n'y restai qu'un an, car à trente ans une idée s'imposa à mon esprit : maintenant ou jamais. Le travail intérieur, inconscient, était arrivé à un point de maturité qui me faisait sentir très nettement ma force d'artiste. En même temps j'étais moralement assez évolué pour que le droit d'être peintre soit clair à mon esprit.

C'est ainsi que je trouvai le chemin de Munich, dont les écoles jouissaient alors en Russie d'une haute réputation. »

35. Ilia Repine (1844-1930), l'un des plus illustres représentants du mouvement des Ambulants, et plus généralement de la peinture russe à la fin du XIXe siècle. Ses nombreux voyages à l'étranger, et notamment un séjour en France de 1870 à 1873, l'avaient mis très au fait de la peinture européenne. Il était académicien depuis 1876. Dans son œuvre abondant, dont on peut dire sommairement, du point de vue de la forme, qu'il participe d'un réalisme assagi, les portraits tiennent une place essentielle : ceux de Tolstoï et de Moussorgsky en particulier ont suffi à faire connaître son nom hors de son pays d'origine. Le portrait de Liszt ne figure, à notre connaissance, dans aucun des livres fondamentaux sur Repine, non plus que dans les ouvrages les plus récents sur

son œuvre. Il y est seulement fait allusion dans le travail monumental de I. E. Grabar et I. S. Zilberstein : *Repin*, Moscou-Léningrad, Akademia Nauk, 1948, Tome II, p. 574 sq (en russe). On en trouvera cependant la reproduction dans le précieux recueil de Robert Bory, *La vie de Franz Liszt par l'image*, Paris, 1936, p. 233. Le tableau était alors à Moscou. Signé et daté de 1886 il date donc de la dernière année de la vie du musicien, qu'il représente debout dans son costume d'abbé, appuyé contre un piano à queue, un bréviaire à la main. L'éclairage vient d'en haut à droite, et l'un des effets les plus notables est dû au coup de lumière projeté sur la main gauche, posée à la ceinture, et qui fait une tache lumineuse sur la soutane sombre. C'est à quoi Kandinsky fait vraisemblablement allusion. La variante russe mentionne l'une des œuvres les plus célèbres de Répine aujourd'hui conservée à la galerie Trétiakov à Moscou : « On ne l'attendait pas », ou encore « Le retour inattendu » (huile sur toile, 160,5 × 167,5, signé et daté de 1884, reproduit en dernier lieu dans l'album anthologique des collections de la galerie : *l'Art russe, 1850-1917*, Moscou, 1970, fig. 45). Le tableau représente, de façon assez mélodramatique, le retour dans sa famille d'un militant révolutionnaire déporté, et s'attache à décrire les réactions que provoque son arrivée ; il reflète assez clairement les convictions et l'engagement politique de Répine (cf. l'analyse d'A. Besançon dans *La dissidence de la peinture russe 1869-1922*, dans *Annales*, mars-avril 1962, p. 258). Le peintre a multiplié les études et les variantes pour cette œuvre à laquelle il attachait une grande importance et qui reste le symbole d'un des principaux courants de la peinture russe dans la seconde moitié du XIXe siècle (cf. O. A. Liaskouskaïa, *I. E. Repin*, Moscou, 1962, dont le chapitre VI est entièrement consacré à ce tableau).

36. Isaac Levitan (1860-1900), membre du mouvement des Ambulants, et principal paysagiste de la peinture russe à la fin du XIXe siècle : il dirigea la classe de peinture de paysage à l'École de peinture de Moscou de 1898 à sa mort. Très populaire en Russie, où elle a exercé une fonction culturelle importante, sa peinture doit beaucoup aux français, et en particulier à l'École de Barbizon qu'il avait découvert à l'Exposition Internationale de Paris en 1889. Nous n'avons trouvé aucun tableau portant le titre donné par Kandinsky dans le catalogue de l'ouvrage exhaustif de A. A. Fedorov Davydov, *Isaak Ilitch Levitan*, Moscou, 1966, 2 vol. (en russe.) Deux œuvres célèbres en revanche correspondent à la description sommaire qui est donnée ici : *Paisible monastère* (Tikhaïa obitel ; huile sur toile, 87 × 108, vers 1890, Moscou), et surtout *Les cloches du soir* (Vetcherni zvon ; huile sur toile, 87 × 107,6, signé et daté de 1892, galerie Trétiakov, Moscou, n° 369 du catalogue Fedorov-Davydov) dans lequel figure une barque de passeur qui traverse le fleuve « à la rame », ce qui pourrait expliquer le titre donné par Kandinsky (tableau fréquemment reproduit, en dernier lieu dans l'album anthologique de la galerie Tretiakov,

l'Art russe, 1850-1917, Moscou, 1970, fig. 68). Un concours de circonstances, d'ailleurs assez significatif, a voulu que des tableaux de Kandinsky figurent dans une exposition en même temps que des œuvres de Levitan : lors du « Salon » organisé en 1908-1909 à Saint-Pétersbourg par Serge Makovski, (cf. V. Marcadé, 1971, pp. 172-174). On notera enfin la prédilection de Levitan pour la représentantion des heures du soir, dans ces deux tableaux par exemple, prédilection qui rejoint celle qu'affirme ici même Kandinsky (cf. p. 91 et n. 21).

Par rapport aux deux précédents V. D. Polenov (1844-1927) est une figure d'importance secondaire, actif surtout dans le centre culturel d'Abramtsévo, autour du mécène S. I. Mamontov (arts décoratifs, décors de théâtre et d'opéra dans les années 1880-1890). Nous n'avons pas trouvé dans son œuvre, pourtant très éclectique, de tableau correspondant au titre donné par Kandinsky; une figure de Christ ferait d'ailleurs plutôt penser au peintre N. N. Gay (1831-1894), dont les œuvres majeures portent précisément sur le Christ : *Le Golgotha* (1892), *la Crucifixion* (1894)... Toutefois l'une des œuvres les plus importantes de Polenov a pour sujet *Le Christ et la femme adultère*, tableau dont les premières esquisses remontent à 1873 mais qui fut finalement peint en 1886-1887; il s'agit d'une grande scène historique où le décor architectural, le pittoresque de la foule et la variété des expressions jouent le premier rôle mais où la figure du Christ, qui a donné lieu à plusieurs études, est particulièrement mise en évidence par le jeu des éclairages : il est possible que ce soit à elle que Kandinsky fasse allusion (huile sur toile, 325 × 611, Musée russe, Moscou; cf. T. B. Iourova, *V. P. Polenov*, Moscou, 1961, pp. 86-93).

37. L'objet : gegenstand (en russe predmet), mot qui désigne également le « sujet » d'une pièce, d'un livre... : ce qui permet ici de jouer sur les deux sens du terme.

Les meules de Monet (15 toiles) avaient été exposées pour la première fois dans les galeries Durand-Ruel à Paris, du 5 au 20 mai 1891. Le romancier, critique d'art et ami du peintre G. Geffroy avait écrit à cette occasion une préface dans laquelle il insistait non seulement sur l'intérêt, purement formel, de l'étude des variations lumineuses sur un même sujet pris à différentes heures du jour, mais aussi, à partir de là, sur la valeur expressive de chacune de ces toiles, et plus généralement sur ce que la peinture de Monet apportait, au-delà de la seule description, à la connaissance de la nature profonde des êtres et des choses : « De toutes ces physionomies du même lieu, il s'exhale des expressions qui sont pareilles à des sourires, à de lents assombrissements, à des gravités et à des stupeurs muettes, à des certitudes de force et de passion, à de violents enivrements (...) par la densité, par le poids, par la force qui vient du dedans au-dehors, il évoque sans cesse, dans chacune de ses toiles, la courbe de l'horizon, la rondeur du globe, la course de la terre dans l'espace. Il dévoile les

portraits changeants, les visages des paysages, les apparences de joie et de désespoir, de mystère et de fatalité, dont nous revêtons, à notre image, tout ce qui
nous entoure (...) c'est un grand poète panthéiste » (repris dans *La vie artistique*, 1ʳᵉ série, 1892, pp. 22-29). Point de vue original, rarement repris, qui fait
passer au second plan le « problème lumière et air » et par là peut aider à comprendre les réactions de Kandinsky. Cette série en effet, qui précède celle des
Cathédrales, des *Peupliers* et des *Nymphéas*, marque un tournant sensible dans
l'œuvre de Monet : elle annonce un « au-delà de l'impressionnisme » qui dérouta
parfois les admirateurs de la première manière du peintre, et où l'on a pu chercher à voir certaines des « origines » de l'art abstrait (cf. J. Rewald, *Histoire
de l'Impressionnisme*, 1946, rééd., Paris, 1965, tome II, pp. 215-216, et, parmi
d'autres, les essais de J. L. Faure, *Les sources impressionnistes de l'abstraction
moderne*, dans *Bul. de la Fac. des Lettres de Strasbourg*, mai-juin 1968, pp. 741-
746 — qui cite K. mais non ce texte fondamental — et de W. Seitz, *Monet
and abstract painting*, dans *College Art Journal*, automne 1956, tome XVI,
1, pp. 34-36 ; ce dernier auteur est l'un des rares historiens de l'Impressionnisme,
et de Monet en particulier, à avoir fait un sort au témoignage pourtant essentiel
de Kandinsky (cf. aussi son *Monet*, New York, 1960, p. 138, à propos de la
Meule au soleil du Musée de Boston, où les empâtements sont comparés à
ceux de Rembrandt, ce qui ramène à nouveau au texte de *Regards*, p. 102) ;
voir aussi les quelques pages de Léon Degand dans D. Rouart – L. Degand,
Monet, Genève, 1958, pp. 111-112) ; on n'oubliera pas enfin, à titre de comparaison, l'article célèbre d'André Masson, *Monet le fondateur*, dans *Verve*,
nᵒ 27-28, 1952, et les nombreuses déclarations d'un artiste comme Camille
Bryen (catalogues de l'exposition du C.N.A.C., Paris, 1971, p. 60, et de celle
du Musée national d'art moderne, Paris, 1973, pp. 24-25). Les principales sources publiées sur Kandinsky ou sur la vie artistique russe mentionnent simplement cette exposition d'Impressionnistes français à Moscou, en 1895, sans
donner toutefois d'autre précision, ce qui laisse subsister une légère incertitude
sur cette date (cf. K. Lindsay 1959, p. 350). Les ouvrages sur l'Impressionnisme ou sur Monet n'en font pas état. Nous savons en revanche que c'est bien
à cette époque que Durand-Ruel contribua, par ses expositions, à faire connaître l'œuvre du peintre à l'étranger : États-Unis, Allemagne, puis Venise et
Stockholm, en 1897, (L. Venturi, *Archives de l'Impressionnisme*, Paris, 1939,
tome I, p. 96 sq.). C'est en 1897 précisément que le grand collectionneur russe
Chtchoukin fit chez lui son premier achat, et il s'agissait justement d'un Monet
(*Lilas d'Argenteuil* ; cf. J. Tugendhold dans la revue russe *Apollon*, 1914,
nᵒ 1-2), Chtchoukin est souvent considéré comme l'introducteur de Monet en
Russie, ce qui semble donc en contradiction avec le texte de *Regards* (cf.
encore, en dernier lieu, C. Gray, *The Russian Experiment in Art 1863-1922*,
Londres, 1962, rééd. 1971, p. 78). En 1914, en tout cas, sa collection comptait
13 Monet, dont précisément une « Meule de foin » (cf. Tugendhold, *op. cit.*,

et du même auteur, *Le musée d'art moderne occidental*, Moscou-Léningrad, 1923 (en russe), où cette « Meule » est reproduite). S'agit-il de celle qui a été vue par Kandinsky ? Ce n'est pas impossible, mais il subsiste toutefois une certaine contradiction entre la date avancée pour l'exposition (1895) et celle que l'on donne pour les premiers achats de Chtchoukin (1897). L'histoire des *Meules* de Monet actuellement conservées en Russie est difficile à retracer, faute de précisions suffisantes dans les catalogues anciens et en raison, notamment, des changements de titre : si l'on se réfère à la dernière publication en date, qui est aussi la mieux documentée, aucune des *Meules* exposées et étudiées récemment ne peut convenir (*From Van Gogh to Picasso, Nineteenth and twentieth century paintings and drawings from the Pushkin Museum in Moscow and the Hermitage in Leningrad*, Otterlo, 1972 : le n° 37, *Meule près de Giverny* 1886, qui vient de la collection Chtchoukin ne semble pas pouvoir être retenu en raison de la place réduite occupée par la meule, n° 39 *Paysage avec des meules*, 1889, vient de la collection Morosov, le rival de Chtchoukin, mais n'y est entré qu'en 1907, et se tiouvait auparavant dans la collection Faure à Paris...); il existe peut-être d'autres *Meules* mais elles n'ont pas été publiées dans les catalogues édités à ce jour. Il est possible aussi que la *Meule* vue par K. ne soit pas restée en Russie : d'autres tableaux de Monet sur ce sujet figurent dans les musées de Boston, de Chicago et de New York, ainsi que dans des collections privées américaines et françaises (cf. la reproduction en couleurs de celle de Boston dans W. Seitz, *op. cit.*, p. 138, et de celle de Paris dans Rouart-Degand, *op. cit.*, p. 86). L'identification précise du tableau vu par Kandinsky est d'autant moins indifférente que la manière de Monet a sensiblement évolué au cours de la peinture des *Meules* (de 1886 à 1893 environ); mais en l'état actuel de la documentation il n'est pas possible de se prononcer plus précisément, et il n'est pas sûr même que la découverte du catalogue auquel Kandinsky fait allusion apporte sur ce point une information suffisante.

L'intérêt du peintre russe pour Monet peut être confirmé par l'hommage qu'il lui rendit en faisant figurer 16 de ses œuvres dans la septième exposition du groupe *Phalanx*, qu'il dirigeait à Munich, en mai 1903 (cf. l'affiche dessinée à cette occasion dans Röthel, 1970, p. 65). Enfin Mme Nina Kandinsky a fait état, sans donnei de date ni d'autre précision, d'une note importante des carnets inédits qui se rapporterait également à la découverte de Monet telle qu'elle est rapportée dans *Regards* : « J'eus l'impression qu'ici la peinture elle-même venait au premier plan; je me demandai s'il ne serait pas possible d'aller plus loin dans cette direction. Depuis ce moment je regardai l'art des icônes avec des yeux différents; cela voulait dire que j'avais « acquis l'œil » pour l'abstrait dans l'art » (*Some Notes on the Development of Kandinsky's Painting*, dans l'édition américaine de *Du Spirituel : Concerning the Spiritual in Art and painting in particular*, New York, 1947, rééd. 1970, p. 10).

38. Allusion au livre de Paul Signac, *D'Eugène Delacroix au néo-impression-nisme* (1899) que Kandinsky avait déjà cité dans le chapitre III de *Du Spirituel dans l'art* : « En peinture, à l'idéal réaliste succèdent les tendances impression-nistes. Purement naturalistes, ces tendances aboutissent sous leur forme dog-matique à la théorie du néo-impressionnisme qui touche déjà à l'abstrait. Cette théorie (que les néo-impressionnistes regardent comme universelle) ne consiste pas à fixer sur la toile un fragment de nature pris au hasard, mais à montrer la nature tout entière dans sa magnificence et son éclat » (rééd. 1969, pp. 67-68). Kandinsky mentionnait alors la deuxième édition de la tra-duction allemande, publiée à Charlottenburg en 1910 : il est possible que le « plus tard » soit à référer à cette date, mais la première édition allemande était parue en 1903 (trad. de Mme C. Hermann, revue par le baron de Bodenhausen, Krefeld), et de larges extraits des chapitres I et VII avaient été traduits dès 1898 dans la revue *Pan*, fondée en 1895 (n° de mai-octobre), aussitôt après leur publication dans la *Revue blanche* (cf. la rééd. de F. Cachin, Hermann, Paris, 1964). Le groupe *Phalanx*, fondé par Kandinsky en 1901, avait d'ailleurs exposé des œuvres néo-impressionnistes, de Signac et de Van Rysselberghe notamment, en 1904, l'année même de sa dissolution (Grohmann 1958, p. 36).

39. Crépuscule : le mot allemand, un peu surprenant (Vorabendstunde, pour Dämmerstunde ou Dämmerung qu'on attendrait), est en fait la traduction littérale de l'expression russe (predvetchernii tchas), qui n'est pas non plus le terme russe usuel. Sur les instruments à vent et le crépuscule cf. déjà le tuba p. 91 (et note 18), et parmi d'autres références les poèmes *Hautbois* et *Basson* dans *Klänge* (1913) (le premier texte reproduit dans Röthel 1970, n° 109, le second reproduit et traduit ici p. 213).

40. *De la composition scénique :* cf. dans ce volume p. 168 et note 124. C'est par erreur que Kandinsky date l'almanach du *Cavalier bleu* de 1913 : il était paru en mai 1912 (cf. introduction p. 43 et note 85). *L'Anneau* désigne la Tétralogie ou *Anneau du Nibelung* composé des quatre opéras : *L'Or du Rhin*, *La Walkyrie, Siegfried* et le *Crépuscule des Dieux*.

41. Sur la vie musicale en Russie à cette époque, voir avant tout Rimsky-Korsakov, *Journal de ma vie musicale*, 1932, trad. fr., Paris, 1938. On connaît la position réservée des Russes, du groupe des Cinq ainsi que de Tchaïkovsky notamment, à l'égard de Wagner. Celui-ci était pourtant venu à Saint-Péters-bourg en février 1863, mais seule son *Ouverture de Faust* (1839-1840, remaniée en 1855) trouvait grâce auprès des Russes et était parfois jouée (Rimsky, *op. cit.*, p. 64). La première de *Lohengrin* au théâtre Marie, le 4 octobre 1868, fut accueillie avec beaucoup de froideur par des musiciens qui se sentaient

beaucoup plus proches de Liszt et des français, de Berlioz surtout : « Nous accueillimes *Lohengrin* avec un parfait mépris, et Dargomyjski donna libre cours à ses sarcasmes les plus amers. A ce moment, les *Nibelungen* étaient déjà à moitié terminés, les *Maîtres chanteurs* déjà composés et Wagner dans ces œuvres ouvrait à l'art des chemins bien plus avancés que ceux que nous suivions, nous l'avant-garde russe » (*ibid.* p. 80). En 1873-1874 toutefois, Rimsky faisait une transcription du prélude du même *Lohengrin* pour les harmonies militaires dont il avait alors la responsabilité (*ibid.* p. 110). Mais c'est en 1888-1889 seulement, au moment où Kandinsky faisait ses études de droit à Moscou et allait à Saint-Pétersbourg voir les Rembrandt de l'Ermitage, qu'une importante série de représentations de la Tétralogie dans cette dernière ville, au théâtre Marie, apporta véritablement la révélation des opéras de Wagner. Les musiciens en furent vivement frappés et les répercussions ne tardèrent pas à s'en faire sentir dans leurs œuvres : modification de l'orchestration chez Rimsky, utilisation du leitmotiv chez Tchaïkovsky (*La Dame de Pique*, 1890). Vers 1892 toutefois Rimsky n'a pas encore étudié *Tristan* (achevé en 1859, créé en 1865, cf. R. M. Hofmann, *Rimski-Korsakov*, Paris, 1958, p. 134), ce qui explique a fortiori l'ignorance de Kandinsky. Le public en effet suit plus lentement : « ... le wagnérisme n'était pas aussi profondément enraciné dans le public de la capitale qu'il le fut plus tard, à la fin des années 90 » (Rimsky, *op. cit.*, p. 225). Contrairement à ce qu'il peut sembler au premier abord, la position de Kandinsky est donc relativement originale et avancée. Rimsky, qui mentionne pourtant d'autres représentations de Wagner, ne cite pas celle de *Lohengrin*. Nous savons pourtant que *Lohengrin* et *Tristan* furent joués à Saint-Pétersbourg pendant l'hiver 1897 au moins (donc, si les dates sont bien exactes, après le départ de Kandinsky) sous la direction de Hans Richter et Félix Mottl; les Mémoires de la cantatrice Félia Litvinne (elle-même née à Saint-Pétersbourg en 1863) témoignent du succès de ces représentations auprès de la haute société russe; après *Tristan*, l'empereur Nicolas II lui-même lui aurait déclaré : « Vous m'avez révélé Wagner et je désire que vous veniez tous les ans me chanter ce rôle »... (Félia Litvinne, *Ma vie et mon art*, Paris, 1933, pp. 80-82; cf. aussi pp. 53-59).

42. Le sens du texte russe est sensiblement différent, ce qui fait problème. On peut noter toutefois qu'en russe les mots « tentation » (iskouchenié) et « recherche » (iskanié) commencent de la même façon, et qu'inversement, en allemand, la différence de préfixe est minime (respectivement Versuchung et Untersuchung) : une erreur de traduction de la part de Kandinsky n'est donc pas impossible. La version russe est, comme toujours, plus satisfaisante, et l'adjectif du texte allemand (stark, littéralement, « fort ») s'applique d'ailleurs assez mal à une « recherche ». Quoi qu'il en soit, le sens général est clair : les premières tentatives entreprises, malgré tout, sur cette voie, n'ont pas abouti.

43. Les expressions de Kandinsky ne sont pas, ici, suffisamment claires pour qu'on puisse dire sûrement à quel « événement scientifique » précis il fait allusion, ni à quelle date il faut placer cet événement. On peut cependant rapprocher ces lignes d'un passage de son précédent livre, *Du Spirituel :* dans le triangle spirituel, vers les niveaux supérieurs « de vrais savants scrutent la matière, ils y passent leur vie, aucune question ne les effraie. Et, finalement, ils en arrivent à mettre en doute l'existence de cette matière sur laquelle, hier encore, tout reposait, sur laquelle l'univers entier s'appuyait. La théorie des électrons, c'est-à-dire de l'électricité dynamique, qui doit remplacer intégralement la matière, trouve, actuellement, de hardis pionniers. Ils vont de l'avant, oubliant toute prudence et succombent dans la conquête de la citadelle de la science nouvelle, tels ces soldats qui, ayant fait le sacrifice de leur personne, périssent dans l'assaut désespéré d'une forteresse qui ne veut pas capituler. Mais « il n'y a pas de forteresse imprenable » (chap. III, Tournant spirituel, trad. fr. Volboudt, rééd. 1969, pp. 57-58). Par « désintégration de l'atome », Kandinsky entend donc la découverte des électrons. Bien qu'il fasse allusion, dans *Du spirituel*, à ce qui se fait « actuellement », cette découverte remonte beaucoup plus haut. C'est dès 1895 en effet qu'à la suite des travaux de Faraday et de Maxwell sur les phénomènes électromagnétiques les physiciens H. A. Lorentz et J. J. Thomson formulent leurs théories sur l'électron : explication de l'émission de la lumière par l'accélération du mouvement d'un électron (Lorentz, 1895), définition de l'électron comme particule électrisée en mouvement (J. J. Thomson, 1897, qui imagine un premier modèle d'atome). Nous ne pensons donc pas qu'il faille voir dans le texte de *Regards* la seule allusion aux travaux de Planck et à la théorie des quanta (autour de 1901), ni à ceux d'Einstein (*Zur Elektrodynamik bewegter Körper*, 1905; cf. F. W. Whitford, *Some notes on Kandinsky's development towards non figurative art*, dans *Studio*, janvier 1967, t. 173, pp. 12-17), a fortiori au modèle planétaire de l'atome proposé par Rutherford en 1911 (auquel en revanche peut se référer l' « actuellement » de *Du Spirituel*) : il s'agit beaucoup plus vraisemblablement de la remise en question de l'indivisibilité de l'atome, à la fin du XIXe siècle, et cet « événement » s'enchaîne très directement à la découverte de Monet et à l'audition de Lohengrin (1895-1897). La distinction est importante dans la mesure où à la série : Schönberg et l'atonalisme / la relativité et le modèle planétaire de l'atome / les premières tentatives sur la voie de la peinture abstraite (1910-1911) elle substitue la série, a priori moins séduisante, mais antérieure et plus décisive : Wagner / la découverte de l'électron / Monet et la peinture pure, au moment du départ à Munich (1895-1897). Le texte de K. apporte un témoignage capital pour la question importante du rapport des sciences et des arts à la fin du XIXe siècle et dans le premier quart du XXe siècle (cf. l'essai rapide de J. Guillerme, *Esta furia de geométrismo plástico* (les sciences en 1913), dans *L'Année 1913*,

Paris, 1971, t. I, pp. 73-95, qui ne cite pas ce passage) : en ce sens il est bien évident que la position de Kandinsky n'est nullement « scientifique » et qu'elle est beaucoup plus proche de la vue qu'avait de la science un Avenarius, un Mach ou un Ostwald (*Energetische Grundlagen der Kulturwissenschaft*, 1909; cf. M. Pleynet, *Le Bauhaus et son enseignement*, dans *L'enseignement de la peinture*, Paris, 1971, p. 139). On comparera avec intérêt le parallèle établi par K. et celui de Naum Gabo dans *L'idée constructiviste en art* (publié pour la première fois en anglais dans *Circle*, 1937, tr. fr. dans *Naum Gabo*, Neuchâtel, 1961, pp. 165-170; voir notamment pp. 165-166). Enfin et surtout on ne manquera pas de confronter cette interpétation idéaliste de la « crise de la matière » avec le chapitre 5 du livre de Lénine *Matérialisme et Empiriocriticisme* (1908), en particulier dans sa deuxième partie, dont le titre semble répondre par avance aux conclusions de Kandinsky : « La matière disparaît ». On y trouvera en particulier plusieurs références importantes à des théories voisines de celles qui sont développées ici et qui ne sont peut-être pas sans rapport avec les réflexions de Kandinsky (Cf. par ex. Augusto Righi, *Die moderne Theorie der physikalischen Erscheinungen*, Leipzig, 1905 et *Über die Struktur der Materie*, Leipzig, 1908). Sur cette question voir notre article : « *La matière disparait* » : *note sur l'idéalisme de Kandinsky*, dans *Documents III*, Saint-Etienne (à paraître début 1974).

44. Comme on le sait, Kandinsky continua d'écrire des poèmes tout au long de sa vie. Son principal recueil *Klänge* (Sonorités) fut publié par Piper, à Munich, la même année que *Regards*, d'où, vraisemblablement, la suppression de cette phrase dans la version russe. Voir les poèmes donnés en appendice et la note 140, p. 289.

45. Le père de Kandinsky était directeur d'une maison de thé russe. Il mourut à Odessa, à l'époque du Bauhaus. Sur ses origines et sa personnalité voir les précisions importantes apportées par Kandinsky à la fin de *Regards*, et complétées encore dans la version russe : p. 131. On trouvera sa photographie dans le livre de Grohmann, p. 18, fig. 4 et un autre cliché dans celui de J. Eichner 1957, en face de la page 16.

46. Après la Révolution la dénomination de « Syrianne » a disparu; il s'agit actuellement de la République autonome des Komi. Sur ce voyage qui eut lieu en 1889, voir p. 106 sq. Le rapport de Kandinsky parut ensuite dans la revue « Travaux de la section ethnographique de la Société impériale des Amis des Sciences naturelles, de l'Anthropologie et de l'Ethnographie », t. LXI, livre IX, pp. 13-19. Kandinsky avait également été chargé d'enquêter « sur les peines infligées par les tribunaux de canton du gouvernement de Moscou ». D'après l'aperçu que donne de son rapport V. Marcadé (*Le renouveau de l'art*

pictural russe, 1971, pp. 139-140) Kandinsky explique les raisons des punitions corporelles infligées par ces tribunaux : « les verges ne font rien perdre, ni au paysan, ni à la société », et prend parti contre le règlement à l'amiable des conflits « motivant son point de vue par ce fait que la conciliation laisse la faute impunie, ce qui développe l'irresponsabilité et l'immoralité ». On aurait donc ici un nouvel éclairage particulièrement révélateur sur certains aspects de cette conception de la justice rendue « par le dedans » : cette « forme extrêmement souple et libérale » dont rêve Kandinsky ne l'est précisément que dans sa « forme », mais le contenu des peines n'en dépend pas moins d'une « rigueur » morale qui n'a rien à envier à celle, tout extérieure, du « jus strictum » (cf. p. 95).

47. La collection des Rembrandt de l'Ermitage est l'une des plus importantes du monde : actuellement, et en tenant compte des dernières révisions d'attribution, le musée conserve 22 toiles du peintre, ce qui le place au troisième rang après le Berlin Staatliche Museum (26) et le Metropolitan Museum de New York (26), mais avant le Louvre (18) et le Rijksmuseum d'Amsterdam (18). Il faut toutefois tenir compte des tableaux mis en dépôt au musée Pouchkine à Moscou, des ventes qui ont été faites, pour des raisons financières, par le gouvernement soviétique (10 tableaux, dont *Le Portrait de Titus* du Louvre), ainsi que des révisions d'attribution faites par Bredius en 1935 (5 tableaux exclus) puis par Gerson en 1968-1969 (*Rembrandt, the complete edition of the paintings*, revised by H. Gerson, Londres 1969; voir aussi *Musée de l'Ermitage, les grands maîtres de la peinture*, Paris, 1958, texte de Germaine Bazin, avec, pour les œuvres hollandaises, l'aide d'H. Gerson). Tout ceci porte à 43 environ le nombre des œuvres étudiées par Kandinsky, ce que confirme d'ailleurs une publication parue une quinzaine d'années auparavant (Massaloff, *Les Rembrandt de l'Ermitage impérial de Saint-Pétersbourg*, 40 planches gravées à l'eau forte par Nicolas Massaloff, Leipzig, 1872). Le premier catalogue fut établi à l'époque même où Kandinsky étudiait ces tableaux (Somoff, *Ermitage Impérial, Catalogue de la galerie de tableaux*, t. II, Écoles néerlandaises et allemandes, 1re édition, 1889-1895). Même si cette collection ne comporte aucune des très grandes œuvres du peintre, il s'y trouve au moins deux tableaux de première importance : la *Danaé* (1636-1650) et *Le retour de l'Enfant prodigue* (vers 1668), ainsi que huit tableaux majeurs (voir en dernier lieu Paolo Lecaldano, *Tout l'œuvre peint de Rembrandt*, Paris, 1971, qui tient compte des révisions de Gerson). La réunion de ces œuvres remonte au XVIIIe siècle et en particulier aux achats de Catherine II faits en France par l'intermédiaire de Diderot (acquisition en 1771 de la collection Crozat, qui comprenait la *Danaé*). Il faut souligner que les tableaux sont également répartis sur toute la carrière du peintre, dont ils donnent un excellent aperçu (de 1630 à 1668), et que leur état de conservation, dû notamment à l'absence des

revernissages abusifs du XIXe siècle, est exceptionnel. On sait enfin qu'une des premières rumeurs répandues en occident après 1917 par les adversaires du nouveau régime soviétique fut que « l'Ermitage aurait été saccagé ; un moujik de l'armée rouge aurait taillardé une toile de Rembrandt pour rapiécer une paire de bottes... » (Louis Réau, *L'Art russe*, 1922, rééd. 1968, t. III, p. 222 : « Les destructions d'œuvres d'art »), bruit qui se révéla totalement inexact, comme Kandinsky put peut-être le constater avant la réédition de *Regards* en Russie. Pour la « grande séparation du clair-obscur » voir en particulier *Le Sacrifice d'Abraham*, 1635, (Gerson n° 74), la *Danaé*, fréquemment reproduite, 1635-1650 (Gerson, n° 270) et le *Portrait de Jérémias de Decker*, 1666 (Gerson, n° 413). Grohmann 1958, p. 242, a avancé que le *Sacrifice de Manoé* de Rembrandt, tableau de Dresde, avait été la « première et la plus forte émotion artistique » de Kandinsky, mais sans preuves (ce qui lui a été reproché par K. Lindsay dans l'*Art Bulletin*, déc. 1959, p. 350).

48. La version russe, où Kandinsky est manifestement plus à l'aise dans le maniement des mots, permet de fixer sans ambiguïté le sens de cette expression quelque peu obscure. Il en est de même pour la distinction des mots suivants : « fusion », au sens chimique du terme, et « fondu », au sens courant et figuré du mot, et peu après pour l'indication « quelle que soit la distance ».

49. On pourra rapprocher cette brève notation sur les contrastes des œuvres et des textes contemporains de R. Delaunay qui portent sur le « contraste simultané ». L'un et l'autre s'appuient d'ailleurs explicitement sur les théories de Seurat et de Signac à ce sujet : cf. Kandinsky ici même, p. 98 et R. Delaunay, *Du Cubisme à l'art abstrait*, Paris, 1957, par exemple, p. 188 sq., 116 sq. (nous nous séparons par ailleurs totalement de la présentation de P. Francastel, au moins pour ce qui concerne les passages polémiques à l'égard de Kandinsky, en particulier p. 20). Voir aussi le long développement de *Du Spirituel* sur les deux paires de contrastes : chaud / froid, blanc / noir d'une part (contrastes « de caractère intérieur en tant qu'action psychique ») et rouge / / vert, orangé / violet (contrastes « de caractère physique, en tant que couleurs complémentaires »), résumés dans les Tableaux I et II du chapitre VI (Langage des formes et des couleurs).

50. Ce passage important est à rapprocher en premier lieu d'un texte de *Point-Ligne-Plan* (paru en 1926, mais que Kandinsky considère comme « le développement organique » de son livre *Du Spirituel dans l'Art*, paru en 1912). Dans son analyse du Point, Kandinsky en vient à la question de sa valeur temporelle : « La stabilité du point, son refus de se mouvoir sur le plan ou au-delà du plan, réduisent au minimum le temps nécessaire à sa perception, de sorte

que l'élément temps est presque exclu du point, ce qui le rend, dans certains cas, indispensable à la composition. Il correspond à la brève percussion du tambour ou du triangle dans la musique, aux coups secs du pivert dans la nature ». Et Kandinsky développe plus généralement : « Le problème du temps dans la peinture est autonome et complexe. Il n'y a que peu d'années que là encore on commençait à démolir un mur (en note : les premiers efforts dans cette direction datent de l'année 1920, par exemple à l'Académie russe d'Esthétique, à Moscou). Ce mur séparait jusqu'alors deux domaines de l'art : la peinture et la musique. La distinction apparemment claire et justifiée : Peinture — Espace (Plan) / Musique — Temps est devenue subitement discutable par un examen plus approfondi (quoique encore superficiel) — et cela d'abord pour les peintres (en note : par mon passage définitif à l'art abstrait, j'ai trouvé l'évidence de l'élément temps dans la peinture et je m'en suis servi depuis dans la pratique). Le fait d'ignorer généralement aujourd'hui encore l'élément temps dans la peinture montre bien la légèreté des théories dominantes, loin de toute base scientifique ». (*Écrits complets*, tome II, pp. 70-71, trad. de S. et J. Leppien).

Le rapprochement des deux textes (et le deuxième éclaire ce qu'il peut y avoir d'un peu elliptique dans celui de *Regards*) permet de préciser plusieurs points : 1.) Le texte de *Point-Ligne-Plan* est à interpréter en fonction des travaux effectués en Russie par divers membres de l'avant-garde russe, comme l'indique d'ailleurs clairement la première note de Kandinsky. La date donnée permet même de citer le *Manifeste réaliste* de Gabo, publié en 1920 : « Nous proclamons : pour nous l'espace et le temps sont nés aujourd'hui (...) La réalisation de nos perceptions du monde sous les espèces de l'espace et du temps, tel est le but de notre création plastique (...) Nous proclamons dans les arts plastiques un élément neuf : les rythmes cinétiques, formes essentielles de notre perception du temps réel ». Et ces déclarations sont à mettre en rapport avec les premières réalisations cinétiques de Gabo, comme la *Construction cinétique* de 1920 (baguette métallique vibrant au moyen d'un moteur) (Cf. *Naum Gabo*, Neuchâtel, 1961, fig. 15 et p. 154). Mais à côté de cette découverte du temps comme « catégorie pure » de la perception (le « réel » selon Gabo) il existe aussi des recherches sur le temps dans « l'art » inspirée par le matérialisme dialectique, comme le montre en particulier la *Tour* de Tatlin *pour la IIIᵉ Internationale* (maquette de 1919-1920; cf. catalogue de l'exposition Tatlin, Stockholm, 1968) où volumes, matériaux, espace, temps jouent dans un rapport dialectique : le manifeste productiviste de Tatlin et de ses amis vint d'ailleurs s'opposer violemment au manifeste réaliste de Gabo (sur ces différents points et notamment sur la question du temps comme enjeu de la « crise de la réalité » en 1920-1922 dans l'avant-garde russe, voir la 5ᵉ partie de notre exposé sur *Le Cubisme et l'avant-garde russe*, dans *Le Cubisme*, Saint-Étienne, 1973). C'est par rapport à ces conflits souvent très aigus, et qu'il a connus personnellement, qu'il faut situer la position de Kandinsky dans *Point-Ligne-Plan*.

2.) Dans ces conditions on voit mieux comment ce second texte ne fait que reprendre, pour les confirmer, les idées exprimées en 1912-1913, en les opposant cette fois, tacitement, à celles d'un Gabo ou d'un Tatlin. Du même coup la constante néo-romantique, ou plutôt néo-symboliste des deux prises de position apparaît mieux, en dépit des affirmations de « scientificité » de la seconde (la variante russe du texte de *Regards* est à cet égard très caractéristique) : il s'agit en somme de « reprendre à la musique son bien » en restant dans le domaine de la perception subjective et en refusant aussi bien le « réel » de Gabo que la réalité « vraie » de Tatlin. Le texte de *Regards* a ici le mérite de mettre fortement l'accent sur les éléments subjectifs de cette perception du temps (durée).

3.) C'est entre ces deux positions extrêmes qu'on pourra situer les textes des cubistes ou de leurs commentateurs qui, au même moment que *Regards* ou un peu avant, posent la question du temps dans la peinture. C'est l'un des aspects de la « quatrième dimension », dont Apollinaire donne en 1913 un écho tardif, et quelque peu confus (*Les peintres cubistes*, rééd. Hermann, Paris, 1965, p. 52 et commentaire pp. 102-106), et qui remonte à 1910-1911 ; R. Allard : « Un art qui offre les éléments essentiels d'une synthèse située dans la durée » (1910), J. Metzinger : « Le tableau possédait l'espace, voilà qu'il règne aussi dans la durée » (1911), A. Gleizes : « A l'espace il joindra la durée » (1911). Cette durée cubiste est cependant beaucoup moins bergsonnienne ou proustienne que positiviste et scientiste : ces peintres « unis par une discipline exemplaire (...) se sont permis de tourner autour de l'objet pour en donner, *sous le contrôle de l'intelligence*, une représentation *concrète* faite de plusieurs aspects *successifs* » (Metzinger, *Cubisme et Tradition*, Paris-Journal, 16 août 1911, reproduit dans Edward Fry, *Le Cubisme*, Bruxelles, 1968, pp. 66-67, c'est nous qui soulignons).

Sans même faire appel au temps (vitesse — mouvement) des futuristes italiens (manifestes de 1909-1910), on voit donc que bien loin de faire preuve d'originalité en mentionnant, dans *Regards*, l' « utilisation du temps » dans la peinture, Kandinsky partage ici les préoccupations de ses contemporains. Ce qui est original en revanche et mérite l'attention c'est son refus de toute solution « moderne », ou « moderniste », au problème qui vient d'être posé ouvertement dans toute la peinture européenne d'avant-garde, et son recours à une expérience personnelle et subjective de la durée, vécue *autrefois* et rappelée par le *souvenir* : c'est répondre à la question du temps par le temps même, position inattaquable sur le plan où elle a choisi de se situer. La question du temps, capitale dans les arts plastiques entre 1910 et 1914, a été abordée rapidement par P. Francastel, *L'expérience figurative et le temps*, dans *XXᵉ siècle*, nᵒ 5, juin 1955, pp. 41-48.

51. L'imprécision des dates (tableaux de 1901-1903 selon la version allemande, de 1903-1906 selon la version russe) rend difficile l'identification de ces « trois ou quatre » tableaux, à supposer qu'ils aient été conservés. On peut songer à des œuvres comme *Le cavalier bleu*, 1903 (collection Bührle, Zurich, catalogue Grohmann n° 18), dont les empâtements mêmes peuvent faire songer à la technique de Rembrandt. Grohmann rapproche ce tableau des Monet de 1873, ce qui nous semble moins pertinent, mais note bien en tout cas qu'il est « un peu isolé dans la suite des projets de Kandinsky » (*op. cit.*, p. 51) : ce pourrait être la confirmation de l'identification proposée ici (cf. aussi note 94 *in fine*).

52. Cette indication remet en cause l'affirmation courante selon laquelle le texte de *Du Spirituel* reflète uniquement les positions de Kandinsky en 1909-1910. Lui-même donnait d'ailleurs des indications légèrement différentes dans la première préface de *Du Spirituel* en parlant « d'observations et d'expériences intérieures accumulées peu à peu au cours des cinq ou six dernières années ».

53. L'expression allemande est un peu surprenante; le texte russe donne vraisemblablement le sens voulu dès l'origine.

54. La version russe permet de préciser : « angoissant » plutôt que simplement « inquiétant » (unheimlich).

55. « das Verstecke, die Zeit und das Unheimliche ». La prédilection de Kandinsky pour le « caché », le secret, le mystérieux s'est manifestée à de nombreuses reprises dans sa vie et dans ses écrits : « Parler de secret au moyen du secret » est une maxime fort décisive et qui date du jeune temps du peintre », rappelle Grohmann (*op. cit.*, p. 10), qui cite d'autres déclarations significatives : « Je déteste que les gens voient ce que je ressens réellement » (à Gabriele Münter, *ibid.*, p. 32). Le rapprochement du « caché » et de « l'angoissant » qui est fait ici est un élément déterminant pour une approche analytique de la personnalité de Kandinsky. Voir encore l'avant-propos du catalogue de la dernière exposition de la *Neue Künstlervereinigung München*, daté de Murnau, août 1910, qu'il faudrait citer en entier : « A une heure indéterminée, d'une source qui nous demeure encore cachée aujourd'hui, mais inéluctablement, l'œuvre vient au jour (...) Ames souffrantes, chercheuses, tourmentées, portant la profonde blessure qu'y laisse le choc de l'esprit au contact de la matière (...) Le langage de ce qui est secret par ce qui est secret » (cité dans Grohmann 1958, p. 64).

56. Sur Schwabing, cf. p. 89 et note 9, et p. 119. Kandinsky a répertorié ses études à l'huile dans une section particulière de son catalogue (108 numéros) : le nom de Schwabing y est mentionné à plusieurs reprises, mais l'absence

d'indications précises rend difficile l'identification des œuvres (cf. Grohmann, 1958, pp. 343-344).) Sur ses activités à Schwabing et l'importance de ce quartier dans la vie artistique munichoise et allemande en général, voir d'abord le témoignage de Kandinsky lui-même, *Der Blaue Reiter : Rückblick*, dans *Das Kunstblatt*, n° 14, février 1930, pp. 57-60 : « Le Schwabing si bruyant et si peu tranquille d'alors est maintenant devenu calme (...) Dommage pour le beau Munich et encore plus dommage pour le Schwabing un peu comique, assez excentrique et très conscient de lui-même, dans les rues duquel un homme ou une femme sans palette, sans toile, ou au minimum sans cartable, attirait aussitôt l'attention (...) Tout peignait — ou faisait des vers, de la musique, ou commençait à danser. Dans chaque maison on trouvait au moins deux ateliers sous le toit, où parfois on ne peignait pas précisément, mais on discutait beaucoup, disputait, philosophait et buvait consciencieusement (ce qui dépendait plus de l'état de la bourse que de la morale). « Qu'est-ce que Schwabing ? » demandait un jour un berlinois à Munich. « C'est le quartier nord de la ville », dit un munichois. « Pas de trace », dit un autre, « c'est un lieu spirituel ». Ce qui était vrai. Schwabing était un îlot spirituel dans le vaste monde, en Allemagne, la plupart du temps à Munich même. Là j'ai vécu longtemps. Là j'ai peint le premier tableau abstrait (abstrakte). Là je nourris mes pensées sur la peinture « pure », l'art pur. Je cherchais à procéder analytiquement, à découvrir des rapports synthétiques, je rêvais à la future «grande synthèse », et je me sentais forcé de partager mes pensées non seulement avec l'île qui m'entourait mais aussi avec les hommes qui se trouvaient en dehors de cette île »... (cité à nouveau dans Röthel 1966, pp. 138-139).

57. Sur le sens du mot « Composition », voir le chapitre de conclusion de *Du Spirituel*. Au-delà du sens courant du terme, qui déjà le « bouleversait », Kandinsky a été amené , en raison même du bouleversement et de l'émotion dont il parle, à lui donner un sens plus restreint et plus élevé. Ses tableaux appartiennent alors (1910) à « trois genres distincts :
1.) Impression directe de la « Nature extérieure », sous une forme dessinée et peinte. J'ai appelé ces tableaux *Impressions*.
2.) Expressions, pour une part inconscientes et souvent formées soudainement, d'événements de caractère intérieur, donc impressions de la « Nature Intérieure ». Je les appelle *Improvisations*.
3.) Impressions qui se forment d'une manière semblable, mais, qui lentement élaborées, ont été reprises, examinées et longuement travaillées à partir des premières ébauches, presque d'une manière pédante. Je les appelle *Compositions*. L'intelligence, le conscient, l'intention lucide, le but précis jouent ici un rôle capital; seulement, ce n'est pas le calcul qui l'emporte, c'est toujours l'intuition » (*Du Spirituel*, rééd. 1971, pp. 182-183). Kandinsky a commencé à peindre des « Compositions » en 1910, date à laquelle renvoie donc le

« plus tard ». Il n'a peint en tout que 10 tableaux portant ce titre : 3 en 1910, 2 en 1911, 2 en 1913, 1 en 1923, 1 en 1936, 1 en 1939 (on en trouvera les reproductions réunies, sous une forme commode, dans Max Bill, *Wassily Kandinsky*, Paris, 1951, pp. 124-134). Le texte de *Regards* doit donc être lu en fonction des 7 « Compositions » alors réalisées ou en cours. L'important ajout de la version russe précise les conditions de ce passage de l'expression « pour une part inconsciente, et souvent formée soudainement, d'événements de caractère intérieur » à la *Composition* « lentement élaborée » : *Composition II* (1910, 200 × 275, autrefois à Berlin, catalogue Grohmann n° 98, à ne pas confondre avec l'étude du Solomon Guggenheim de New York) s'enrichit ainsi des visions successives de l'*Arrivée des marchands* (Ankunft der Kaufleute, 1905, 90 × 135, cat. Grohmann n° 40) et de la *Vie bariolée* (Buntesleben, 1907, 145 × 160, cat. Grohmann n° 46, aujourd'hui au musée de La Haye). Le rapport ne se laisse pas déceler à première vue et la plupart des critiques, dont Grohmann, ont omis de le signaler, par ignorance vraisemblablement de la version russe de *Regards*. Il n'en est que plus révélateur : sur le processus d'élaboration de la Composition d'abord, et sa durée exceptionnelle qui souligne plus que jamais la continuité qui préside au travail de Kandinsky; sur la signification de *Composition II* ensuite, dont les apparences tumultueuses et « improvisées » résultent donc au contraire de l'approfondissement, au cours des années, de la « vision » initiale : rien ne saurait mieux montrer l'importance prédominante de la pratique, et celle, toute relative, de l'idéologie et des « théories ». Sur *Vie Bariolée* et *Composition II* voir également p. 203 sq.

58. Les termes de la version russe font allusion à la décomposition des couleurs par le prisme.

59. Des œuvres du peintre français Eugène Carrière (1849-1906) avaient été présentées à Munich lors de l'exposition de la Sécession de 1905. Quatre tableaux de Carrière figuraient également dans les collections de Chtchoukin à Moscou (cf. note 37 p. 251). Sa pratique systématique du camaieu brun-ocre était évidemment à l'opposé des recherches de Kandinsky sur la couleur. Celui-ci semble avoir conservé plus longtemps son admiration pour Whistler (1834-1903) si l'on en croit une lettre à Grohmann où il écrit, à propos d'un spectacle de brume, que « Whistler n'a pu peindre rien de pareil et Monet pas davantage ». (1925, cité dans Grohmann 1958, p. 199).

60. Il faut entendre : quelle que soit l'opinion des critiques d'art que l'opinion publique a contribué à former.

61. Les attaques de la critique allemande contre Kandinsky commencèrent au moment des premières expositions de la *Neue Künstlervereinigung Mün-*

chen (N. K. V.) (décembre 1909; puis septembre 1910). Kandinsky s'est fait
l'écho des réactions hostiles suscitées par ces expositions dans ses « Lettres de
Munich » écrites pour la revue russe *Apollon* (1910). Le compte rendu paru
dans les *Münchner Neuesten Nachrichten* du 10 septembre 1910 donne le ton :
« Pour expliquer cette exposition absurde, il y a deux possibilités : il faut
admettre ou bien que la majorité des membres et des invités de l'association
est incurablement démente, ou bien que l'on a affaire à d'infâmes bluffeurs
qui n'ignorent pas la soif de sensations de cette époque et qui cherchent à
tirer profit des circonstances. Pour ma part je penche pour ce dernier point
de vue malgré des assurances contraires et sacrées, mais je veux bien, par
bonté, accepter le premier » (cité dans H. K. Röthel, *Der Blaue Reiter*, Munich,
1966, p. 38).) Après la crise interne de la N. K. V. et sa démission (fin 1911)
Kandinsky est plus directement visé par la critique qui oscille généralement
entre le scepticisme ironique et l'injure violente. Comme exemple du premier
on peut citer ce compte rendu d'une exposition collective organisée à Berlin
par Herwarth Walden, le directeur de la revue *Der Sturm*, compte rendu
paru dans *Die Kunst*, mensuel d'art munichois de tendance modérée (« pour
l'art libre et engagé ») : cette exposition « est un essai, dans lequel il y a plus
de bonne volonté que de succès (...) on y voit les fantaisies de tapissier de
Wassily Kandinsky dont on ne voudrait pas à avoir à approfondir le sens à
l'aide du programme théosophique du peintre... » (*Die Kunst*, 1912, pp. 361-
362). Quand aux injures violentes elles culminent dans la revue munichoise
Der Zwiebelfisch en 1912, et dans un article du *Hamburger Fremdenblatt* paru
à l'occasion d'une petite exposition chez Bock à Hambourg, en janvier 1913,
et signé par un certain Kurt Küchler. Dans la première Kandinsky est traité
de « raté », de « dilettante », d'« intellectuel au cerveau fêlé » dont la doctrine
est « creuse et vide » (cité par C. Giedion-Welcker, dans *W. Kandinsky*, présenté
par Max Bill, Paris 1951, p. 103). Dans le second il est qualifié de « malheureux monomane », sa peinture de « pseudo-art », on y parle aussi de « l'arro-
gance avec laquelle M. Kandinsky réclame que l'on prenne au sérieux son
bousillage (Pfuscherei) », de son « effronterie antipathique », etc... Cette dernière attaque devait susciter une vigoureuse riposte de la revue *Der Sturm*.
Des lettres de soutien furent recueillies et une pétition, « Für Kandinsky,
Protest », fut publiée en mars 1913 : on y relevait plusieurs noms connus dans
les milieux artistiques européens, en particulier ceux de Hans Arp, Apollinaire, Delaunay, Gleizes, Klee, Léger, Franz Marc, Marinetti, Schönberg,
Cendrars... (mais un seul témoignage de sympathie venait de Russie, celui
d'Alexandre Smirnov, professeur à l'Université de Saint-Pétersbourg; op.
cit., n° 150-151, p. 279, et suite de la pétition dans le n° 152-153, p. 288).
Parmi les lettres d'appui celle du directeur adjoint du musée d'Amsterdam,
W. Steenhoff, qui avait lui-même publié un essai sur Kandinsky dans *De
Amsterdammer Weekblad voor Nederland*, se faisait l'écho des polémiques

suscitées en Hollande par l'œuvre de Kandinsky : « J'apprends qu'Albert Verwey, un des principaux écrivains hollandais a publié un poème sur Kandinsky dans l'hebdomadaire « de Beweging ». Ici aussi Kandinsky a été vivement attaqué par les critiques ». *Regards* devait paraître quelques mois plus tard, fin octobre : la publication de ce poème en tête de l'Album prend ainsi tout son sens (cf. aussi note 2). On voit donc qu'au moment même où il dénonce ainsi la critique Kandinsky bénéficiait de solides appuis contre ses attaques. Mais même en dehors de l'avant garde, et même à Munich, on trouve dans la presse quelques témoignages de sympathie, ou du moins d'attention bienveillante. Pour reprendre une revue « modérée » comme *Die Kunst*, citée plus haut, qui pourtant ne reproduit guère que des œuvres des différentes *Sécession* ou de peintres qui se rattachent aux principaux courants de la fin du XIXᵉ siècle, Kandinsky est mentionné au moins deux fois assez favorablement à la fin de 1912 : dans un compte rendu de Curt Glaser sur son exposition de Francfort (« la peinture absolue (...) ne pourrait être que la peinture la plus abstraite, pour ainsi dire un cas limite de l'art. Kandinsky a démontré la possibilité d'un tel art, théoriquement (...) et pratiquement... »; op. cit. p. 434), et dans un article de Hans Tietze sur le *Blaue Reiter* (ibid. p. 549).

A l'étranger on connaît les prises de position d'un Verwey en Hollande, à un moindre degré d'un Apollinaire en France. C'est finalement en Russie que l'accueil semble être le plus froid; Kandinsky l'indique d'ailleurs clairement, et précise encore dans la version russe de son texte. Ici il se heurte en effet aussi bien aux attaques des peintres plus traditionnels qu'à celle des nouvelles avant-gardes, qui depuis 1910-1911 environ, défendent farouchement l'indépendance et l'originalité des peintres travaillant en Russie, au moment même pourtant où ils sont le plus attentifs aux expériences étrangères. Pour la première catégorie on peut relever la façon dont le peintre Igor Grabar qui avait connu Kandinsky à Munich, l'évoque dans ses mémoires : « Le malheur de Kandinsky c'est que toutes ses « élucubrations » venaient du cerveau et non du sentiment, du raisonnement et non du talent. Dans tout ce qu'il fait il est un cérébral type, et « feiner Konditor » comme disent les allemands » (*Ma vie*, 1937, cité dans Marcadé, 1971, p. 144). L'avant garde utilise, à des fins opposées, la même accusation de germanisme : Larionov et Gontcharova parlent de la « décadence de Munich » (C. Gray, 1962, rééd. 1971, p. 122), et les relations de Kandinsky avec l'aile gauche du mouvement seront de plus en plus difficiles (cf. Introduction p. 38 sq.). L'accueil de la version russe de Regards devait d'ailleurs justifier les remarques amères de Kandinsky : ce fut l'occasion d'accuser le peintre de « manque de spontanéité » ou de reprocher à ses tableaux de « ne pas exprimer ses théories sur la peinture abstraite de façon convaincante » (P. Ettinger dans *Khoudojestvennaïa jizn* n° 2, 1919, p. 49, cité par T. Andersen 1966, p. 108, note 1; en 1912 P. Ettinger présentait au

public munichois le peintre Boris Koustodiev (1878-1927), peintre folklo-
risant issu du *Monde de l'Art* et plus tard rallié aux tendances les plus
conservatrices du nouveau régime, comme un représentant typique de l'art
russe, précisément dans *Die Kunst*, op. cit. pp. 305-309). Ce court panorama
critique justifie donc en partie des lignes que Kandinsky consacre ici à la
critique d'art; il amène toutefois à souligner qu'au moment même où il les
écrit il est en train de devenir l'un des artistes les plus en vue d'Allemagne,
l'un des plus exposés (il ne l'a jamais autant été), l'un des plus passionnément commentés (cf. Introduction p. 17) : cette gloire naissante peut
contribuer à expliquer son « sang froid ».

62. La province et la ville de Vologda sont situées à environ 480 km au nord
de Moscou. La Soukhonia coule encore plus au nord, d'ouest en est.
Au cours de ce voyage, Kandinsky prit des notes et fit quelques croquis dans
un agenda qui a été conservé : voir dans Grohmann 1958, p. 20, fig. 8, un
dessin, à la date du 2 (14) février 1889, qui représente un paysage semblable
à celui qui est décrit ici.
Sur les raisons du voyage de Kandinsky et le rapport qu'il avait à faire, cf.
p. 101.

63. La touloupe est une sorte de pelisse.

64. Les zemstvos datent des réformes d'Alexandre II (de 1859 à 1864) : ce
sont des assemblées locales élues qui contrebalancent quelque peu le pouvoir
de l'administration centrale et peuvent avoir une action efficace dans les domaines de l'agriculture, de l'éducation, et de l'assistance publique.

65. Le texte n'est pas très clair : il semble que « la Russie future » se réjouisse
de voir des individus travailler ainsi à sa sauvegarde avec abnégation, chacun
de leur côté, et dans leur domaine propre (« complexité bigarrée »). Le fragmen-
tation du travail et sa portée pratique réduite comptent moins, aux yeux de
Kandinsky, que la valeur morale « intérieure » de leur action : ce qui s'accorde
tout à fait avec ce qui a été dit plus haut de la forme « intérieure » du droit des
paysans (cf. p. 95 note de Kandinsky), mais prend dans la Russie de 1918
une résonance particulière.

66. Banquette de bois faisant le tour de l'isba et sur laquelle on couche.
Cf. B.H. Kerblay, *l'Isba d'hier et d'aujourd'hui*, Lausanne, 1973.

67. Sortes d'images d'Epinal sur écorce de bouleau, représentant en particulier les héros dont il est question ensuite c'est-à-dire les « preux » des chants
populaires épiques russes ou « bylines ».

68. Celui où l'on conduit les hôtes pour les honorer (coin opposé au poêle) : cf. par ex. Tolstoï, *Guerre et Paix*, livre III, 3ᵉ partie, chap. 4 (éd. Pléiade, p. 1080).

69. Le Kremlin est en réalité une collégiale (c'est-à-dire une église de plus grande importance que les autres) et non une cathédrale (siège de l'évêché).

70. Haute plante herbacée avec laquelle on fabrique un substitut du thé.

71. Plus précisément : sorte de petit coffre pour la vaisselle.

72. On pourra comparer cette intention à celle, qui relève de mobiles tout différents, des futuristes italiens : « Notre besoin grandissant de vérité ne peut plus se contenter de la Forme et de la Couleur comme elles furent comprises jusqu'ici (...) Nos corps entrent dans les canapés sur lesquels nous nous asseyons, et les canapés entrent en nous (...) Les peintres nous ont toujours montré les objets et les personnes placés devant nous. Nous placerons désormais le spectateur au centre du tableau » (*Manifeste des peintres futuristes*, 11 avril 1910). L'agitation tout extérieure et les mouvements violents et cahotiques des futuristes italiens sont aux antipodes de la recherche de la « durée » intérieure chez Kandinsky. Et l'on connaît ses jugements sévères sur leur peinture : « ... les futuristes jouent avec les idées les plus importantes qu'ils avancent ici et là », « la légèreté et la grande hâte sont aujourd'hui les caractéristiques de beaucoup d'artistes radicaux; c'est en ceci que les futuristes (...) ont gâché le bon côté de leurs idées (lettres à Walden, novembre 1913, reproduites ici pp. 228-229). Les deux recherches correspondent cependant à la même volonté de faire éclater le tableau-surface, objet de contemplation « extérieure » : indice d'une crise d'époque, qui dépasse largement les individualités.

73. Ce point avait été largement développé à la fin du chapitre VII de *Du Spirituel* : parmi les deux « dangers » qu'il signalait sur la voie qui conduit à la peinture, Kandinsky comptait « l'emploi entièrement abstrait, totalement émancipé, de la couleur dans une forme « géométrique » (danger de dégénérescence en art ornemental extérieur) » (rééd. 1971, p. 162).

74. Cf. note 3, p. 239.

75. C'est le cas notamment de *Vieille ville*, particulièrement caractéristique (cf. note 17).

76. Par l'expression allemande de « dessins en couleurs » (farbige Zeichnungen) Kandinsky entend en fait, comme l'indique clairement la version russe, des peintures « a tempera » (à l'eau) ; il en a lui-même dressé la liste, indépendamment des peintures à l'huile : ce catalogue comprend 132 œuvres, qui datent des années 1901 à 1907 (Cf. Grohmann 1958, p. 344, 345 et 347 pour le supplément). Parmi ces œuvres on compte en effet un certain nombre de sujets hollandais ou tunisiens (n° 54, 55, 59, 67, 68, 69 ,70 pour la Hollande, 71 et suivants pour la Tunisie) : Kandinsky avait fait un voyage en Hollande puis à Tunis (décembre 1904-avril 1905) après la dissolution du groupe *Phalanx* à Munich (1904). Certaines de ces œuvres étaient reproduites avant *Regards* dans l'Album Kandinsky de 1913 : c'est le cas par exemple pour « *Fête de Muton* » (sic : fête des moutons), conservé au musée Guggenheim à New York (catalogue des tempera n° 88).

77. Arnold Böcklin (1827-1901), peintre suisse dont les mythologies symboliques et bariolées ont toujours suscité beaucoup de réserves en France, mais dont l'influence a été considérable dans toute l'Europe centrale de la fin du XIXᵉ siècle. Kandinsky le citait, avec Stuck, à la fin du chapitre III de *Du Spirituel* comme l'un des « plus caractéristiques parmi les chercheurs en quête de domaines immatériels », celui qui « a choisi le domaine de la mythologie et de la légende mais a revêtu ses figures abstraites de formes matérielles fortement accusées »... où l'on serait tenté aujourd'hui de reconnaître en effet cette lourdeur de « portefaix ». Mais Böcklin était alors très prisé à Munich. Et un peintre latin comme Chirico a été fortement marqué par son œuvre lors de ses études dans cette ville : « J'avais alors à peine dix-sept ans; pourtant j'avais déjà compris — et tout autant que je les comprends aujourd'hui — la profondeur et la métaphysique des œuvres de Böcklin, de Klinger, de Segantini, de Previati... » (*Mémoires*, tr. fr., Paris, 1962, p. 57). Cf. en dernier lieu le catalogue de l'exposition Böcklin, Londres, Hayward Gallery, 1971.

78. Il faut entendre : sur la palette. Pour l'analyse de ce passage, cf. Introduction p. 56 sq. On pourra comparer cette évocation avec les préceptes sévères d'un « technicien » contemporain, où il est peu probable d'ailleurs qu'il soit fait directement allusion au texte de Kandinsky : « Il convient de s'élever avec la plus grande énergie contre l'attitude absurde de certains peintres qui se flattent de ne jamais nettoyer leur palette : plus leur palette est sale et plus ils la trouvent « inspirante ». Qu'une palette encrassée, ou, si l'on préfère, patinée, puisse avoir son charme sur le plan de la poésie pure, qui songerait à le contester ? Mais, du point de vue qui nous intéresse ici, la palette ne représente qu'un instrument de travail; à ce titre elle doit être rigoureusement propre au début de chaque séance de travail » (Xavier de Langlais, *La technique de la peinture à l'huile*, Paris, 1959, p. 393). Il reste que Kandinsky était tout de même peintre...

79. Le texte allemand est ambigu (nous avons traduit littéralement) : il pourrait laisser croire qu'il s'agit d'une « expérience » chimique, que l'on « entend » dans le laboratoire d'un alchimiste; mais l'on attendrait alors « Erfahrung » et non « Erlebnis ». En fait le texte russe permet de comprendre qu'il s'agit bien de « faire l'expérience d'entendre » et le sens complet est donc : « c'était quelque chose de semblable à ce que l'on peut éprouver en entendant... »

80. Les versions allemande et russe semblent donner ici des sens opposés qui pourtant, dans chacune des langues, sont indiscutables. Pour comprendre la version allemande il faut considérer que ce dernier membre de phrase (« en cessant d'y voir... ») porte sur celui qui précède immédiatement (« à n'y prendre garde... ») alors que la version russe exige qu'il se rattache au verbe principal (« j'ai appris à... »). Ou bien Kandinsky a fait une erreur, en allemand, sur le sens de la conjonction « statt » (au lieu de), ce qui est tout de même peu vraisemblable, ou il a modifié le texte allemand jugeant qu'il était peu clair. De toutes façons, le sens général ne paraît pas contestable : apprendre à ne pas voir le blanc de la toile mais les couleurs qui la couvriront (russe) sauf à de courts moments où l'on cesse de « voir » ces couleurs (allemand) pour contrôler les rapports avec le blanc (allemand).

81. Nouvelle obscurité, accrue cette fois par la confrontation des deux versions. Peut-être faut-il comprendre, en jugeant le texte russe plus précis et plus satisfaisant : apprendre à voir tantôt la blancheur tantôt les couleurs.

82. En russe, œuvre se dit : proizviedenié.

83. Un des thèmes centraux des théories de Kandinsky : on le trouve formulé, sous une forme semblable, dès son premier article théorique important, *Le contenu et la forme* (Sodierjanié i forma) paru dans le catalogue du deuxième Salon d'art international de Vladimir Izdebski (1910-1911) : « la forme est l'expression matérielle du contenu abstrait... Une œuvre est belle lorsque sa forme extérieure correspond absolument au contenu interne... » (cité par Camilla Gray en appendice de la première édition de son livre, *The Great Experiment : Russian Art 1863-1922*, Londres, 1962, éd. fr., pp. 269-270). Dans cet article, qui représente une première version de *La peinture en tant qu'art pur* (paru avant *Regards* en septembre 1913 et repris dans ce volume, p. 193 sq.) on retrouve le même enchaînement avec le second thème fondamental : le principe de la nécessité intérieure (" vnoutriénniaïa niéobkhodimost ", en allemand " innere Notwendigkeit "), « dans son essence la seule loi immuable de l'art ». On a ici l'exemple de cet assemblage « spontané » des idées dont parle

Kandinsky un peu plus haut, à propos du *Du Spirituel* (où les mêmes thèmes sont abondamment développés).

84. Ce dernier membre de phrase porte sur ce qui précède immédiatement : ces œuvres sont très semblables aux siennes, « comme si elles m'étaient apparentées par l'esprit », ce qu'elles ne sont pas en réalité. Par « art réaliste » on peut entendre de façon générale l'art figuratif traditionnel, mais il faut rappeler qu'à la fin du chapitre VII du *Du Spirituel*, Kandinsky qualifiait de réalistes les deux « dangers » « de gauche » sur la voie de la peinture : « à gauche, l'emploi plus réaliste, mais trop entravé par les formes extérieures, de la couleur dans une forme corporelle (danger de platitude pour l'art « fantastique ») ... » et plus à gauche encore « le réalisme pur (c'est-à-dire un « fantastique » plus relevé, un « fantastique » fait dans la matière la plus dure) ». Ces remarques de la version russe visent très vraisemblablement les autres artistes « abstraits » de l'avant-garde russe (voir l'Introduction); mais elles pourraient s'appliquer déjà à certains des russes de Munich au moment de la N. K. V. et du *Blaue Reiter* : Jawlensky, Werefkin et Bekhtiéïev.

85. Ce passage très obscur (le mot russe « Pomelo » vient de la racine du verbe « balayer ») semble faire allusion aux conséquences et aux lendemains de la Révolution d'octobre.

86. « L'art pour l'art » : en français dans le texte.

87. Anton Azbe (1859-1905). Nous possédons sur ce peintre et son enseignement à Munich une documentation importante et récente, malheureusement peu accessible au lecteur français. D'abord négociant il avait étudié à Vienne et à Munich avant d'ouvrir dans cette dernière ville une école qui devint particulièrement célèbre en raison surtout de la personnalité de son directeur : « Comme homme c'était une des personnalités artistiques les plus originales et les plus connues de Munich » (article nécrologique de la *Kunstchronik*, Neue Folge, Tome XVI, n° 31, 18 août 1905, p. 506). Les photographies et les caricatures donnent en effet de lui une image assez pittoresque : petit, portant moustache, binocles, col cassé, pochette, fume-cigarette... (voir la documentation réunie par N. Županič, *Spomini na slikarja Antona Ažbeta* (Souvenirs sur le peintre Anton Azbe) dans *Zbornik za umetnostno zgodovino* (Archives d'histoire de l'art), tome V-VI, Ljubljana 1959, p. 603-633 : photographies et caricatures de M. Zarnik, E. Thöny et Olaf Gulbransson). Il paraît avoir défrayé la chronique des brasseries et des cabarets de Schwabing et de Munich, où on le voit photographié au milieu de ses élèves, notamment dans le local des artistes Simplicissimus (cf. Bötticher, *Simplicissimus, Künstler-Kneipe und Kathy-Kobus*, Munich, 1911). Ses aspects pittoresques expliquent

en partie sa popularité auprès des très nombreux élèves qui venaient fréquenter l'atelier du 16 de la Georgenstrasse (rue séparant Munich du faubourg de Schwabing), en particulier des slaves : « Les russes étaient à l'école d'Azbe l'élément le plus fort, qu'ils soient nombreux ou non. Bientôt ils dominèrent tout et entraînèrent à leur suite Azbe lui-même... » (Ludvik Kuba, *Zaschla Paleta* (La palette desséchée), Prague, 1958, p. 195, cité par V. Marcadé, 1971, p. 141). Et c'est là en effet que Kandinsky, qui s'était inscrit au début de 1897, devait faire la connaissance de Jawlensky et de Marianne von Werefkin qui étaient arrivés de Russie à peu près au même moment que lui (Grohmann 1958, p. 33). L'enseignement d'Azbe paraît avoir été particulièrement ouvert et libéral, mais aussi assez traditionnel : « Azbe considérait l'étude des lois de la nature comme une base de la formation de chaque peintre, négligeant quelque peu la nécessité de compter avec la surface du tableau dans la représentation de l'objet » (N. Moliéva et E. Bélioutine, *Chkola Ažbe* (l'école d'Azbe), Moscou, 1958, p. 23, cité par V. Marcadé, ibid.). Sa plus grande audace aurait été l'utilisation des touches séparées, sans mélange sur la palette (I. Grabar, *Moïa jizn* (Ma vie), Moscou 1937, p. 128, d'après V. Marcadé, qui ne cite pas le texte). « Professeur de nombreux artistes aujourd'hui reconnus, il n'était pas arrivé lui-même, en raison de sa modestie personnelle proverbiale, à avoir une célébrité propre. Mais son action, et le don sans réserve qu'il faisait de lui-même à ses élèves et amis, lui valurent de riches bénédictions » (*Kunstchronik*, op. cit.; voir aussi, en dernier lieu, *Anton Ažbe in njegova škola* (Azbe et son influence) Lubljana, 1962).

88. *Sur la question de la forme*, texte reproduit ici, p. 145 sq.

89. Sur cet écœurement devant le nu, voir de même, au même moment, Paul Klee à l'école de peinture de Knirr :« la salle d'études de nu me fit une impression spécifique de ce genre de milieu. La vilaine femme aux chairs spongieuses, aux seins gonflés comme des outres, à la dégoûtante toison — voilà ce qu'il me fallait dessiner à présent avec la pointe du crayon ! » (*Journal* tr. fr., P. Klossovski, Paris, 1959, p. 24, avec p. 128, la reproduction d'une étude de nu faite chez Knirr).

90. Sur Schwabing et ces études cf. ci-dessus p. 89 et note 9, et p. 104 et note 56.

91. Il s'agit en fait du professeur Mollier « dont le cours d'anatomie était très apprécié de l'ensemble des artistes » (H. K. Röthel, qui a fait la rectification dans son livre *Kandinsky, Das graphische Werk*, Cologne, 1970, p. 436). Kandinsky a pu faire la confusion avec le peintre suisse Louis Moilliet (1880-1962), qui faisait partie du *Cavalier bleu* (et venait de partir en Tunisie avec Klee et August Macke). Les carnets d'esquisse de Kandinsky contiennent

des études de nu et d'anatomie, « dessins sobres et consciencieux qui ne dépassent nullement la moyenne » (Grohmann 1958, p. 36).

92. En 1925 Kandinsky précise les raisons profondes de cet échec dans un curriculum vitae destiné à la municipalité de Dessau : « Je m'enivrais de la nature, cherchant inlassablement à mettre d'abord l'accent principal et plus tard l'accent tout entier sur la couleur (...) Ce qui me paraissait particulièrement difficile et énigmatique à cette époque, c'était le problème du dessin non objectif. Je cherchais mon salut au mauvais endroit, et j'en fus puni : je me présentai à l'examen de la classe de dessin, et j'échouai » (cité par Grohmann 1958, p. 34).

93. Sur la nervosité cf. la note ajoutée dans la version russe, p. 112.

94. Au moment où Kandinsky écrivait ces lignes Franz von Stuck (1863-1928) était en pleine gloire : deux monographies lui avaient déjà été consacrées, celle d'Otto Julius Birbaum (1908, dans la collection des *Künstler Monographien* des éditions Velhagen et Klassing) et un luxueux album consacré à son « Œuvre complet » (préface de F. von Ostini, Munich, sd.). En 1912 il exposait toujours à la *Sécession* de Munich les tableaux allégoriques ou mythologiques qui avaient fait sa réputation au tournant du siècle (*Inferno*, reproduit dans *Die Kunst*, 1912, p. 489) : c'est dire que sa position par rapport à l'avant-garde depuis le moment où il attirait à Munich des élèves comme Klee ou Kandinsky avait beaucoup changé. Et en effet, en 1912, il fait l'objet d'une attaque extrêmement vigoureuse dans *Der Sturm*, dans le même numéro précisément où Kandinsky publiait un chapitre de *Du Spirituel* (n° 106, avril 1912, p. 14) : « Le guide de l'Allemagne artistique, le chef « conscient de son but » du goût allemand et de l'esthétique allemande pouvait se le permettre (...) il est tout, sauf un peintre (...) Il n'y a rien d'artistique dans sa peinture. Elle est fausse et trompeuse comme la poésie d'Hugo von Hofmansthal. Classicisme ? Le plus triste qu'on ait jamais vu chez Arnold Böcklin! (...) Dessin superficiel, conception superficielle, et exécution violente, décorative, de colorieur. Et dans ces couleurs se baigne la « Scholle » de Messieurs Erler, Eichler et Cie, dans l'idéal enthousiasme de dépouiller Böcklin de toutes les façons et par tous les moyens... ». Cette philippique signée Curt Seidel fait ressortir du même coup la modération de Kandinsky, qui déjà dans *Du Spirituel* citait avec indulgence « Böcklin, et Stuck qui procède de lui » (fin du chapitre III). Dans un important passage de son *Journal* où il mentionne d'ailleurs le texte de Kandinsky, Klee s'est montré plus sévère : « C'était de bon aloi d'être élève de Stuck. En réalité ce n'était pas si brillant. Au lieu d'y apporter toute ma raison, je n'y vins qu'avec mille douleurs et mille préjugés. Dans la couleur, je ne progressais qu'avec peine. Et comme dans ma maîtrise de la forme, l'accent

affectif prédominait avec force, je cherchais au moins à en tirer le meilleur parti. Et en effet chez Stuck il y avait maintes choses à trouver sous ce rapport. Naturellement dans le domaine du coloris le défaut ne tenait pas à moi seul. Plus tard, Kandinsky, dans sa monographie consacrée à cette école (?; en fait le texte de *Regards*), l'a jugée de façon analogue. Si ce maître m'eût expliqué l'essence de la peinture, comme je fus capable de le faire plus tard après l'avoir pénétré de plus en plus, je ne me fusse pas trouvé dans une situation pareillement désespérée », et Klee ajoute que malgré « cet homme qui jouissait d'une influence considérable » il ne put placer les illustrations que le maître avait bien voulu trouver « originales », (trad. P. Klossovski, Paris 1959, p. 46). Comme Kandinsky, Klee met donc l'accent sur les qualités de dessinateur de Stuck, dont on connaît aussi de surprenantes caricatures (cf. par exemple *Die Kunst*, 1912, pp. 27-48). C'est ce que soulignait également André Germain en 1903 dans une des rares études parues en français sur le peintre de Munich, qui est aussi l'une des plus pertinentes (et des plus utiles, indirectement, pour l'étude des rapports Stuck-Kandinsky) : « Son dessin est souvent d'une sûreté impeccable, et c'est plaisir de voir comment il se précise et s'affirme en passant d'études vigoureuses aux tableaux achevés. Plus discuté est son coloris (...) l'artiste est enclin à lui donner une importance excessive et à oublier qu'il est avant tout un merveilleux dessinateur » (*Les idées dans la peinture allemande contemporaine, Franz Stuck et Léo Samberger*, dans *Le Correspondant*, 1904, p. 8; on trouvera dans le même article des notes intéressantes sur le symbolisme des couleurs qui prouvent, une fois de plus, combien le projet de Kandinsky dans *Du Spirituel* a derrière lui une longue tradition). Il nous semble finalement que Kandinsky a été beaucoup plus sensible aux idées et même à la manière de Stuck qu'on veut bien le dire généralement (Grohmann, 1958, p. 46) : on comparera en particulier le fameux *Cavalier bleu* de 1903 avec un tableau comme la *Vision de Saint-Hubert* de Stuck, daté de 1890 (*Franz von Stuck*, Gesamtwerk, Munich, s.d., p. 19).

95. On pourra rapprocher cette surprenante comparaison de ce que l'on sait du symbolisme de la noix et de sa coquille pour les docteurs de l'Église et dans l'iconographie de l'art chrétien du moyen âge : « Adam de Saint-Victor dans le réfectoire de son couvent, tient dans sa main une noix, et il réfléchit : « Qu'est-ce qu'une noix, dit-il, sinon l'image de Jésus-Christ ? L'enveloppe verte et charnue qui la recouvre, c'est sa chair, c'est son humanité. Le bois de la coquille, c'est le bois de la croix où cette chair à souffert. Mais l'intérieur de la noix, qui est pour l'homme une nourriture, c'est sa diversité cachée » (symbolisme qui figure déjà dans Saint Augustin, et remonte à Origène; cité dans E. Mâle, *L'art religieux du XIIIe siècle en France*, 1898, rééd., 1958, Tome I, p. 79).

96. Kandinsky emploie le mot « Bukett », transcrit du français, pour l'allemand « Strauss » (ou encore « Büschelfeuerwerk », dans le cas d'un feu d'artifice).

97. On s'appuie souvent sur ce terme, et de façon plus générale sur tout ce passage, pour souligner les rapports étroits qui existent entre la pensée mystique de Kandinsky et la théosophie de Rudolf Steiner (Grohmann, 1958, p. 84, et en dernier lieu l'étude très poussée de S. Ringbom, *Art in the epoch of the great spiritual, occult elements in the early theory of abstract painting*, dans *Journal of the Warburg and Courtauld Institute*, Tome 54 (1966) pp. 386-418). Le rapport est incontestable, et Kandinsky ne s'est d'ailleurs pas caché de son intérêt pour les idées de Steiner en s'étendant longuement, dans le troisième chapitre de *Du Spirituel*, sur « le grand mouvement spirituel dont la « Société de théosophie » est aujourd'hui la forme visible ». L'établissement d'un rapport de « filiation » nous paraît toutefois extrêmement discutable, dans son projet même (cf. Introduction p. 66). Grohmann a noté justement que l'intérêt que Kandinsky portait à ces problèmes « diminue au fur et à mesure qu'il se fait une idée plus claire du concours du rationnel dans l'art » (op. cit., p. 84). Même si elle a pu être suscitée par des causes tout extérieures la suppression de ce passage dans la version russe va dans ce sens (voir la suppression de la même expression plus loin, p. 127). Sans qu'il soit question de reprendre à nouveau cette question ici on pourra mesurer le fossé qui sépare la pratique de Kandinsky de celle de Steiner (qui s'est directement intéressé à l'art) en consultant l'un des textes du théosophe les plus proches de ceux de Kandinsky à cette date : *Vers un style nouveau en architecture* (Wege zu einem neuen Baustil), ensemble de conférences prononcées en juin et juillet 1914 au moment de la construction du Goethaneum de Dornach; tout en étant de « tonalité » voisine les textes de Steiner en restent à un niveau de généralité, et même, à cette date, de banalité, extrêmement superficiel : « sans imiter la nature l'art puise à la même source (...) Nous avons avec la couleur un lien spirituel (...) Accéder à ce genre de réalités sera donc la tâche et le privilège des artistes à venir (...) Mission sacrée de la science spirituelle » etc... (R. Steiner, *Vers un style nouveau en architecture*, dans *Triades*, supplément au n° 28, printemps 1969, passim).

98. Cette note a fourni la matière d'un des rares textes rédigés par Kandinsky entre 1914 et 1918, publié à Stockhom en 1916 : *Om Konstnären* (Stockholm, Gummesons Konsthandels Förlag, 1916, reproduit dans le catalogue de l'exposition Kandinsky, Stockholm, Moderna Museet, avril-mai 1965). Grohmann en a donné un aperçu (ainsi que d'une partie non publiée) : l'artiste virtuose est l'homme des suggestions extérieures, l'être réceptif qui « popularise le rêve de l'original... L'artiste créateur en revanche, vient au monde avec le rêve qu'il porte en son âme » (op. cit. p. 166).

99. Malgré ce que semblent exiger le sens et l'ordre des mots ce membre de phrase se rapporte grammaticalement à « l'âme purement russe », et non au droit populaire.

100. C'est à dire comme un meuble branlant (suite de l'image évoquée plus haut).

101. Kandinsky y était revenu de nombreuses fois : en 1903, 1904, 1905, 1910, 1912. Il y retournera en 1914. La ville avait connu une activité artistique importante avec les deux Salons d'art international organisés en 1909-1910 puis 1910-1911 par Vladimir Izdebski, qui faisait lui aussi partie des « russes de Munich ». Kandinsky avait participé aux deux expositions, avec 10 œuvres à la première, et plus d'une cinquantaine à la seconde (cf. V. Marcadé 1971, pp. 147-148, 300 et 311). C'est pour ce second Salon qu'il écrivit son premier article théorique important *Le contenu et la forme* (cf. note 83 p. 269).

102. Allusion à la fin de la pièce, où les trois sœurs expriment leur nostalgie de la capitale en répétant « A Moscou, à Moscou ».

103. L'expression, traditionnelle, remonte au moyen âge : cf. par ex. Tolstoï, *Guerre et paix*, livre II, 5e partie, chap. 1 (éd. Pléiade, p. 700). L'un des premiers dessins conservés de Kandinsky représente l'église de la Nativité de la Vierge à Moscou (1886; reproduit dans Grohmann 1958, p. 15).

104. Cf. son portrait peint en Italie et sa photographie, en 1869, dans Grohmann 1958, p. 18 et 19 (la photographie est également reproduite dans *XXe siècle*, 1966, p. 83). Une autre photographie d'elle, âgée, dans Eichner 1957 (en face de la page 16). Sur « notre mère Moscou », cf. Tolstoï, *Guerre et Paix*, livre III, 3e partie, chap. 19 (éd. Pléiade, p. 1137) : « Tout Russe qui contemple Moscou sent en elle une mère; tout étranger qui la regarde, sans connaître sa signification maternelle, reste cependant frappé du caractère féminin de cette ville » (trad. H. Mongault).

105. Dans la version russe la signature est suivie des dates : « Munich, juin-octobre 1913, Moscou, septembre 1918 ».

106. Dans l'album de 1913 ces commentaires suivent immédiatement le texte de *Regards* sous le titre général de *Notizen* (Notes) et ne sont eux mêmes précédés que du titre de chaque tableau, comme ici.

107. *Composition IV*, huile sur toile, 159,5 × 250,5 cm, signé et daté en bas à gauche Kandinsky 1911, catalogue Kandinsky no 125 (Grohmann 1958,

p. 332), collections Nordrhein-Westfalen de Düsseldorf. Le tableau a été exposé d'abord à la Nouvelle Sécession de Berlin en 1911. Une esquisse préparatoire fut ensuite publiée par Kandinsky dans l'Almanach du *Cavalier Bleu*, en 1912 (repr. en noir dans la réédition de K. Lankheit, 1965, p. 121). Il existe d'autres études, deux dessins, deux aquarelles, et un tableau (conservé à la Tate Gallery de Londres) qui donne la moitié gauche de l'œuvre (daté signé 1910, Grohmann, 1958, n° 119, fig. 52, p. 353). Grohmann, qui reproduit également deux dessins et une aquarelle préparatoire, a retracé la genèse de l'œuvre et commenté son iconographie, qu'il résume ainsi : « c'est un paysage de montagne : au milieu une montagne bleue avec une citadelle, sur la gauche une pente, entre les deux un arc-en-ciel, et, par dessus, un combat de cavaliers; à droite un couple couché, et sur l'arête d'une colline deux formes debout, le tout traversé par deux troncs d'arbres qui entament les bords supérieur et inférieur du tableau » (Grohmann 1958, p. 122).

108. Au sens d' « intelligibilité ».

109. *Composition VI*, huile sur toile, 195 × 300 cm, signé et daté en bas à droite Kandinsky 1913, catalogue Kandinsky n° 172 (Grohmann 1958, p. 333), Musée de l'Ermitage, Léningrad, U.R.S.S. (à notre connaissance il n'en a été publié que de médiocres reproductions en noir. Voir par exemple *W. Kandinsky*, présenté par M. Bill, Paris, 1951, p. 130). Le tableau a d'abord été exposé au Premier Salon d'Automne allemand, à Berlin en 1913. Kandinsky l'a fait figurer en tête des reproductions de l'album édité par *Der Sturm*, ce qui prouve l'importance qu'il attachait à l'œuvre. C'est avec la *Composition VII* l'un de ses plus grands tableaux. Il existe au moins deux esquisses et un tableau préparatoire portant le titre « déluge », que Kandinsky explique dans son commentaire : *Improvisation, Déluge*, 95 × 150, à la Städtische Galerie de Munich, qui peut donner une certaine idée de l'œuvre, bien qu'il lui manque le troisième centre dont parle Kandinsky; supplément Grohmann, p. 347, repr. coul. dans H.K. Röthel 1966, p. 68). La peinture sur verre qui est mentionnée et décrite dans le texte est inconnue de Grohmann (pp. 134-136). Celui-ci relève par ailleurs le pertinent rapprochement fait par Vantongerloo dans son livre *L'art et son avenir* (1924), entre *Composition VI* et *La chute des anges rebelles* de Brueghel l'ancien (1562, Musées Royaux des Beaux-Arts, Bruxelles). Depuis 1911, plusieurs œuvres de Kandinsky portaient sur les thèmes voisins du Déluge, de l'Apocalypse, du Jugement dernier, qui sont à nouveau présents, avant *Composition VI*, dans les deux « Déluges » de 1912 (Grohmann n° 151 a et 159 a et texte pp. 110-111). Le motif des anges aux trompettes ou aux tubas, et celui des cavaliers (de l'Apocalypse) permettaient d'ailleurs le traitement de thèmes chers à Kandinsky (cf. *Regards*). La ponctuation, par ces œuvres, de la progression des années 1911-1914 (en 1914 *Sans titre*,

nommé *Déluge*, Städtische Galerie, Munich) permet d'y voir l'annonce (Cavaliers de l'Apocalypse) de cet « Hymne à la nouvelle création qui suit la destruction » dont parle Kandinsky à la fin de son commentaire : à la fois la guerre de 1914 (cf. les canons dans *Improvisation 30*, 1913), la révolution de 1917, et le passage à un art entièrement nouveau, « abstrait » (cf. Introduction, et les lettres à A. J. Eddy traduites p. 223 sq.).

110. L'esquisse de la collection Bernhard Koehler (dont la nièce avait épousé le peintre August Macke, et qui soutenait financièrement Kandinsky à cette époque) a été brûlée à Berlin en 1945.

111. *Tableau avec bordure blanche*, huile sur toile, 138,51 × 198 cm, signé et daté en bas à gauche Kandinsky, 1913, catalogue Kandinsky n° 173 (Grohmann 1958, p. 333), Musée Guggenheim, New York (repr. coul. par ex. dans Arturo Bovi, *V. Kandinskij*, Florence, 1970, fig. 15). Le tableau a d'abord été présenté en même temps que *Composition VI*, au premier Salon d'Automne allemand à Berlin en 1913. Kandinsky l'a fait figurer à la fin de la première section des reproductions de l'album *Der Sturm* (tableaux de 1913); il appartenait alors à la coll. Kluxen. Les deux ébauches à l'huile dont parle Kandinsky ont été conservées : l'une est à Washington (catal. Kandinsky n° 162), l'autre, qui avait été présentée avec le tableau au Salon de Berlin, est en U.R.S.S. (catal. Kandinsky n° 163); les deux sont reproduites dans Grohmann, p. 276 et p. 356, fig. 82; voir aussi une aquarelle de la Städtische Galerie de Munich qui correspond à la partie gauche du tableau (Grohmann 1958, fig. 695, p. 407). Plusieurs autres tableaux, notamment pendant l'année 1914, sont à rattacher à cette œuvre décisive, ainsi que Grohmann l'a noté (p. 140) : voir par ex. *Tableau avec bordure bleue* (cat. Kandinsky n° 195); et plus tard on trouvera encore *Bordure grise* (1917, cat. Kandinsky n° 217), *Bordure rouge* (1919, cat. Kandinsky n° 219), *Bordure verte* (1920, cat. Kandinsky n° 230), œuvres dans lesquelles la bordure est utilisée de la même façon que dans le tableau de 1913.

112. Le motif de la Troïka revient dans de très nombreuses œuvres, dès les débuts de la production de Kandinsky : *Troïka*, 1906 (cat. Kandinsky n° 45), *Tableau avec Troïka*, 1911 (cat. K. n° 120) etc... Il se rattache à la fois à la petite enfance (cf. début de *Regards*) et au cœur même de la Russie; cf. la fin de la première partie des *Ames mortes* de Gogol, qu'il est indispensable de citer à propos de ce thème fondamental de Kandinsky : « Oh! troïka, oiseau-troïka, qui donc t'a inventée ? Tu ne pouvais naître que chez un peuple hardi; sur cette terre qui n'a pas fait les choses à demi (...) Le voiturier ne porte pas de bottes fortes à l'étranger (...) cependant, dès qu'il se lève et gesticule en entonnant une chanson, les chevaux bondissent impétueusement, les rais ne forment plus

qu'une surface continue, la terre tremble, le piéton effaré pousse une excla-
mation et la troïka fuit, dévorant l'espace... Et déjà, au loin, on aperçoit quelque
chose qui troue et fend l'air. Et toi Russie, ne voles-tu pas comme une ardente
troïka qu'on ne saurait distancer ? Tu passes avec fracas dans un nuage de
poussière, laissant tout derrière toi! (...) O coursiers, coursiers sublimes! Quels
tourbillons agitent vos crinières ? (...) Ainsi vole la Russie sous l'inspiration
divine (...) tout ce qui se trouve sur terre est dépassé, et, avec un regard d'envie,
les autres nations s'écartent pour lui livrer passage » (trad. H. Mongault).

DER BLAUE REITER 1912

113. L'almanach *Der Blaue Reiter* fut publié en mai 1912, peu après la deuxième édition de *Du Spirituel*. L'idée en remontait à la fin de 1910, au moment
de la N.K.V. Kandinsky, avec l'assentiment de Franz Marc, y travailla pendant
l'été 1911, et la rédaction définitive fut faite à l'automne. En septembre Franz
Marc écrivait à August Macke : « Nous allons fonder un almanach qui doit
devenir l'organe de toutes les idées valables de notre époque. Peinture, musique
scène, etc... Il s'agira avant tout d'expliquer bien des choses à l'aide de documents comparatifs... Nous en attendons tant de profit salutaire et suggestif,
directement utile aussi à notre propre travail, pour l'éclaircissement des idées,
que cet almanach est devenu tout notre rêve » (cité par Grohmann 1958,
p. 177). Kandinsky et Franz Marc étaient les directeurs de la publication, qui
fut éditée par Reinhard Piper, avec le soutien financier du collectionneur berlinois Bernhard Koehler. Kandinsky avait fait appel à un éventail très large de
collaborateurs ; tous les articles prévus ne purent figurer dans le volume et la
parution de certains fut repoussée à un second numéro, qui en fait ne fut pas
réalisé : les premiers projets comprenaient ainsi les noms d'Alexandre Merce-
reau, Pechstein et Brioussov... Dans le volume publié figuraient 19 textes, de
Franz Marc, David Bourliouk, Delacroix (une courte citation), August Macke,
Arnold Schönberg, M. Kousmin, Roger Allard (« Les signes de renouveau en
peinture », texte traduit du français et qu'on trouvera, retraduit en français,
dans E. Fry. *Le Cubisme*, Bruxelles, 1968, pp. 70-73), Goethe (citation), Thomas
von Hartmann, Erwin von Busse, Leonid Sabaniéïev, N. Koulbin, W. Rozanov
(citation), et enfin Kandinsky, dont la participation était la plus importante :
un court texte à la mémoire de l'artiste Eugen Kahler (1882-1911) et les trois
textes que l'on trouvera ici, deux essais et une composition pour la scène. Sans
entrer dans une analyse détaillée du volume (qui eut un retentissement considérable dans les milieux artistiques), deux points sont à souligner : la place importante faite à la musique et aux musiciens d'une part (textes de Schönberg, de

Hartmann, de Koulbin, de Sabaniéïev sur le *Prométhée* de Scriabine, reproduction des partitions de trois lieder de Berg, Schönberg, Webern), et à l'iconographie d'autre part (plus de 150 documents où pour la première fois des
œuvres d'art primitif ou exotique, des dessins d'enfants ou d'imagerie populaire étaient mis sur le même plan que des chefs d'œuvre classiques ou des
productions contemporaines de toutes les avant-gardes européennes). Pour
plus de précision sur l'histoire et la composition de l'Almanach voir l'excellente
réédition qu'en a donnée Klaus Lankheit aux éditions Piper à Munich en 1965
(importante documentation); en français, et en attendant la traduction complète
qui s'impose, on peut regarder, en plus du livre de Grohmann, l'article très
rapide et très sommaire de J. Y. Bosseur, *L'Almanach du Blaue Reiter*, dans
L'année 1913, Paris, 1971, Tome II, pp. 959-966).

114. *Sur la question de la forme* (Über die Formfrage), 16ᵉ des 20 textes de
l'Almanach, où il occupe les pages 74 à 100 (rééd. 1965, pp. 132-186). L'article
est ponctué, plutôt qu' « illustré », par des reproductions de peintures votives
et de peintures sur verre bavaroises, de dessins d'enfants et d'amateurs, de
motifs égyptiens et japonais, d'œuvres anonymes du moyen âge, et d'œuvres
d'Henri Rousseau, Arnold Schönberg, Henri Matisse *(La Musique)*, Franz
Marc, Alfred Kubin, Gabriele Münter, Oskar Kokoschka. Dans la préface à la
seconde édition de *Du Spirituel*, datée d'avril 1912, Kandinsky déclarait que
cet article devait « être considéré comme un fragment caractéristique de l'évolution ultérieure de mes idées ou, plutôt, comme un complément de ce livre ».
Il en reprend en effet souvent le ton et les théories, de même qu'il annonce plus
d'un passage de *Regards* : voir par ex., dans la dernière partie, la mention d'un
« mégot de cigare » sur une table (p. 160 cf. *Regards*, p. 93), ou encore la fin,
placée comme dans *Regards*, sous le signe du Christ.

115. Eugen von Kahler (1882-1911), peintre, dessinateur et poète né et mort
à Prague avait fait ses études d'art à Munich de 1901 à 1905 à l'école de Knirr
et à l'Académie sous la direction de Franz von Stuck (les maîtres de Paul Klee,
et, pour Stuck, de Kandinsky). Après un séjour à Paris en 1906-1907, il avait
eu une première exposition à la galerie Thannhauser à Munich. Déjà invité
à la deuxième exposition de la N.K.V. en septembre 1910, il venait de figurer
à la première exposition du *Blaue Reiter*, en décembre 1911. Il était mort le
13 décembre. Dans l'Almanach Kandinsky lui consacrait un chaleureux éloge
funèbre (pp. 53-55, rééd. pp. 103-105) illustré par la reproduction de deux de ses
œuvres : *Au cirque*, et *Jardin d'amour* (ce dernier est aujourd'hui à la Städtische
Galerie de Munich, ainsi qu'un autre dessin de Kahler).

116. Kandinsky devait étudier plus longuement les peintures de Schönberg
dans un article d'un recueil collectif consacré au compositeur et publié par

Piper au cours de la même année 1912 (l'année de la composition de *Pierrot lunaire*, op. 21) : *Die Bilder* dans *Arnold Schœnberg*, Munich, 1912, pp. 59-64. Parmi les autres auteurs, amis ou élèves du musicien : Anton Webern et Alban Berg, dont les partitions étaient également reproduites dans l'Almanach (on trouvera la traduction française de l'hommage de Berg, dont le ton est proche de celui de Kandinsky, dans le recueil de ses écrits publié par Henri Pousseur, Monaco, 1957, pp. 26-27). Sur les peintures de Schönberg voir le catalogue de l'exposition *Dipinti e disegni di Arnold Schönberg* au 27e Mai florentin, Florence 1964 (avec la traduction italienne de l'article de Kandinsky) ; deux d'entre elles datées de 1910 figurent dans les collections de la Städtische Galerie de Munich. L'Almanach reproduisait deux tableaux : une *Vision*, tête appartenant à la série de 1910 (p. 80, rééd. p. 144) et un *Autoportrait* de 1911, assez surprenant, puisque le compositeur s'y est représenté en pied, mais de dos (p. 85, rééd. p. 158; le tableau est resté la propriété de Schönberg); c'est à lui que Kandinsky fait allusion ici. Les deux œuvres avaient figuré à la première exposition du *Blaue Reiter*.

117. Cette note n'a pas été traduite dans le tome II des *Écrits complets* (1970). L'ouvrage du critique et collectionneur Wilhelm Uhde (1874-1947) était paru en 1911, un an après la mort de Rousseau (2 septembre 1910) : c'était le premier livre consacré au peintre; avec l'exposition rétrospective des Indépendants il marquait le début de sa gloire posthume. Uhde avait été l'un des premiers acheteurs de Picasso, de Braque et de Rousseau; c'est lui qui « inventa » les autres naïfs : Séraphine de Senlis (en 1912), Bombois et Vivin (en 1922). Dès sa réception Piper avait envoyé le livre de Uhde à Kandinsky, mais lui-même n'osait pas répondre à la suggestion de Delaunay d'en faire paraître une édition allemande (celle-ci fut publiée par Alfred Flechtheim à Düsseldorf en 1914). Kandinsky , qui mentionnait déjà Rousseau dans sa lettre programme pour l'Almanach écrite à Marc le 19 juin 1911, demanda aussitôt les clichés à Uhde et acquit lui-même *La Rue* (la Basse-Cour), auprès des successeurs de Rousseau, par l'intermédiaire de Delaunay. Marc également enthousiasmé par le livre de Uhde copia l'autoportrait de Rousseau dans une peinture sur verre qu'il offrit à Kandinsky et qui se trouve aujourd'hui à la Städtische Galerie de Munich (cf. K. Lankheit, *Franz Marc, Katalog der Werke*, Cologne 1970, no 873, et, du même auteur, *Die Geschichte des Almanachs* dans la réédition de 1965 de l'Almanach du *Blaue Reiter*, p. 291-292).

118. L'admiration de Kandinsky pour le Douanier Rousseau remonte à son séjour à Paris, en 1906-1907. Il possédait dans sa collection un tableau de Rousseau qu'il conserva jusqu'à la fin de sa vie (cf. note précédente). Rousseau figurait à la première exposition du *Blaue Reiter* à Munich, en décembre 1911,

avec deux paysages. Dans l'Almanach publié en mai 1912 c'était de loin l'artiste le mieux représenté, avec sept reproductions : le *Portrait de Mlle M.*, 1896 (p. 76, rééd. p. 138, qui fit partie de la collection Picasso), *La basse-cour, paysage aux poules blanches*, vers 1908 (p. 81, rééd. p. 146, l'un des deux tableaux ayant figuré à l'exposition du *Blaue Reiter*, coll. Kandinsky), *Malakoff, les poteaux télégraphiques*, 1908 (p. 83, rééd., p. 156), *Vue de fortifications*, 1909 (p. 87, rééd. p. 160), *Rousseau à la lampe*, vers 1899 (p. 94, rééd. p. 170, collection Picasso), *La Noce*, 1905 (p. 95, rééd., p. 171), *Portrait de la femme de l'artiste* (avant la p. 101, rééd. p. 185, collection Picasso), (des dates différentes sont parfois données pour ces œuvres; voir en dernier lieu : Dora Vallier, *Tout l'œuvre peint de Henri Rousseau*, Paris, 1970). Par ailleurs, le tableau appartenant à Kandinsky, *La basse-cour*, était reproduit sur la feuille d'annonce de l'Almanach (rééd. 1965, p. 320) et toutes les autres reproductions figuraient dans les pages de l'article de Kandinsky : preuve d'un intérêt personnel tout particulier. Dans la seconde édition de *Du Spirituel* Kandinsky ajouta une note au célèbre passage de la fin du chapitre VII dans lequel il évoquait les voies de la peinture de l'avenir et en particulier celles du réalisme, modéré ou « pur »; il y renvoyait à son article de l'Almanach : « Partant de l'œuvre d'Henri Rousseau, j'y montre que le réalisme futur est à notre époque non seulement équivalent, mais identique à l'abstraction qui est le réalisme du visionnaire » (rééd. 1969, p. 163). Cf. aussi note 134, p. 287.

119. Le Cubisme, et Picasso en particulier, avaient déjà fait l'objet de commentaires et d'analyses dans *Du Spirituel* (cf. Introduction p. 55 et n. 100) : « Picasso cherche à l'aide de rapports numériques à atteindre le « constructif ». Dans ses dernières œuvres (1911) il arrive à force de logique à détruire les éléments « matériels », non point par dissolution, mais par une sorte de morcellement des parties isolées et par la dispersion constructive de ces parties sur la toile » (fin du chapitre III). Picasso avait été invité à la deuxième exposition de la N.K.V. en septembre 1910, et à la deuxième du *Blaue Reiter* en février 1912. Sa *Femme à la guitare*, de 1911 (Zervos n° 237) était reproduite dans l'Almanach (après la p. 4, rééd. p. 26).

120. Les deux œuvres étaient reproduites dans l'Almanach (*La danse* après la p. 38, rééd. p. 81, et la *Musique* après la p. 82, rééd. p. 149). Elles avaient été commandées par S. I. Chtchoukin, l'un des plus importants collectionneurs moscovites, pour l'escalier de son palais, où elles figuraient depuis novembre 1911 (cf. Matisse, *Écrits et propos sur l'art*, Paris, Hermann, 1972, p. 118-119); elles sont aujourd'hui au Musée d'art occidental de Moscou; on a pu les voir à Paris, lors de l'exposition du Centenaire, en 1970. Matisse faisait déjà l'objet de commentaires à la fin du chapitre III de *Du Spirituel* où il était mis, pour la couleur, en parallèle avec Picasso, pour la forme : « Bien que certaines de

ses toiles débordent d'une vie intense, effet de la nécessité intérieure sous la contrainte de laquelle le peintre les a créées, d'autres toiles, au contraire, ne doivent qu'à une excitation et à un stimulant tout extérieur la vie qui les anime » (rééd. 1971, p. 70). Matisse avait décliné l'offre d'écrire un article dans l'Almanach (K. Lankheit, *op. cit.*, p. 262).

121. Reproduit dans l'Almanach après la p. 90 (rééd. 1965, p. 165) : œuvre de 1911, aujourd'hui au Musée Guggenheim de New York (cf. K. Lankheit, *Franz Marc, Katalog der Werke*, Cologne, 1970, n° 150, et œuvres en rapport : n° 425, 426 et 427).

122. Reproduite dans l'Almanach p. 98 (rééd. 1965, p. 179) : œuvre de 1911, aujourd'hui à la Städtische Galerie de Munich (*Stilleben mit Hl. Georg*, reproduite en couleurs dans le catalogue de la galerie consacré au Cavalier Bleu : *Der Blaue Reiter*, Munich, 1966, fig. 89).

123. *L'abondance* (après la p. 70, rééd. p. 127) et le *Paysage lacustre* (p. 37, rééd. p. 79); le premier tableau est aujourd'hui au Gemeentemuseum de La Haye, le second se trouvait autrefois à Moscou. *L'abondance* avait été un des tableaux les plus remarqués lors de la grande exposition des cubistes dans la salle 41 du Salon des Indépendants en 1911. Le Fauconnier avait fait partie de la N. K. V. en 1909 et un texte de lui était paru dans le catalogue de la seconde exposition, en septembre 1910. Kandinsky lui avait également demandé de trouver un auteur susceptible d'écrire un article sur la musique française (Lankheit, *op. cit.*, p. 260).

124. *De la composition scénique* (Über Bühnenkomposition), 18e et avant dernier texte de l'Almanach, dans lequel il précède *La Sonorité jaune* (*Der gelbe Klang*, « ein Bühnenkomposition ») l'essai de « composition scénique » de Kandinsky : les deux textes sont donc indissociables, et le second se veut une application des principes exposés dans le premier, bien qu'il ait été écrit antérieurement (1909, selon Grohmann). *De la composition scénique*, écrit à la fin de 1911, tend essentiellement à montrer qu'il n'existe jusqu'alors aucune œuvre pour la scène (musicale, dramatique ou chorégraphique) qui procède « de l'intérieur ». Toutes, au contraire, résultent d'une démarche purement extérieure, sans unité intrinsèque entre drame, musique et danse pour l'opéra par exemple, où tous les éléments sont artificiellement juxtaposés. Par opposition à ces œuvres *La Sonorité jaune* est une tentative de « composition intérieure » où tous les éléments (musique, mouvement, texte, lumière, décor, etc...) ont une unité interne organique, et où la création esthétique procède de l'intérieur. Bien loin d'être, comme ils paraissent à première vue, quelque peu en marge de la production de Kandinsky, ces textes illustrent

donc les aspects fondamentaux de ses théories : celui de la nécessité intérieure ; et l'application qui en est faite ici ne relève que d'un simple « changement d'instrument », selon l'expression que Kandinsky emploie lui-même à propos de ses poèmes. Celui-ci d'ailleurs a écrit d'autres « compositions scéniques », jusqu'ici inédites : *Noir et blanc* et *Sonorité verte* écrites en russe à la même époque que *La Sonorité jaune* (Grohmann] 1958, p. 98) et *Violet*, écrit en allemand en 1911 (reproduction d'un fragment du manuscrit dans Grohmann 1968, p. 55, et extrait, daté de 1914, dans la revue du Bauhaus en 1927).

Kandinsky en abordant le problème de la composition scénique doit en premier lieu affronter le « cas Wagner » et son ambition d'œuvre d'art total (Gesamtkunstwerk) : il le fait non sans partialité, comme on pourra en juger, mais il est intéressant de constater que cette prise de position va à l'encontre de l'admiration pour Wagner professée quelques mois plus tard dans *Regards* (p. 98). Cette contradiction sera résolue en 1918 dans la version russe de *Regards*, où une note sévère viendra abolir les éloges enthousiastes du texte *(ibid.)* : ce n'est pas un hasard si cette correction précède de quelques mois la publication d'une traduction russe de l'essai théorique *De la composition scénique* (dans *Iskousstvo*, 1919, n⁰ 1, pp. 39-49)! Bien entendu Kandinsky n'est ni le premier ni le seul, à cette date, à prendre appui sur l'exemple de Wagner pour exposer une nouvelle conception de l'art de la scène. Pour ne s'en tenir qu'à deux noms célèbres, V. Meyerhold en Russie et E. G. Craig dans l'Europe entière avaient exposé et mis en application des analyses semblables. Du premier voir en particulier *Premiers essais d'un théâtre stylisé* et *Tristan et Isolde de Wagner* (1909, à propos d'une mise en scène au théâtre Marie à Saint-Pétersbourg) dans le recueil présenté par Nina Gourfinkel, V. Meyerhold, *Le théâtre théâtral*, Paris, 1963 (en particulier p. 39 et pp. 73-77) ; du second, qui étudie les théories de Wagner dès 1898, voir avant tout son livre *L'art du théâtre*, publié en allemand en 1905, et traduit aussitôt dans plusieurs langues, dont le russe, en 1906. Une des formules les plus célèbres de ce dernier livre, qui résulte elle aussi de l'examen critique des propositions wagnériennes, semble annoncer assez précisément ce que Kandinsky exposera un peu plus tard dans *Du Spirituel* (chap. VII) et dans l'article de l'Almanach : l'art du théâtre n'est « ni le jeu des acteurs, ni la mise en scène, ni la danse ; il est formé des éléments qui les composent : du geste qui est l'âme du jeu, des mots qui sont le corps de la pièce ; des lignes et des couleurs qui sont l'existence même du décor, du rythme qui est l'essence de la danse » (cf. Denis Bablet, *Edward Gordon Craig*, Paris, 1962, p. 100, et pour plus de précisions sur la situation historique de l'essai de Kandinsky, l'excellente mise au point du même auteur : *La plastique scénique* dans *L'Année 1913*, Paris, 1971, tome I, pp. 789-822, ainsi que le recueil collectif publié sous la direction de Henning Rischbieter, *Bühne und bildende Kunst in XX Jahrhundert, Maler und Bildbauer arbeiten für das Theater*, Velber bei Hannover, 1968).

En Allemagne l'essai et la pièce de Kandinsky sont très avancés pour
l'époque : elles devancent de plusieurs années les premières mises en scène,
sinon les textes expressionnistes (cf. Horst Denkler, *Drama des Expressionismus*, Munich, 1967). Toutefois, et plus encore qu'avec une œuvre comme
Mörder Hoffnung der Frauen (Assassin, espoir des femmes) de Kokoschka
qui associe étroitement le drame et la peinture (publié en 1910 dans *Der
Sturm*), une comparaison s'impose avec Arnold Schönberg, dont les
recherches portent, au même moment, sur la rénovation totale de la scène.
L'œuvre capitale est ici *Die glückliche Hand* (La Main heureuse) à laquelle
Schönberg travaille de 1909 à 1913 et qui ne sera créée qu'en 1924 à Vienne
(op. 18) : « drame avec musique » et non plus « monodrame lyrique », comme
l'œuvre précédente *Erwartung* (op. 17, 1909). Il n'est pas possible de procéder ici à une comparaison détaillée mais il est bien évident que la composition de Schönberg, que le musicien Egon Wellesz définissait comme une
« pantomime essentiellement psychologique » est extrêmement proche, à tous
égards, et en particulier pour ce qui est des effets de couleurs et de lumière,
de *La Sonorité jaune*, quoiqu'elle soit dramatiquement plus structurée (cf. les
ouvrages sur Schönberg de H. H. Stuckenschmidt, R. Leibowitz et J. Rufer,
et l'enregistrement avec commentaire et analyse détaillée de R. Craft, disques
C.B.S.). Il est caractéristique qu'au moment où il pensait mettre en scène son
œuvre ou la filmer, Schönberg ait songé à Kandinsky pour toute la partie
plastique : décors, costumes mais aussi éclairages ou même coloriage du film
(cf. la lettre à Emil Hertzska écrite sans doute à l'automne 1913, dans
Arnold Schönberg, ausgewählte Briefe édité par Erwin Stein, Mayence, 1958,
tr. angl. Londres, 1964 ; Schönberg avance également les noms de Kokoschka
et Roller).
En Russie la « proposition scénique » de Kandinsky est beaucoup moins isolée :
plutôt qu'à Scriabine il faut se référer ici aux deux réalisations les plus importantes, un an plus tard, en décembre 1913 à Pétersbourg : la tragédie *Vladimir
Maïakovski*, du poète Maïakovski, et surtout *Victoire sur le Soleil*, « opéra »
du Kroutchonykh, musique de Matiouchin et décor de Malevitch. D'après les
descriptions assez précises qui nous en ont été laissées cette dernière œuvre
était également très voisine, sinon de l'esprit, du moins de la conception scénique de Kandinsky (cf. avant tout Angelo Maria Ripellino, *Maïakovski et
le théâtre russe d'avant garde*, 1959, tr. fr. Paris, 1965, avec bibliographie,
et parmi les témoignages accessibles en français celui de B. Livchits, dans
L'archer à un œil et demi, tr. fr., Paris, 1971, pp. 181-183). Dans ces deux œuvres
toutefois le texte, même disloqué, joue un rôle important. *La Sonorité jaune*
ne fut pas représenté mais Hugo Ball, ami de Kandinsky, avait songé à l'œuvre
pour son *Theater der neuen Kunst* de Zurich, en 1914 : « Munich hébergeait
à l'époque un artiste qui conférait à cette ville, par sa seule présence, une
suprématie de modernisme sur toutes les autres villes allemandes : Wassily

Kandinsky (...) lorsqu'en mars 1914 j'étudiais le projet d'un nouveau théâtre, j'étais persuadé qu'il nous fallait un théâtre expérimental au-delà des préoccupations quotidiennes (...) Il suffit de ranimer les fonds, les couleurs, les mots et les tons de notre subconscient, de manière qu'ils avalent le quotidien et ses misères » (Journal de Hugo Ball, cité par Hans Richter, *Dada, art et antiart*, tr. fr., Bruxelles 1965, pp. 31-32).
Une traduction française d'extraits des deux textes, très fragmentaire et approximative, a paru dans le numéro spécial, par ailleurs intéressant, d'*Aujourd'hui, art et architecture, Cinquante ans de recherches dans le spectacle*, sous la direction de Jacques Poliéri (mai 1958, n° 17, pp. 34-37). C'est ce dernier qui devait tenter avec Richard Mortensen le premier essai de mise en scène de la composition de Kandinsky (cf. aussi K. Lankheit, op. cit., pp. 294-295 qui, d'après des notes inédites de Thomas von Hartmann déjà citées par Grohmann, indique que partition et mise en scène avaient été préparés pour une exécution à Moscou, après 1917; un autre projet échoua, à Berlin, en 1922). L'œuvre a également été représentée à New York en 1972 lors de l'exposition Kandinsky du Guggenheim Museum par le groupe Zone sous la direction de Harris et Ros Barron.
Ce n'est qu'en 1928, à Dessau, que Kandinsky put appliquer ses principes sur la composition scénique dans la réalisation d'un spectacle sur les *Tableaux d'une exposition* de Moussorgsky. Plusieurs textes avaient précédé cette réalisation, en particulier *Sur la synthèse de scène abstraite* (Über die abstrakte Bühnensynthese) dans *Bauhaus*, n° 3, 1927, qui se réfère à *La Sonorité jaune* (Grohmann 1958, p. 174).

125. Il faut bien lire « est », et non « a », qu'on pourrait attendre. Nous avons de même respecté le style heurté, les phrases complexes, les nombreuses répétitions, et la terminologie bien particulière de ce texte démonstratif.

126. Vorgang : le mot revient ensuite fréquemment, pour désigner l'aspect « extérieur » (Aüsser) de « ce qui fait avancer » l'action : nous avons alors traduit par « événement ».

127. Phantaisie : imagination inventive.

128. *Prométhée de Scriabine*, pp. 57-68 (rééd. 1965, pp. 107-124). Dernière œuvre importante, à l'orchestre, du compositeur russe (1872-1915) *Prométhée ou le Poème du Feu*, op. 60, fut composé en 1910-1911 et créé à Moscou en mars 1911. La partition, très avancée harmoniquement, comporte, en principe, des projections colorées qu'on n'a pas manqué de rapprocher des éclairages, si importants, de *La Sonorité jaune* de Kandinsky (un aperçu rapide mais précis dans H. H. Stuckenschmidt, *La musique du XXe siècle*, tr. fr. Paris

1968, pp. 16-20). Dans son article le compositeur et musicologue russe Leonid Sabaniéïev (né en 1881), qui devait faire paraître une étude sur Scriabine en 1916 à Moscou, présentait l'œuvre en étudiant tout particulièrement le système harmonique (voir à ce sujet l'article d'I. Vichnégradsky, *L'énigme de la musique moderne*, dans la *Revue d'Esthétique*, Tome II, fasc. I, p. 67, janvier-mars 1949) : la présentation de ces « mystiche Klänge » (Sonorités mystiques) ne pouvait manquer d'intéresser vivement Kandinsky, qui s'attendait à ce que l'article fasse « une grosse impression », comme il l'écrivait à Marc en décembre 1911 (lettre citée par K. Lankheit, op. cit. p. 333). D'après Mme Nina Kandinsky, Kandinsky et sa femme assistèrent en Russie à une représentation de *Prométhée* accompagné des projections lumineuses. Dans l'avant-dernière partie du chapitre VII de *Du Spirituel*, qui contient en germe les idées développées ici, Kandinsky avait jugé l'expérience de Scriabine « trop sommaire » (rééd. 1971, p. 161).

129. Le rapprochement des trois noms est significatif, de même que le choix, parmi les russes contemporains, de L. N. Andréïev (1871-1919) et de sa *Vie de l'homme* (1907) : « Grandiloquent et creux, il cherche la profondeur et le mystère, mais ses contes et ses drames symboliques à succès tiennent du Grand Guignol philosophique » (C. Wilczkowski, dans *Encyclopédie de la Pléiade*, 1957). La pièce d'Ibsen date de 1881.

130. Le manifeste est cité en français par Kandinsky. Francisco-Balilla Pratella avait fait paraître le 11 juin 1911 le *Manifesto dei musicisti futuristi* et le 29 mars *La musica futurista, manifesto tecnico*. L'idée que le compositeur devait écrire lui-même son livret était un des points importants du premier texte; toutefois Pratella prônait le vers libre. Il avait alors fait jouer deux opéras dont le livret était en effet de lui : *Lilia* en 1905, et *La Sina d'Vargoün* en 1909 (cf. Marianne W. Martin, *Futurist Art and Theory*, 1909-1915, Oxford, 1968, p. 48) et G. Lista, *Futurisme, Documents, Manifestes, Proclamations*, Paris, 1973.

131. Thomas von Hartmann (1883 ou 1886-1956). Compositeur, pianiste et peintre né à Moscou était en relations suivies avec les peintres de la N.K.V. puis du Blaue Reiter; dans l'Almanach de 1912, il avait publié un article *Sur l'anarchie en musique* (pour plus de détails cf. K. Lankheit, op. cit. p. 294 sq. et 332, avec bibliographie).

DER STURM 1912-1913

132. Sur la revue et les conditions de la publication des deux articles de Kandinsky, cf. Introduction, p. 17.

133. *De la compréhension de l'art* (Über Kunstverstehen) paru dans *Der Sturm*, n° 129, octobre 1912, pp. 147-148; l'article était illustré de gravures sur bois faites par K. entre 1906 et 1910.

134. *La peinture en tant qu'art pur* (Malerei als reine Kunst), paru dans *Der Sturm*, n° 178-179, septembre 1913, pp. 98-99. L'article de Kandinsky était suivi, dans la revue, par un texte de Blaise Cendrars sur le Douanier Rousseau, dont la « tonalité » est très voisine de celle de Kandinsky à cette date : « Chaque tableau est un état d'âme unique (...) Il faut aimer... » etc... (texte publié en français). Le début de l'article de Kandinsky est extrêmement proche du texte publié dans le catalogue du IIe Salon organisé par V. Izdebski à Odessa en 1910-1911 : *Le contenu et la forme* (cf. Introduction p. 33 et note 83 p. 269). La suite annonce des images que l'on retrouvera un mois plus tard, dans *Regards* : le chasseur traquant le gibier, la croissance de l'arbre (cf. *Regards*, p. 125)..., et plus généralement l'apport « théorique » du texte rejoint celui de la dernière partie de *Regards*.

CONFÉRENCE DE COLOGNE 1914

135. Ce texte important a été publié pour la première fois par Johannes Eichner dans son libre *Wassily Kandinsky und Gabriele Münter*, Munich 1957, pp. 109-116, qui a signalé quelques incertitudes de lecture. Il s'agit en effet du manuscrit d'une conférence que Kandinsky avait été invité à faire à Cologne en janvier 1914, et qu'il n'a pas prononcée (une exposition Kandinsky fut organisée au « Cercle d'Art » (Kreis für Kunst) de la ville). Rédigé quelques mois après *Regards* ce texte peut être considéré comme une sorte de postface à l'album publié par *Der Sturm*.

136. Une note de la version russe de *Regards* devait préciser les conditions de la genèse de ce tableau ainsi que les liens qui le rattachent à *Composition II*, dont il est question ensuite : cf. *Regards*, p. 105 et note 57.

137. *Bild mit Kahn*, 1909 (catalogue Kandinsky n° 71, dans Grohmann p. 330; exposé à la N. K. V. en 1909, reproduit dans *XXe siècle*, 1966, p. 11), où l'on note en effet un dessin simple et monumental qui disparaîtra au cours des années suivantes (sur le même thème voir par exemple le *Lac, promenade en bateau* (See, Kahnfart, catalogue K. n° 106, de 1910, à la galerie Tretiakov de Moscou, présenté à Paris en 1967-68). Parmi les paysages on peut penser également à plusieurs tableaux de 1909 (catalogue K. n° 62, 67, 73).

138. Aucune œuvre ne figure dans le catalogue de Kandinsky sous le titre « Tableau avec zigzag ». Il s'agit vraisemblablement d'un sous-titre pour désigner l'*Improvisation 22* (autrefois à Brunswick), dont il est ensuite question avec les deux autres tableaux. *Improvisation 22* (1911, n° 140 du catalogue Kandinsky, exposé à côté de *Composition V* à la première exposition du *Blaue Reiter*) est en effet décrit par Grohmann comme une toile « où le « zigzag » coupe les surfaces flottantes à la manière d'un éclair » (op. cit., p. 124, fig. 67, p. 355). C'est une des œuvres les plus importantes de la fin de l'année 1911, avec la grande *Composition V* (coll. part., Soleure). Pour la *Composition VI*, cf. le commentaire de Kandinsky, à la suite de *Regards* (p. 134 et note 109), auquel il est fait référence plus bas pour une lecture éventuelle. *Composition V* a parfois été interprété comme un Jugement dernier, mais Grohmann l'a justement rapprochée de la peinture sur verre *Résurrection* (1911, fig. 666, texte p. 124) ce qui est conforme à l'interprétation présentée plus bas par Kandinsky. Pour les sens des mots Improvisation et Composition, cf. note 57 p. 262.

138 *bis*. Kandinsky a indiqué ici dans son manuscrit qu'il pourrait « lire éventuellement » le passage auquel il fait allusion (et qu'on trouvera dans ce volume p. 137).

139. Les dangers sur « la voie qui conduit à la peinture » étaient déjà évoqués à la fin du chapitre VII de *Du Spirituel*, où ils se présentaient toutefois différemment. Dans la Conférence de Cologne l'accent est beaucoup moins mis sur l'apparence formelle des tabeaux (abstraction ou réalisme) que sur la présence ou non de la nécessité intérieure. Ce qui annonce tout à fait l'important ajout de la version russe de *Regards* dans lequel Kandinsky déclarera se sentir parfois plus proche d'œuvres apparemment « hostiles » à son art personnel que d'œuvres formellement voisines des siennes, mais privées de nécessité intérieure (*Regards*, p. 117 et note 84).

APPENDICE

140. Comme il le rappelle dans *Regards* (p. 99) Kandinsky a écrit des poèmes dès l'adolescence. Son principal recueil *Klänge* (Sonorités) a été publié à Munich par Piper la même année que *Regards*. Il contenait 38 poèmes en prose, écrits de 1908 à 1913, accompagnés de 12 bois en couleurs et 43 bois en noir et blanc. Le tirage fut limité à 300 exemplaires et une clause précisait qu'il ne devait pas y avoir de réédition; c'est pourquoi le recueil, qui effectivement n'a jamais été réédité dans son intégralité, est aujourd'hui d'un accès difficile. Kandinsky

s'est expliqué sur la genèse de ces poèmes et les conditions de la publication du livre dans une note parue dans *XX*e *siècle* en 1938 (n° 3, publiée à nouveau dans le numéro 27, 1966, p. 17) : « C'est depuis de longues années que j'écris de temps en temps des « poèmes en prose » et parfois même des « vers ». Ce qui est pour moi un « changement d'instrument » — la palette de côté et à sa place la machine à écrire. Je dis « instrument », parce que la force qui me pousse à mon travail reste toujours la même, c'est-à-dire une « pression intérieure ». Et c'est elle qui me demande de changer souvent d'instrument. Oh! je me souviens bien : quand je commençai à « faire de la poésie », je savais que je deviendrais « suspect » comme peintre. Autrefois on regardait le peintre « de travers » quand il écrivait — même si c'était des lettres. On voulait presque qu'il mange non pas à la fourchette, mais avec un pinceau... » (suit un développement sur l'abolition de ces distinctions dans les temps modernes et le passage progressif de « l'analytique » à la « synthèse » dont *Klänge* est un exemple :) « C'était un petit exemple de travail synthétique. J'ai écrit les poèmes, et les ai « ornés » de nombreux bois en couleur et en blanc et noir. Mon éditeur était assez sceptique, mais il eut quand même le courage de faire une édition de luxe : caractères spéciaux, papier de Hollande à la main, transparent, une reliure coûteuse imprimée en or, etc... (...) Dans ces bois comme dans le reste — bois et poèmes — on retrouve les traces de mon développement du « figuratif » à l' « abstrait » (« concret » d'après ma terminologie — plus exacte et plus expressive que l'habituelle — à mon avis du moins)... »

La première phrase de ce texte fait allusion aux poèmes postérieurs à *Klänge*, dont plusieurs datent précisément des années 1937-1938 et sont écrits tantôt en allemand, tantôt en français. On en trouvera quelques-uns dans l'excellente anthologie de Carola Giedion-Welcker, *Poètes à l'écart, Anthologie der Abseitigen*, Bern-Bümplitz, 1946 (4 poèmes de 1937), ainsi que dans divers livres, revues et catalogues parmi lesquels : *Wassily Kandinsky*, présenté par Max Bill, Paris, 1951 (poèmes de 1936 à 1938), Michel Seuphor, *L'art abstrait* Paris, 1949, Hans Platschek, *Dichtung moderner Maler*, Wiesbaden, 1956, et dans les revues *Plastique*, n° 4, 1939 (poèmes de 1937) et *Transition*, n° 27, 1938... Quatre poèmes tirés de *Klänge* ont également été traduits en français et publiés dans une édition de luxe parue à Genève en 1968 : Aventure, Pourquoi ?, Printemps, Craie et Suie (V. Kandinsky, *Poèmes illustrés de bois gravés originaux*, tirage à 100 exemplaires, préface de Jean Cassou).

La plupart des commentateurs ont souligné la hardiesse de ces poèmes « alogiques » qui annoncent à plusieurs titres Dada, ou ce que Hans Arp appelle la poésie « concrète » (*Kandinsky le poète* dans *W. Kandinsky* présenté par Max Bill, Paris, 1951, pp. 89-90). Il faut mentionner à ce sujet les lectures qui en furent faites, en 1917 en particulier, au *Cabaret Voltaire*, fondé par Hugo Ball à Zurich le 1er février 1916, et l'un des lieux de naissance les plus importants du mouvement Dada (cf. Hans Richter, *Dada et anti-art*, 1965, tr. fr. Bruxelles

1966). La soirée Dada du 9 avril 1919 à Zurich organisée par Tristan Tzara est à cet égard caractéristique : Tzara fit « une conférence très sérieuse sur la structure élémentaire de l'art abstrait (...) Ensuite Suzanne Perottet dansa sur des compositions de Schönberg, Satie et autres. Le masque nègre de Janco qu'elle portait, passa inaperçu. Par contre les poèmes de Huelsenbeck et Kandinsky, récités par Käthe Wulff, déclenchèrent des interruptions et des rires d'une partie du public » (H. Richter, op. cit., p. 76). *Sehen* (Voir) fut d'ailleurs publié dans le numéro 1 et unique de la revue *Cabaret Voltaire* en juin 1916 (voir également les publications dans *Dada* en décembre 1917 et mai 1919). Deux ans plus tard il devait figurer en tête de la version russe de *Regards* (cf. note 2, p. 237); c'est l'occasion d'attirer l'attention sur la fortune russe de ces textes dont 4 avaient été écrits et publiés en russe, avant l'édition allemande : sur ce point important cf. Introduction p. 35 et notes 65 et 66 p. 36. Roman Jakobson n'a pas abordé l'exemple de Kandinsky dans son article *Sur l'art verbal des poètes peintres, Blake, Rousseau et Klee*, 1970, tr. fr. dans *Questions de Poétique*, Paris, 1973, pp. 378-400.

141. Les quelques lettres ou fragments de lettres qui figurent ici ne peuvent évidemment suffire à rendre compte de la correspondance de Kandinsky pendant les années 1912-1922 : ils ont seulement valeur de témoignage. Une édition générale de la correspondance est en préparation.

142. La lettre à Franz Marc est l'une des plus importantes de celles qui ont été échangées à propos de la préparation de l'almanach du *Blaue Reiter* et, ici, du second volume qui avait été un moment envisagé. Klaus Lankheit a abondamment cité cette correspondance dans l'étude qui suit la réédition de 1965 (*Der Blaue Reiter*, Munich, 1965, pp. 253-301); il a bien voulu nous communiquer la copie de cette lettre, que nous avons traduite, dans une version qui toutefois s'est révélée différente du fragment déjà publié, et qui peut donc être sujette à de légères révisions dans la seconde partie du texte.
Dans l'état actuel de nos connaissances il n'est pas possible d'éclaircir toutes les allusions de la lettre. Erwin von Busse (né en 1885) avait publié un article sur Delaunay dans le premier numéro de l'Almanach et était alors entré en relation avec le peintre, en 1914 il devenait docteur en philosophie de l'Université de Berne avec une thèse sur la peinture italienne. Bernard Koehler, le collectionneur de Berlin, assurait financièrement les publications de Piper pour le Blaue Reiter (cf. p. 136 et n. 110). Larionov aurait probablement proposé un texte sur le *Rayonnisme*, dont il avait fait paraître le manifeste théorique en 1913 à Moscou. Sur Wofskehl cf. note 2 p. 238.
La mention du « Kitsch », « art » du mauvais goût sentimental germanique, anticipe singulièrement sur les points de référence du surréalisme ou même de mouvements largement postérieurs. La prairie d'octobre (Oktoberwiese)

peut être une allusion à la fête de la bière (Oktoberfest) qui se tient tous les ans sur la Theresenwiese à Munich. La fin de la lettre fait sans doute allusion au *Synchromisme* lancé à Munich par une exposition des peintres Mac Donald Wright et Morgan Russel (dont le manifeste devait paraître en octobre), à l'*Orphisme* prôné par Apollinaire dans son important article sur *La peinture moderne* paru dans *Der Sturm* en février (et dans lequel il comprenait aussi bien Delaunay que Léger, Marie Laurencin, Picabia, les futuristes italiens, Marc, Macke et... Kandinsky), et au groupe des *Pathétiques* constitué à Berlin par Ludwig Meidner, Richard Janthur et Jakob Steinhardt, et exposé à la galerie *Der Sturm* du 2 au 15 novembre 1912 (cf. B. S. Myers, *Les expressionnistes allemands*, tr. fr. Paris, 1967, pp. 58-59).

Goltz était le libraire et directeur de la galerie de Munich où avait eu lieu la deuxième exposition du *Blaue Reiter* en février 1912 et la rétrospective Kandinsky à la fin de la même année.

143. Les fragments de lettres adressées à Arthur Jérôme Eddy ont été publiés par celui-ci dans son livre *Cubists and Post-Impressionism*, édité à Londres et Chicago en 1914-1915. Ils sont ici traduits d'après cette version anglaise, avec l'aide de notre ami Michel Dupont, assistant à l'Université d'Amiens à qui nous adressons tous nos remerciements. A. J. Eddy était un collectionneur de Chicago qui fut l'un des premiers et des plus importants acheteurs de Kandinsky; la liste des reproductions, avec indication du nom des collectionneurs, publiée par Kandinsky dans l'album de *Der Sturm* en 1913 est à cet égard très révélatrice : à cette date Eddy possédait l'*Improvisation 30, Canons* de 1913, dont il est question dans la première lettre, *Rendez-vous n° 2*, de 1902, *Fête des moutons*, tempera de 1904, *Tableau avec Troïka* de 1911, et *Improvisation 29* de 1912. Son livre est par ailleurs l'une des meilleures études qui soit parue, à cette date, sur l'ensemble des avant-gardes européennes. Kandinsky y est présenté comme « l'homme le plus extrême, non seulement de Munich, mais du mouvement de l'art moderne tout entier ». Ses lettres sont citées dans le chapitre VII : *Le nouvel art à Munich* aux pages 125-126, 131-132 et 135-137; leur date exacte n'est pas précisée. Contemporaines de la rédaction de *Regards*, elles complètent ce texte, et particulièrement les commentaires de tableaux qui le suivent. On trouvera la reproduction en couleurs d'*Improvisation 30, Canons* (aujourd'hui à l'Art Institute de Chicago) dans plusieurs ouvrages dont Grohmann 1958, p. 133.

144. « Consciosity » (néologisme).

145. « Storm and stress », qui traduit vraisemblablement l'expression allemande « Sturm und Drang ».

146. Il ne peut s'agir que de *Du Spirituel,* traduit pour la première fois en anglais en 1914 (par M. T. H. Sadler, édité à Londres et Boston), mais la phrase s'appliquerait mieux à *Regards* (traduit pour la première fois en 1945).

147. Ces deux fragments de lettres ont été publiés par José Pierre dans son livre *Le Futurisme et le Dadaïsme,* Lausanne-Paris 1967, auquel nous empruntont cette traduction, d'après le catalogue de l'exposition *Der Sturm,* Berlin, Nationalgalerie, 1961 (Archives Der Sturm). Walden avait exposé et publié les futuristes italiens dans sa galerie et dans sa revue. Au printemps 1912, Marinetti le priait de faire parvenir à Kandinsky un exemplaire du manifeste récemment publié (cf. *Archivi del Futurismo,* par M. Drudi Gambillo et T. Fiori, Rome, 1958, p. 235). La première lettre fait allusion au manifeste *La peinture des sons, bruits et odeurs* rédigé par Carlo Carra et daté de Milan, 11 août 1913 (trad. dans José Pierre, op. cit., p. 105), la seconde aux *Cahots du Fiacre* (Sobbaldi di carrozza) du même Carra, tableau acquis à Berlin par Borchardt, revendu aux Rothschild d'Amérique et donné par ceux-ci au Musée d'art moderne de New York où il se trouve aujourd'hui (cf. *L'opera completa di Carra,* catalogue par Massimo Carra, Milan, 1970, n° 23). L'inondation des musées était prônée dans le premier manifeste du Futurisme de Marinetti, publié d'abord dans *Le Figaro* du 20 février 1909 : « Détournez les cours des canaux pour inonder les caveaux des musées!... Oh! qu'elles nagent à la dérive des toiles glorieuses » (reproduit dans José Pierre, op. cit., p. 99). Cette célèbre attaque contre les musées est à comparer, et à opposer, aux vives critiques de Kandinsky dans le chapitre I de *Du Spirituel :* en Russie, Kandinsky allait s'occuper de la réorganisation, et non de la destruction, des musées. Cf. aussi Introduction, note 41, et note 72 p. 267.

148. Ces trois lettres à Paul Klee ont été publiées dans le numéro spécial de la revue *XXᵉ siècle* en décembre 1966, avec cinq autres lettres postérieures à 1922. Leur ton plus familier s'explique par les liens d'amitié qui remontent à 1911 (cf. Introduction p. 25 et note 4 p. 240). Elles éclairent la « tonalité » de deux moments dramatiques pour Kandinsky : le départ de 1914 et le retour de 1921 (cf. Introduction et Chronologie).

149. Ce témoignage important a été publié pour la première fois dans la *Revue de l'Art,* n° 5, 1969, pp. 71-72. C'est la sténographie d'un entretien accordé par Kandinsky le 10 juillet 1921, quelques mois avant son départ de Russie, alors que sa situation devenait de plus en plus difficile (cf. Introduction p. 40).
Les mots absents ou abrégés par la sténographie ont été restitués.

150. Première traduction anglaise, par M. T. H. Sadler, publiée à Londres et Boston, en 1914.

151. Cette indication rejoint celle qui sera donnée plus tard dans une lettre à Hilla Rebay du 16 janvier 1937 (*Wassily Kandinsky Memorial*, 1945, p. 98). Elle ferait allusion à *Improvision 20*, de 1911 (catalogue Kandinsky n° 138, Grohmann p. 332) d'après Kenneth Lindsay dans *Art News*, septembre 1959, p. 30; à Moscou, Musée d'art moderne occidental).

152. Projet pour un service de la manufacture de porcelaine de Pétrograd, 1919, selon Grohmann, mais dont il faudrait peut-être ramener la date à 1921, selon les indications données plus bas par Kandinsky; photographie d'une tasse dans Grohmann 1958, p. 28, fig. 30. Les lignes précédentes font allusion au groupe des productivistes conduit par Tatlin qui venait de s'opposer vigoureusement au programme d'organisation de l'Inkhouk présenté par Kandinsky (cf. Introduction p. 40).

153. Nadiejda Konstantinova Kroupskaïa (1869-1939) la femme de Lénine, était selon l'expression de Lounatcharsky « l'âme du narkompros » (Commissariat à l'Instruction publique, dont dépendait la section des Beaux Arts). Sur son rôle très important pendant cette période, cf. Sheila Fitzpatrick, *The Commissariat of Enlightenment, Soviet Organisation of Education and the Arts under Lunacharsky, octobre 1917-1921*, Cambridge 1970, passim.

154. Peut-être les *Eléments de base de la peinture* (Osnovnyié élémenty jivopisi), manuscrit inédit de 1921, conservé à la galerie Tretiakov de Moscou (selon V. Marcadé, 1971, p. 371; conférence donnée pendant l'été 1921, selon T. Andersen, 1966).

Bibliographie

Écrits de Kandinsky

Une édition française des Écrits complets est en cours; elle doit comprendre de nombreux inédits et variantes. En 1973 un seul des trois volumes annoncés est paru :

W. Kandinsky, *Écrits complets*, Tome II, *la forme*, édition établie et présentée par Philippe Sers, Denoël-Gonthier, Paris, 1970, in-8°, 408 p.

Contient *Point-ligne-Plan* (1926) et 17 textes parus de 1912 à 1943. Édition non annotée; ce volume ne contient ni variantes ni inédits; en revanche plusieurs des textes sont ici traduits pour la première fois en français.

Un autre recueil collectif est à signaler :

W. Kandinsky, *Essays über Kunst und Künstler*, hrsg. und kommentiert von Max Bill, Stuttgart, Hatje, et Teufen, Verlag A. Niggli und W. Verkauf, 1955, in-8°, 242 p., 2ᵉ édition, Berne, 1963.

Contient 32 textes parus de 1912 à 1943. Présentation sommaire, peu d'annotations. Les textes écrits en français ont été traduits en allemand, de même que les textes publiés d'abord dans une autre langue.

Une édition en langue allemande des textes manuscrits inédits est en préparation sous la direction de H. K. Röthel et J. Hahl.

TEXTES PUBLIÉS DANS CE VOLUME

Regards sur le passé

Kandinsky 1901-1913, Verlag Der Sturm, Berlin, 1913.

« Album » Kandinsky : contient une photo de Kandinsky, le poème d'Albert Verwey « A Kandinsky », 67 pages de reproductions, et XXXI pages de texte où l'on trouve successivement *Rückblicke* (Regards sur le Passé), p. III à XXIX, puis 3 *Notizen* (notes), p. XXXIII à XXXXI : *Composition 4, Composition 6* et *Das Bild mit Weissem Rand* (Tableau avec bordure blanche).

Les reproductions ont été choisies et classées par Kandinsky qui a également indiqué la situation des œuvres quand elles n'étaient plus en sa possession, ainsi que des dates et des titres qui diffèrent parfois de ceux de son propre catalogue (publié dans Grohmann 1958, pp. 329-345). Pour ces différentes raisons il a paru utile de donner la liste sommaire de ces illustrations en renvoyant, entre parenthèses, aux numéros du catalogue de Grohmann (les identifications incertaines, notamment pour les temperas, sont indiqués par un ?) :

Première section (1913) : *Composition 6* (n° 172), *Improvisation 31* (n° 164), *Petites joies*, coll. Beffie, Amsterdam (n° 174), *Tableau avec forme blanche*, coll. H. Walden, Berlin (n° 166), *Improvisation 30*, coll. A. J. Eddy, Chicago (n° 161), *Paysage avec tache rouge 2*, (n° 169), *Paysage avec pluie*, coll. privée, Munich (n° 167), *Improvisation 33, Thème : Orient*, coll. van Assendelft, Gouda (n° 170), *Paysage avec tache rouge*, coll. Wolfskehl, Munich (n° 168), *Tableau avec bordure blanche*, coll. Kluxen (n° 173).

Deuxième section (1901-1912) : *Écluse*, 1901 (n° 15 a), *La Vieille Ville*, 1902, (n° 12) *, Air Clair*, 1902, (n° 13), *Place du Marché*, 1902, coll. Hagelstange, Cologne (non catal., suppl. Grohmann p. 345), *Rendez-Vous*, 1902, coll. Eddy, Chicago, (n° 17), *Couple à cheval*, 1903 (n° 20 ?), 5 gravures sur bois de 1903, *Dimanche*, 1904 (n° 27), *Petite ville ancienne*, 1903 et *Roses*, 1905 (temperas sur carton, Grohmann p. 344 n° 31 et p. 345 n° 100), *Soir*, 1904 (? tempera) et *Holland* (2 temperas, Grohmann n° 67 et 68 p. 344), *Tunis*, 1904 (3 temperas, Grohmann n° 71, 90, 96 ?), *Fête de Muton* (sic), 1904, coll. Eddy, Chicago (tempera, n° 88, p. 344), *les Spectateurs*, 1905, (tempera, n° 99, p. 345) et *Venise*, 1906 (tempera, n° 47, p. 344 ?), *Province*, 1906

---

* La photo reproduite dans l'album semble bien confirmer l'hypothèse émise par K. Lindsay en 1959 selon laquelle *La Vieille Ville* reproduite par Grohmann (fig. 3, p. 349), exposée à de très nombreuses reprises depuis la guerre et publiée dans la plupart des ouvrages récents sur Kandinsky n'est pas le tableau de 1902 catalogué par Kandinsky sous le n° 12, mais une esquisse préparatoire; il y a en tout cas des différences très nettes entre le tableau que l'on présente actuellement (sans jamais mentionner les réserves de Lindsay) et la photo de l'album de 1913. Cf. aussi note 17, p. 243.

(tempera, n° 118, p. 345 ?) et *L'arrivée des marchands*, 1905, coll. privée, Berlin (n° 40), *Enterrement*, 1907 (tempera, n° 120, p. 345) et *Nuage blanc*, 1903 (tempera, n° 27, p. 344), *Chant de la Volga*, 1906 (tempera, supplt. Grohmann, p. 347), *Patinage* 1906 (tempera n° 114, p. 345), *Troïka*, 1906 (n° 45), *Heure matinale*, 1906 (n° 48 ?), *Panique*, 1907 (n° 49), *Tocsin*, 1907 (n° 14), *Vie bariolée*, 1907 (n° 46), *Montagne bleue*, 1908 (n° 84), *Improvisation 2, Marche funèbre*, 1909 (n° 77), *Les Crinolines*, 1909 (n° 64), *Improvisation 3*, 1909, coll. Kluxen (n° 78), *Improvisation 5*, 1910 (n° 94), *Peinture sur verre*, 1910 (Supplt. Grohmann p. 348, fig. 665, p. 404), *Improvisation 7, Orage*, 1910 (n° 97), *Improvisation 1*, 1910 (n° 99), *Composition 1*, 1910 (n° 92), *Groupe en crinolines*, 1910, coll. Beffie, Amsterdam (n° 89), *Improvisation 9*, 1910, coll. Stadler, Zurich (n° 100), *Composition 2*, 1910 (n° 98), *Paysage avec cheminée d'usine*, 1910 (n° 105), *Promenade en bateau*, 1910 (n° 106), *Improvisation 10*, 1910 (n° 101), *Improvisation 11*, 1910 (n° 102), *Improvisation 13*, 1910 (n° 109), *Improvisation 16*, 1910 (n° 113), *Impression 2*, 1911, coll. Koehler, Berlin (n° 114), *Tableau avec Troïka*, 1911, coll. Eddy, Chicago (n° 120), *Improvisation 18*, 1911 (n° 126), *Lyrique*, 1911 (n° 118), *Peinture sur verre*, 1911 (Supplt. Grohmann p. 348, fig. 663, p. 404), *Impression 4*, 1911 (n° 141) *, *Hiver 2*, 1911 (n° 122), *Composition 5*, 1911 (n° 144), *Improvisation 29*, 1911, coll. Eddy, Chicago (n° 160), *Paysage avec deux peupliers*, 1912 (n° 155), *Tableau avec tache noire*, 1912 (n° 153), *Automne 2*, 1912 (n° 156), *Improvisation 27, Jardin d'amour*, 1912, coll. Stieglitz, New-York (n° 149).

V. V. Kandinsky, *Tekst Khoudojnika*, Moscou, 1918.

Kandinsky, *Texte de l'artiste*, 25 reproductions de tableaux de 1902 à 1917, 4 vignettes, Moscou 1918, Éditions du Département des Arts décoratifs du Commissariat du Peuple à la Culture. En tête du texte le sous-titre « Stoupiéni » (Degrés, Étapes). Les illustrations ne sont pas les mêmes que celles de l'édition allemande. Le poème de A. Verwey a été remplacé par le poème « Voir », « tiré de *Klänge*, 1913 », dans sa traduction russe. Les commentaires de tableaux qui suivaient le texte de 1913 ont été supprimés.

Liste des reproductions (entre parenthèses la référence du catalogue Grohmann) :

La vieille ville, 1902 (n° 12), *Improvisation 2*, 1902, coll. Stenhammer, Stockholm (n° 77), *l'Époque des crinolines*, 1910, coll. Beffie, Amsterdam (n° 89), *Improvisation 9*, 1910, coll. Stadler, Zurich (n° 100), *Composition 2*, 1910 (n° 98), *Impression 2, Moscou*, 1911, coll. Koehler, Berlin (n° 114), *Lyrique*, 1911, coll. particulière, Berlin (n° 118), *Improvisation 24*, 1912, Musée d'Aix-la-Chapelle (n° 146), *Improvisation 27*, 1912, coll. Stieglitz, New-York (n° 149), *Improvisation 29*, 1911, coll. Eddy, Chicago (n° 160, daté 1912), *Composition 5*, 1911, coll. Muller, Soleure, Suisse (n° 144), *Tache noire*, 1912, Musée de la culture artistique, Moscou (n° 153), *Paysage sous la pluie*, 1913, coll. Braune, Munich (n° 167), *Tableau avec forme blanche*, 1913, coll. Walden, Berlin (n° 166), *Tableau avec bordure blanche*, 1913, coll. Kluxen, Allemagne (n° 173),

---

* n° 141 : dans le catalogue Kandinsky (Grohmann p. 332) ce tableau est devenu *Impression 5*. Il figure également sous le titre *Impression 4* dans l'édition originale de *Du Spirituel dans l'art*, mais avec la date de 1910.

Improvisation 33, 1913, coll. van Assendelft (n° 170), *Petites joies*, 1913, coll. Beffie, Amsterdam (n° 174), *Improvisation rêveuse*, 1913, coll. privée, Berlin (n° 187), *Traits noirs*, 1913 (n° 189), *Composition 7*, 1913 (n° 186), *Tableau clair*, 1913 (n° 188), *Aquarelle « à une seule voix »*, 1916 (non catal. non repr. dans Grohmann ?), *Aquarelle*, 1916 (Grohmann, fig. 703 p. 408, « Simple »), Eau forte de 1916, *Crépuscule*, 1917, (n° 213), *Clarté*, 1917 (n° 215), *Sombre*, 1917 (n° 211), *Dessin*, 1918, et une vignette en tête du poème *Voir* (cf. note 2 du texte p. 237).

Traductions et rééditions :

Retrospects by W. Kandinsky dans *Kandinsky*, edited by Hilla Rebay, New-York, Museum of Non-Objective Painting, 1945 (version de 1913).

Text artista, autobiography by W. Kandinsky, dans *Wassily Kandinsky Memorial*, Museum of Non-Objective Painting, New-York, 1945 pp. 49-73 (version de 1918, la traduction est souvent très inexacte et proche de la paraphrase).

Regard sur le passé, Paris, Drouin, 1946, traduction de Gabrielle Buffet-Picabia (version de 1913, traduction constamment et gravement fautive, inutilisable).

Regard sur le passé, dans *Derrière le Miroir*, Paris, n° 42 (novembre-décembre 1951), extraits de la traduction de 1946.

Rückblicke, Baden-Baden, Klein 1955, Introduction de Ludwig Grote (version de 1913; édition non annotée).

Sguardi sul passato, Venise, Ed. del Cavallino, 1962.

Reminiscences dans *Modern Artist on Art*, edited by Robert L. Herbert, Prentice Hall, New Jersey, 1964 pp. 20-44.

Tilbageblick, Copenhague, R. Fischer 1964.

Regard sur le passé, traduction de Gabrielle Buffet-Picabia, Paris, Belfond, 1971 (tirage de luxe à 120 exemplaires de la traduction de 1946 : voir ci-dessus).

Der Blaue Reiter

Der Blaue Reiter (Le Cavalier bleu), Munich, Piper, 1912, hrsg. von Wassily Kandinsky und Franz Marc, 131 p. (tirage à 200 exemplaires).
Contient, de Kandinsky :
— *Eugen Kahler* (pp. 53-55).
— *Über die Formfrage* (Sur la question de la forme) (pp. 74-100).
— *Über Bühnenkomposition* (De la composition scénique) (pp. 103-113).
— *Der gelbe Klang* (la Sonorité jaune) (pp. 115-131). Pour le contenu du reste du volume cf. note 113 p. 278.

Der Blaue Reiter, Munich, Piper, 1914, 2ᵉ édition. Contient une préface supplémentaire de Kandinsky et de Franz Marc.

O Stsénitcheskoï kompozitsii, version russe de *Über Bühnenkomposition* publiée dans *Iskousstvo*, 1919 nᵒ 1, pp. 39-49.

Traductions et rééditions :

Der Blaue Reiter, Munich, Piper, 1965, réédition intégrale préparée et commentée par Klaus Lankheit (important matériel documentaire et citation d'inédits).

Formens Problem, traduction danoise de *Über die Formfrage*, publiée d'abord dans H. Bertram, *Kandinsky*, Copenhague, Wivels, 1946, rééd. illustrée et présentée par Poul Vad, Copenhague, Gyldendals, 1965.

Il Cavaliere Azzurro, Bari, De Donato, 1967.

Über die Formfrage et *Über Bühnenkomposition*, figurent dans le recueil collectif édité par Max Bill en 1955; le premier texte a été traduit en français dans le tome II des *Écrits complets*, Paris, 1970; le second l'a été partiellement (et très approximativement), ainsi qu'un court fragment de *La Sonorité jaune*, dans *Aujourd'hui*, art et architecture, mai 1958, nᵒ 17, pp. 34-37. Traduction anglaise de *La Sonorité jaune* dans *Voices of German Expressionism*, New Jersey, 1970.

Der Sturm

Über Kunstverstehen (De la compréhension de l'art), *Der Sturm*, nᵒ 129, pp. 147-148, octobre 1912.

Malerei als reine Kunst (La peinture en tant qu'art pur), *Der Sturm*, nᵒ 178-179, pp. 98-99, septembre 1913.

Plusieurs rééditions et traductions, parmi lesquelles :

Über Kunstverstehen dans *Sonderausstellung Der Sturm*, galerie Ernst Arnold, Dresde, 1919.

Malerei als reine Kunst dans Herwarth Walden, *Expressionismus : Die Kunstwende*, Berlin, 1918.

La pittura comme arte pura, dans *Forma 2*, nᵒ 1, Omaggio a Kandinsky, Rome, 1950. Les deux textes ont été traduits en français dans le tome II des *Écrits complets*, Paris, 1970.

Conférence de Cologne

Publiée pour la première fois d'après le manuscrit original par Johannes Eichner dans *Wassily Kandinsky und Gabriele Münter*, Munich, Bruckmann, 1957, pp. 109-116. Traduite en français dans le Tome II des *Écrits complets*, Paris, 1971, pp. 269-279.

Appendice :

Poèmes :

Klänge (Sonorités), Munich, Piper, 1913 (tirage limité à 300 exemplaires). Aucune réédition, en raison notamment des clauses du contrat original.
Plusieurs rééditions et traductions partielles, de même que pour les poèmes postérieurs : voir dans ce volume note 140 p. 288.

Lettres :

Une édition générale de la correspondance est en préparation. Plusieurs lettres ou fragments de lettres ont été publiés isolément : cf. note 141 sq., p. 290.
Les lettres à A. J. Eddy ont été publiées par celui-ci dans son livre *Cubists and Post-Impressionism*, Londres, Chicago, 1914-1915, pp. 125-136.

Interview par Ch. A. Julien :

Publié pour la première fois dans la *Revue de l'Art*, n° 5, 1969, pp. 71-72, Paris, Flammarion.

AUTRES TEXTES
DE LA PÉRIODE 1912-1922

Über das Geistige in der Kunst, insbesondere in der Malerei (Du Spirituel dans l'Art et dans la peinture en particulier), Munich, Piper, 1912.
Imprimé en décembre, diffusé en janvier, réédition augmentée, avec une nouvelle préface, en avril, nouvelle édition en automne.
Extraits publiés dans *Der Sturm*, n° 106, avril 1912, pp. 11-13 (chapitre VI).

Traductions et rééditions :

en allemand :

Über das Geistige in der Kunst, 4ᵉ édition, Bern-Bümpliz, Benteli, 1952, introduction de Max Bill.

en russe :

Publication du texte lu en décembre 1911 au Congrès pan-russe des artistes de Saint-Pétersbourg, dans les *Travaux du congrès pan-russe des artistes à Pétrograd*, décembre 1911-janvier 1912, Pétrograd, 1914, Tome I, pp. 47-76.

en anglais :

The Art of Spiritual Harmony, Londres et Boston, Constable, 1914 (traduction et préface de Michael T. Sadler).

On the Spiritual in Art, edited by Hilla Rebay, New York, 1946.

Concerning the Spiritual in Art, and painting in particular, New-York, 1947 (traduction Sadler revue; contient aussi 8 poèmes de 1912-1937, et de courtes études), réédité en 1970.

en français :

Du Spirituel dans l'Art et dans la peinture en particulier, traduction M. de Man (Pierre Volboudt), Paris, Drouin, 1949 (tirage à 300 exemplaires), Éditions de Beaune, 1954 (avec postface de Charles Estienne), 3ᵉ édition en 1963, rééd. Denoël-Gonthier, 1971 (avant propos de Philippe Sers; plusieurs fautes, réédition moins sûre que la précédente).

autres éditions :

Japonaise, Tokyo, 1924 et 1958; italienne, Rome, 1940 et Bari, 1968; espagnole, Buenos-Aires, 1956; suédoise, Stockholm, 1970.

Arnold Schoenberg, Die Bilder dans *Arnold Schoenberg*, Munich, Piper, 1912, pp. 59-64 (cf., dans ce volume, note 116, p. 279).

Préfaces aux catalogues de ses expositions collectives, *Kandinsky Kollektiv Ausstellung 1902-1912*, Berlin, Der Sturm, et Munich, Galerie Goltz (cf., dans ce volume, note 34, p. 248).

Om Konstnären (Sur l'artiste), Stockholm, Gummesons Konsthandels Förlag, 1916, reproduit dans le catalogue de l'exposition Kandinsky, Moderna Museet, Stockholm, 1965 et dans *Ark* nᵒ 9, pp. 199-205 (cf. dans ce volume, note 98, p. 274).

Konsten utan ämne, dans *Konst*, nᵒ 5, Stockholm, 1916, p. 9 *.

O totchkié, O linii (Du point, de la ligne), dans *Iskousstvo*, nᵒ 3 et 4 (février 1919). Traduction en danois dans la revue *Signum*, nᵒ 3, Copenhague, 1962, pp. 37-40.

Selbstcharakteristik, dans *Das Kunstblatt*, Postdam, 1919, nᵒ 6, pp. 172-174 **.

---

* Cet article n'est pas signalé par Grohmann; en revanche nous n'avons pas trouvé celui dont il indique la parution dans *Konst* nᵒ 1-2, 1912.
** Dans le catalogue de l'exposition rétrospective de 1963, Kenneth L. Lindsay indique, sans autres précisions, un article non signalé par Grohmann, paru sous forme de lettre dans un journal allemand : *Kunstfrühling in Russland*, daté du 22 février 1919.

O viélikoï Outopii (De la grande utopie) dans *Khoudojestvennaïa jizn* (La vie artistique) bulletin du département d'art du Narkompros, Moscou, 1919, 1920, n° 3, pp. 2-4.

Mouzieï jivopisnoï Koultoury (Le musée de la culture picturale), dans le même bulletin, 1919-1920, n° 2, pp. 18-20.

Rapports sur les contacts pris avec les artistes allemands en 1918-1919, dans le même bulletin, n° 3, 1919-1920, pp. 16-18 (article signé K.) *.

Programme pour l'Institut de la Culture artistique (Inkhouk), 1920. Traduit en anglais dans *Wassily Kandinsky Memorial*, New-York, 1945, pp. 75-86; court fragment traduit en italien dans Vieri Quilici, *L'architettura del costruttivismo*, Bari, 1969, pp. 485-486 (ce texte théorique est le plus important de ceux rédigés par Kandinsky entre *Du Spirituel*, paru en 1912, et *Point-Ligne-Plan*, paru en 1926).

Jugement sur le Fauconnier, publié dans le catalogue *Le Fauconnier*, Paris, galerie Joseph Billiet, 1921.

Ein neuer Naturalismus? (Un nouveau naturalisme?) dans *Das Kunstblatt*, n° 9, septembre 1922, Postdam, pp. 384-387. Traduit en français dans *Écrits complets*, t. II, 1970, pp. 283-285.

AUTRES TEXTES

Les autres écrits de Kandinsky sont très nombreux; leur publication dans des revues ou des catalogues d'un accès parfois difficile en rend le recensement malaisé. On en trouvera, en principe, le texte intégral dans l'édition des *Écrits complets* signalée en tête de cette bibliographie; une liste étendue mais incomplète a été établie par Bernard Karpel pour la monographie de W. Grohmann (1958, pp. 413-424). Nous n'indiquons ici que les titres principaux.

avant 1912

O nakazaniakh po réchéniiam volostnykh soudov Moskovskoï Goubernii (A propos des châtiments d'après les décisions des tribunaux cantonaux de la province de Moscou) dans les *Travaux de la section ethnographique de la Société Impériale des Amateurs des Sciences Naturelles de l'Anthropologie et de l'Ethnographie*, t. LXI, livre X, Moscou 1889.

---

* Cet article et d'autres textes traduits ou inspirés par Kandinsky sont signalés par Troels Andersen *Some unpublished letters by Kandinsky*, dans *Artes II*, Copenhague, 1966, pp. 90-110.

Pismo iz Miounkhéna (Lettre de Munich), dans *Mir Iskousstva* (le Monde de l'Art), 1902, n° 1, pp. 96-98.

Pisma iz Miounkhéna (Lettres de Munich) dans *Apollon*, Saint Pétersbourg, 1909, n° 1, pp. 17-20 (octobre), 1910, n° 4, pp. 28-30 (janvier), 1910, n° 7, pp. 12-15 (avril), 1910, n° 8, pp. 4-7 (mai-juin), 1910, n° 11, pp. 13-17 (octobre). Réimprimé dans *Zwiebelturm*, n° 5, Regensburg, 1950, pp. 24-44.

Sodierjanié i forma (le contenu et la forme) dans le catalogue du 2ᵉ Salon International de Vladimir Izdebski, Odessa 1910-1911. Traduit partiellement dans Camilla Gray, *The great experiment : Russian Art 1863-1922*, Londres 1962. (Le texte est très proche de *Malerei als reine Kunst* publié dans *Der Sturm* en 1913 : voir ci-dessus). Réimprimé dans H. Walden, *Expressionismus*, 1918. Dans le même catalogue traduction par Kandinsky d'un texte de Schönberg sur les octaves et les quintes parallèles.

Préfaces aux catalogues de la deuxième exposition de la N. K. V., Munich, 1910 (cité dans Grohmann 1958, p. 64) et de la première exposition du *Blaue Reiter* à la galerie Thannhauser, Munich, 1911.

Im Kampf um die Kunst (En lutte pour l'art), Munich, Piper, 1911, pp. 73-75 courte contribution de Kandinsky à ce recueil collectif écrit en réponse à la « Protestation des artistes allemands ».

Parmi les inédits : *Noir et blanc* et *Sonorité verte*, pièces écrites en russe en 1909, et *Violet*, pièce écrite en allemand en 1911 (publication partielle dans *Bauhaus*, n° 3, 1927).

après 1922

Die Grundelemente der Form (Les éléments fondamentaux de la forme), *Farbkurs und Seminar* (Cours et séminaire sur la couleur) et *Über die abstrakte Bühnensynthese*, dans *Bauhaus* (revue du Bauhaus) Weimar-Munich, 1923. Les deux premiers textes sont traduits en français dans les *Écrits complets*, t. II, Paris 1970, pp. 289-290 et 293-296.

Abstrakte Kunst (Art abstrait), dans *Der Cicerone*, n° 17, 1925, pp. 638-647. Traduit en français dans les *Écrits complets*, t. II, pp. 307-315.

Der Wert des theoretischen Unterrichts in der Malerei (La valeur de l'enseignement théorique dans la peinture) dans *Bauhaus*, décembre 1926.

Punkt und linie zu Fläche : Beitrag zur Analyse der malerischen Elemente, Bauhaus-bücher, n° 9, Munich, Langen, 1926. 2e édition 1928. Rééd. Bern-Bumplitz, Benteli, 1955 et 1959 (introduction de Max Bill).
Plusieurs traductions françaises, partielle (1928) ou complète (1962), dont il faut retenir la dernière : *Point-Ligne-Plan*, par Suzanne et Jean Leppien, dans *Écrits complets*, 1970, t. II, pp. 47-216, et, à part, Denoël, Paris, 1972. Traduction en anglais (1947), italien (1968), espagnol (1971).

Analyse des éléments premiers de la peinture dans *Cahiers de Belgique*, mai 1928, pp. 126-132, repris dans *Écrits complets*, t. II, pp. 319-325.

Der Blaue Reiter : Rückblick, dans *Das Kunstblatt*, février 1930, pp. 57-60, publié à nouveau dans *Der Blaue Reiter*, galerie Curt Valentin, New-York, 1954 et dans *Städtische Galerie im Lenbachhaus München, Sammlungskatalog 1, Der Blaue Reiter*, Munich, 1966, pp. 138-142.

Réflexions sur l'art abstrait, dans *Cahiers d'Art*, n° 7-8, 1931, pp. 350-353, repris dans *Écrits complets*, t. II, pp. 329-335.

Paul Klee dans *Bauhaus*, n° 3, décembre 1931, traduit en français dans *Klee et Kandinsky, une confrontation*, Paris, Berggruen, 1959.

Abstrakte Malerei (Peinture abstraite) dans *Kronick van hedenaage kunst en kultuur*, avril 1935, Amsterdam, pp. 167-172; traduit en français dans *Écrits complets*, t. II, pp. 349-357.

Réponse à une enquête : L'art d'aujourd'hui est plus vivant que jamais dans *Cahiers d'art*, 1935, n° 1-4, pp. 53-54, repris dans *Écrits complets*, t. II, pp. 349-357.

Toile vide dans *Cahiers d'art*, 1935, n° 5-6, repris dans *Écrits complets*, t. II, pp. 361-365.

Franz Marc dans *Cahiers d'Art*, 1936, n° 8-10, pp. 273-275.

Tilegnelze af Kunst (Initiation à l'Art), Copenhague, 1937, traduit en allemand dans le recueil collectif édité par Max Bill en 1955.

Art concret dans *XXe siècle*, n° 1, mars 1938, pp. 9-16, repris dans *Écrits complets*, t. II, pp. 369-373.

Mes gravures sur bois dans *XXe siècle*, n° 3, juillet-septembre 1938, pp. 19-31; publié à nouveau dans *XXe Siècle*, n° 27, décembre 1966, p. 17.

La valeur d'une œuvre concrète dans *XXe Siècle*, n° 5-6, et n° 7-8, 1938, repris dans *Écrits complets*, t. II, pp. 377-388. Traduit en anglais, 1949, en italien, 1950.

Textes critiques *

La bibliographie concernant la vie et l'œuvre de Kandinsky est très abondante : une dizaine de titres par an, en moyenne. Parmi ceux-ci pourtant de nombreux articles et livres de vulgarisation ou des catalogues d'exposition qui n'apportent pas de matériel nouveau. Plutôt que de donner ici des listes complètes, qui seraient de peu d'utilité, nous avons donc préféré procéder à un choix critique. On pourra le compléter à l'aide de la bibliographie établie par Bernard Karpel pour la monographie de W. Grohmann (pp. 413-424) et, après 1958, avec le *Répertoire d'art et d'archéologie* publié chaque année à Paris par le C.N.R.S. sous la direction du Comité français d'Histoire de l'Art.

Nous avons signalé les ouvrages les plus utiles par leur apport documentaire (**) ou par leurs interprétations (*), parfois, mais rarement, par les deux (***).

Le livre fondamental reste, malgré les critiques justifiées qu'on lui a parfois adressées, le travail monumental de :

*** GROHMANN (Will), *Vassily Kandinsky, sa vie, son œuvre*, Cologne, New York, Paris, Milan, 1958, qui contient en particulier le catalogue des œuvres dressé par Kandinsky lui-même. Il est indispensable de le compléter par le compte rendu qu'en a donné :

** Lindsay (Kenneth C.), *Wassily Kandinsky, life and work by Will Grohmann, review*, dans *Art Bulletin*, New York, vol. 41, décembre 1959, pp. 348-350, qui précise des points importants.

A partir de là la bibliographie peut se diviser en deux groupes : les ouvrages qui précèdent le livre de Grohmann, et dont celui-ci a largement intégré les apports essentiels, et ceux qui le suivent, pour lesquels nous donnerons un inventaire plus détaillé.

AVANT 1958

1920

*** ZEHDER (Hugo), *Wassily Kandinsky*, Dresde, Kaemmerer, 1920 (premier ouvrage à utiliser abondamment la version russe de *Regards*).

Umanskij (Konstantin). *Russland IV : Kandinsky's Rolle im russischen Kunstleben*, dans *Der Ararat*, II, mai-juin, pp. 28-30.

* Les noms d'auteurs de livres figurent en capitales, ceux d'auteurs d'articles ou de catalogues en minuscules.

1924
Grohmann (Will), *Wassily Kandinsky*, dans *Der Cicerone*, n° 19, septembre 1924, pp. 887-898 (réédité ensuite en volume à Leipzig, Klinkhardt und Biermann, 1924).

1926
Kandinsky, Jubilaüms ausstellung zum 60 Geburtstag, Dresde, galerie Arnold, (catalogue et exposition avec textes de Paul Klee, W. Grohmann, F. Halle, K. Dreier; le texte de Klee a été traduit dans *Klee et Kandinsky, une confrontation*, Paris, Berggruen, 1959).

1928
Kandinsky-Jubiläumsausstellung, Frankfurter Kunstverein, Francfort (catalogue d'exposition, avec texte de Kandinsky).

1930
GROHMANN (Will), *Kandinsky*, Paris, Cahiers d'Art (avec textes de C. Zervos, M. Raynal, E. Tériade, T. Daübler, F. Halle, K. Dreir, Clapp, Flouquet).
Kandinsky, exposition, Paris, Galerie de France, mars 1930 (avec textes de E. Tériade, C. Zervos, F. Halle, M. Raynal).

1933
** *Kandinsky, Sélection n° 14*, Anvers (textes de W. Grohmann, F. Morlion, G. Marlier, hommages de C. Zervos, W. Baumeister, M. Seuphor, A. Sartoris, J.W.E. Buys, Diego Rivera, A. de Ridder, E.L. Cary, G. E. Scheyer; catalogue de l'œuvre gravé (1902-1932) et dessiné (1910-1932) de Kandinsky, rédigé avec sa collaboration).

1935
Homage to Kandinsky and other contemporary pioneers of non-objective painting, New York, Museum of Non-Objective Painting, 1935 (plusieurs rééditions).

1944
Wassily Kandinsky 1866-1944, New York, Museum of Non-Objective Painting, (catalogue d'exposition; lettres de Kandinsky et notes par Hilla Rebay).

1945
** REBAY (Hilla) éd. *Wassily Kandinsky Memorial*, New York, 1945 (importante documentation).
Zervos (Christian), *Vassily Kandinsky 1866-1944* dans *Cahiers d'Art*, 1945-1946, pp. 114-127.
Abstrakt/Konkret, n° 10, *Bulletin de la galerie des Eaux Vives*, Zurich (textes de Kandinsky, hommages de Max Bill, Michel Seuphor, Léo Leuppi).

1946
BERTRAM (H.), *Kandinsky*, Copenhague, Wivels (contient la traduction de *Über die Formfrage*).
SOLIER (René de), *Kandinsky*, Paris, Existences.

1947
DEBRUNNER (Hugo), *Wir entdecken Kandinsky*, Zurich, Origo.
W. *Kandinsky, retrospective*, Amsterdam, Stedelijk Museum, Bâle, Kunsthalle.

1949
BILL (Max), *Zehn Farbenlichtdrucke nach Aquarellen und Gouachen*, Bâle, Holbein.

1950
ESTIENNE (Charles), *Kandinsky*, Paris, éd. de Beaune (plaquette, plusieurs erreurs).
** *Omaggio a Kandinsky, Forma 2*, n⁰ 1, Rome (textes de Kandinsky et articles
de M. Bill, E. Prampolini, K. Lindsay, Ch. Estienne, N. Kandinsky, Vordemberge-
Gildewart, H. Rebay, etc...).
Kandinsky, exposition rétrospective à la Biennale de Venise (catalogue et articles
dans *La Biennale*, Venise, janvier-février 1951).
Giedion-Welcker (Carola), *Kandinskys Malerei als Ausdruck eines geistigen Univer-
salismus*, dans *Werk* n⁰ 4, pp. 117-123.

1951
** BILL (Max) (sous la direction de), *Wassily Kandinsky*, Boston et Paris (textes de
Jean Arp, Charles Estienne, Carola Giedion-Welcker, Will Grohmann, Ludwig
Grote, Nina Kandinsky, Alberto Magnelli; les informations biographiques et biblio-
graphiques sont à vérifier à l'aide du livre de Grohmann et des ouvrages postérieurs).
*** LINDSAY (Kenneth C.) *An Examination of the Fundamental Theories of Wassily
Kandinsky*, Madison, Wisconsin (Thèse non éditée; documentation importante,
utilisée dans les articles postérieurs de l'auteur).

1952
Lindsay (Kenneth C.), *Kandinsky's method and contemporary criticism*, dans *Maga-
zine of Art*, décembre, pp. 355-361.
W. *Kandinsky*, rétrospective, Boston, Institute of Contemporary Art, New York,
San Francisco, Cleveland, Minneapolis, Miami.

1953
*** Lindsay (Kenneth C.), *Genesis and meaning of the cover design for the first Blaue
Reiter exhibition catalog*, dans *Art Bulletin*, mars, pp. 47-52.
W. *Kandinsky*, rétrospective, Munich, Berlin, Hambourg, Nuremberg, Stuttgart,
Ulm, Wiesbaden, Mannheim.

1954
** W. *Kandinsky, Œuvre gravé*, Paris, galerie Berggruen (préface de W. Grohmann).

1955
*** BRISCH (Klaus) *Wassily Kandinsky*, Bonn, Université de Bonn, « Untersuchung
zur Entstehung der gegenstandslosen Malerei an seinem Werke von 1900-1921 »
(Thèse non éditée).

* Henniger (Gerd), *Die Anflösung des Gegenständlichen und der Funktionswander der malerischen Elemente im Werke Kandinskys 1908-1914*, dans *Edwin Redslob zum 70 Geburstag : eine Festgabe*, Berlin, Blaschker, pp. 347-356.
W. Kandinsky, rétrospective, Berne, Kunsthalle.
W. Kandinsky, période dramatique 1910-1920, Paris, Maeght (catalogue d'exposition).
GROHMANN (Will), *Kandinsky : Farben und Klänge*, Baden-Baden, Klein (2 plaquettes).

1956
Lindsay (Kenneth C.), *Kandinsky in 1914 New York*, dans *Art News*, New York, vol. 55, n⁰ 3 (mai), pp. 32-33.

1957
Selz (Peter), *The aesthetic theories of Wassily Kandinsky and their relationship to the origin of non-objective painting*, dans *The Art Bulletin*, vol. 39, n⁰ 2, juin, pp. 127-136.
Eitner (Lorenz) *Kandinsky in Munich*, dans *The Burlington Magazine*, Tome 99, juin, pp. 193-199 (analyse des œuvres de la donation G. Münter).
W. Kandinsky, tableaux du Guggenheim Museum (exposition itinérante : Londres, Bruxelles, Paris, Lyon, Oslo, Rome).
** EICHNER (Johannes), *Kandinsky und Gabriele Münter, von Ursprüngen moderner Kunst*, Munich, Bruckmann, 1957 (avec plusieurs documents inédits).

1958
100 œuvres de Kandinsky, Cologne, Wallraf Richartz Museum (catalogue d'exposition).

APRÈS 1958

1959
READ (Herbert), *Kandinsky*, Londres, Faber and Faber, 1959.
W. Kandinsky, aquarelles et gouaches, Nantes, Musée des Beaux Arts (donation Gildas Fardel).
Klee-Kandinsky, une confrontation, Paris, galerie Berggruen (traduction de la lettre d'hommage de Klee, écrite en 1926 et d'un texte rétrospectif de Kandinsky écrit en 1931).
Lindsay (Kenneth C.) *Will Russia unfreeze her first modern master?*, dans *Art News*, T. 58 (1959-1960), n⁰ 5, pp. 28-31 et 52.
Page (A. F.) *An early Kandinsky*, dans *Bulletin of the Detroit Institute of Arts*, tome 38 (1958-1959), pp. 27-29 (analyse d'une œuvre de 1913).

1960
Chastel (André), *Kandinsky ou le vœu intérieur*, dans *Derrière le Miroir*, n⁰ 118, Paris, Maeght.

308

Aust (Günter), *Kandinsky*, Deutsche Buchgemeinschaft Berlin.
Brion (Marcel), *V. Kandinsky*, Paris, Somogy (tr. angl., Londres 1961).
Cassou (Jean), *Interférences, aquarelles et dessins*, Paris, Delpire.
Kimball (M.), *Kandinsky and Rudolf Steiner*, dans *Arts*, New York, mars.
* Korn (Rudolf), *Kandinsky und die Theorie der abstrakten Malerei*, Berlin, (thèse soutenue en 1958, première étude marxiste étendue, publiée en Allemagne de l'Est).
Geddo (Angelo), *Commento a Kandinsky (su lo spirituale nell'arte)*, Bergame, San Marco.
* Hess (Walter), *Die grosse Abstraktion und die grosse Realistik, Zwei von Kandinsky definierte Möglichkeiten moderner Bildstruktur*, dans *Jahrbuch für Aesthetische allgemeine Kunstwissenschaft*, tome 5 (1960) pp. 7-32.

1961
Ettlinger (L. D.), *Kandinsky's « At Rest »*, Londres, Oxford University Press (analyse du tableau portant ce titre; plaquette).
Röthel (Hans-Konrad), *Kandinsky : Improvisation Klamm, Vorstufen einer Deutung*, dans *Festschrift Eberhard Haufstaengl*, Munich, pp. 186-192.

1962
Riedl (Peter Anselm), *W. Kandinsky, Kleine Welten*, Stuttgart, Philipp Reclam Jr. (plaquette).
Lindsay (Kenneth C.), *Graphic Art in Kandinsky's œuvre*, dans *Prints* 12, p. 235.

1963
Volboudt (Pierre), *Kandinsky 1896-1921 et 1922-1944*, Paris, Hazan (plaquettes).
Chastel (André), *Kandinsky et la France*, dans *Médecine de France*, Paris, n⁰ 148, pp. 41-42
** *W. Kandinsky*, rétrospective, Paris, Musée d'Art moderne (également présentée à New York en 1962, La Haye et Bâle en 1963; textes de K. Lindsay, H. K. Röthel, J. Cassou, W. Grohmann, Nina Kandinsky, et diverses traductions).
** Roters (Eberhard), *Wassily Kandinsky und die Gestalt des Blauen Reiters*, dans *Jahrbuch der Berliner Museen*, tome V, pp. 201-220.
Robbins (Daniel), *Wassily Kandinsky : Abstraction and Image* dans *The Art Journal*, printemps 1963, vol. 22, n⁰ 3, pp. 145-147 (à propos de l'exposition de New York).

1964
Lassaigne (Jacques), *Kandinsky*, Genève, Skira (avec bibliographie).
Doelman (C.), *Kandinsky*, Verviers (plaquette).
Ettlinger (L. D.), *Kandinsky*, dans *l'Œil*, n⁰ 114 (juin), pp. 10-17 et 50.

1965
** *Kandinsky*, Stockholm, Moderna Museet (avril-mai) (documentation précise sur les séjours de Kandinsky en Suède, et reproduction de son texte *Om Konstnären*, publié en 1916 à Stockholm).

1966
** Andersen (Troels), *Some Unpublished letters by Kandinsky*, dans *Artes II*, Copenhague, pp. 90-110 (publication de documents et mise au point importante sur les activités de Kandinsky en Russie de 1904 à 1921).
Kandinsky, centenaire 1866-1944, Saint Paul de Vence, Fondation Maeght (exposition)
*** *Centenaire de Wassily Kandinsky 1866-1944*, dans *XXe siècle*, n° 27 (décembre) (numéro spécial, documents et témoignages, études).
Russel (John), *A Manifold Moses, some notes on Schönberg and Kandinsky*, dans *Apollo*, vol. 84, n° 57, pp. 388-389 (parallèle sommaire).
** Ringbom (Sixten), *Art in the epoch of the great spiritual, occult elements in the early theory of abstract painting*, dans *Journal of the Warburg and Courtauld Institute*, tome 54 (1966), pp. 386-418 (Kandinsky et la thésophie).
GROHMANN (Will), *Wassily Kandinsky, Eine Begegnung aus dem Jahre 1924*, Berlin, Friedenhauer (plaquette).

1967
Whitford (Frank), *Some notes on Kandinsky's development towards non figurative art*, dans *Studio International*, Tome 173, n° 885, pp. 12-17.
Washton (Rose Carol), *Kandinsky's paintings on glass* dans *Artforum*, février 1967.
Article anonyme, *Wassily Kandinsky and the origins of non-objective painting*, dans *Minneapolis Institute Art Bulletin*, Tome 56 (1967), pp. 29-35 (à propos d'une œuvre de 1910).

1968
VOLPI ORLANDINI (Marisa), *Kandinsky dall'art nouveau alla psicologia della forma*, Rome, Lerici.
RÖTHEL (Hans-Konrad), *Kandinsky and his friends*, Londres, 1968 (plaquette).
WHITFORD (Franck), *Kandinsky*, tr. fr., Paris, O.D.E.G.E.
** WASHTON (Rose Carol), *Vassily Kandinsky 1909-1913 : Painting and Theory* Yale University (thèse non publiée, résumée dans *Dissertation Abstract international* nov. 1969, vol. 30, n° 5, 1935 A)

1969
*** OVERY (Paul), *Kandinsky, the language of the Eye*, Londres, Elek (la plus impor tante monographie depuis le livre de Grohmann; étude essentiellement esthétique)- trad. all., Cologne, 1969.
Dube (Wolf-Dieter), *Zur « Träumerischen Improvisation » von Kandinsky*, dans *Pantheon*, tome 27, VI (novembre-décembre), pp. 486-488 (Étude du tableau).
Tomas (Vincent), *Kandinsky's theory of painting*, dans *British Journal of Aesthetics*, tome 9 (1969), pp. 19-37.

1970
VOLPI ORLANDINI (Marisa), *Kandinsky e il Blaue Reiter*, Milan.
Wassily Kandinsky, Gemälde 1900-1944, Staatliche Kunsthalle Baden-Baden, juillet-septembre (190 numéros, tous reproduits).

** Röthel (Hans-Konrad), *Kandinsky, Das graphische Werk*, Cologne, Du Mont Schauberg (travail fondamental).

Bovi (Arturo), *Wassily Kandinsky*, Florence, Sansoni.

* Damus (Martin), *Ideologie, Kritische Anmerkungen zur abstrakten Kunst und ihrer Interpretation am beispiel Kandinsky*, dans *Kunstwerk zwischen Wissenschaftliche Weltanschauung*, pp. 48-75.

1971

Kuthy (Sandor), *W. Kandinsky, Aquarelle und Gouachen*, Berne, Kunstmuseum.

Williams (Robert C.), *Concerning the German spiritual in Russian art : Vasili Kandinskii*, dans *Journal of european Studies*, tome 1, pp. 325-336,

1972

Washton (Rose Carol), *Kandinsky and abstraction*, dans *Artforum*, juin, pp. 42-49.

Hommage de Paris à Kandinsky, Paris, Musée d'art moderne de la ville de Paris, juin-juillet (72 numéros; nombreuses citations de *Regards* dans la traduction de 1946).

Kandinsky at the Guggenheim Museum, New York, Londres, Lund Humphries (reproduction de la totalité de la collection de New York).

Kandinsky, aquarelles et dessins, Paris, Berggruen (contient des textes de Th. Daübler, Paul Klee, Diego Rivera, Zervos, Miro, Arp et la traduction du texte de Franz Marc paru en 1913 dans *Der Sturm*).

Kandinsky, Carnet de Dessin 1941, Paris, Karl Flinker.

W. Kandinsky, Charleroi, Palais des Beaux-Arts (catalogue d'exposition).

Kandinsky, Aquarelle und Zeichnungen, Bâle, juin-juillet 1972 (contient quelques citations de textes inédits de 1904 et 1911).

1973

Bouillon (Jean-Paul), « *La matière disparait* » : *note sur l'idéalisme de Kandinsky*, dans *Documents III*, St Etienne (à paraître début 1974).

Ouvrages généraux et divers

1914
EDDY (Arthur J.), *Cubists and Post-Impressionism*, Chicago, Londres, 1914-1915 (contient en particulier les lettres de Kandinsky publiées ici p. 223 sq.), rééd. 1919.

1916
BAHR (Hermann), *Expressionismus*, Munich, Delphin (trad. angl. Londres, 1925).
DÄUBLER (Theodor), *Der Neue Standpunkt*, Dresde, Hellerauer (rééd. Dresde, 1957).

1917
WALDEN (Herwarth), *Einblick in Kunst : Expressionismus, Futurismus, Kubismus*, Berlin, Der Sturm.
Walden (Herwarth), *Das Kunstprogramm des Kommissariats für Volksaufklärung*, dans *Das Kunstblatt*, n° 3 (septembre), pp. 91-93.

1918
WALDEN (Herwarth), *Expressionismus : Die Kunstwende*, Berlin, Der Sturm (contient des textes de Kandinsky).

1920
MARC (Franz), *Briefe, Aufzeichnungen und Aphorismen*, 2 vol., Berlin, Cassirer.
UMANSKIJ (Konstantin), *Neue Kunst in Russland 1914-1919*, Postdam, Kiepenheuer

1922
Erste Russische Kunstausstellung, Berlin, galerie van Diemen, avec comptes rendus dans *Das Kunstblatt*, n° 11 (novembre) (D. Sterenberg : *Die Künstlerische Situation in Russland*, et P. Westheim, *Die austellung der Russen*).

1926
EINSTEIN (Carl), *Die Kunst des 20 Jahrhunderts*, Berlin, Propyläen (rééd. 1928-1931).

1936
BARR (Alfred H. Jr.), *Cubism and Abstract Art*, New York, Museum of Modern Art (réédité en 1966).
SCHARDT (Alois J.) *Franz Marc*, Berlin, Rembrandt Verlag.

1937
Schapiro (Meyer), *Nature of Abstract Art* dans *Marxist Quarterly*, vol. 1, janvier-mars.

1949

Seuphor (Michel), *L'art abstrait, ses origines, ses premiers maîtres*, Paris, Maeght (rééd. 1950 et 1971, contient des textes de Kandinsky).

Lankheit (Klaus), *Zur Geschichte des Blauen Reiters*, dans *Der Cicerone*, 1949, n° 3 (voir également du même auteur *Die Geschichte des Almanachs* dans *Der Blaue Reiter*, rééd., Munich, Piper, 1965).

Der Blaue Reiter, Munich, Haus der Kunst, septembre-octobre (catalogue d'exposition, avec textes de Kandinsky).

1950

Schönberg (Arnold), *Style and Idea*, New York, Philosophical library (contient en particulier la traduction anglaise du texte paru dans l'Almanach du Cavalier Bleu en 1912).

Der Blaue Reiter 1908-1914, Bâle, Kunsthalle, printemps (avec textes de Kandinsky).

1953

Vriesen (Gustav), *August Macke*, Stuttgart, W. Kolhammer Verlag.

1954

Haftmann (Werner), *Malerei im 20. Jahrhundert*, Munich, Prestel, 1954-1955, rééd. augmentée 1961 (en anglais), 1965 (en allemand et en anglais).

Walden (Nell) et Schreyer (Lothar), *Der Sturm. Ein Erinnerungsbuch an Herwarth Walden und die Künstler aus dem Sturmkreis*, Baden-Baden, Klein.

Rognoni (Luigi), *Espressionismo e dodecafonia*, Turin, Einaudi.

Der Blaue Reiter, New York, Galerie Curt Valentin (avec texte de Kandinsky).

1955

Weiler (Clemens), *Alexej von Jawlensky*, Wiesbaden, Limes Verlag.

Francastel (Pierre), *L'expérience figurative et le temps*, dans *XXᵉ siècle*, n° 5, juin, pp. 41-48.

1956

Schreyer (Lothar), *Erinnerungen an Sturm und Bauhaus*, Munich, Langen und Müller.

1957

Delaunay (Robert), *Du Cubisme à l'art abstrait*, Document inédits publiés par P. Francastel, et suivis d'un catalogue par G. Habasque, Paris, S.E.V.P.E.N.

Selz (Peter), *German Expressionist Painting*, University of California Press, Berkeley and Los Angeles (importante documentation).

Klee (Paul), *Tagebücher 1898-1918*, Cologne DuMont Schauberg (trad. fr., Paris, Grasset, 1959).

Myers (Bernard), *The Expressionist Generation*, New York, Praeger; Londres, Thames and Hudson; Cologne, DuMont Schauberg (trad. fr. *Les Expressionnistes allemands, une génération en révolte*, Paris, 1967) (importante documentation, bibliographie critique étendue).

Lutzeler (Heinrich), *Bedeutung und Grenze abstrakter Malerei*, dans *Jahrbuch für Aesthetische allgemeine Kunstwissenschaft*, tome III (1955-1957), pp. 1-35.

313

1958

Liebmann (Kurt), *Das reaktionäre Wesen der « absoluten Malerei »*, dans *Bildende Kunst*, n° 10, pp. 673-676 (exemple de critique dogmatique de la peinture abstraite, de Kandinsky en particulier, selon les critères du « marxisme vulgaire »).

Wichmann (Siegfreid), *München 1869-1914, Aufbruch zur modernen Kunst*, dans *Kunst*, tome 56 (1957-1958), pp. 444-450 (L'évolution de Munich, ville d'art, à travers ses expositions.)

SCHÖNBERG (Arnold), *Briefe*, Ausgewählt und hrsg. von Erwin Stein, Mayence (trad. angl. Londres, 1964).

1959

BUCHHEIM (Lothar-Günther), *Der Blaue Reiter und die Neue Künstlervereinigung München*, Feldafing, Buchheim Verlag.

WEILER (Clemens), *Alexej von Jawlensky*, Cologne, DuMont Schauberg.

1960

APOLLINAIRE, *Chroniques d'Art*, Paris, Gallimard.

The Blue Rider group, Londres, Tate Gallery, et Edimbourg (préface de H. K. Röthel).

WEREFKIN (Marianne von), *Briefe an einem Unbekannten*, édité par Clemens Weiler, Cologne.

Read (Herbert), *Social signifiance of abstract art*, dans *Quadrum*, Bruxelles, n° 9, pp. 5-17.

GEHLEN (Arnold), *Zeit-Bilder, Zur Soziologie und Aesthetik der modernen Malerei*, Francfort, Athenäum Verlag.

LANKHEIT (Klaus), *Franz Marc im Urteil seiner Zeit* (Eintführung und erläuternde Texte von K. L.), Cologne .

Elliott (Eugene Clinton), *Some recent conceptions of color theory*, dans *Journal of Aesthetics*, tome 18 (1959-1960) pp. 494-503.

1961

Fingesten (Peter), *Spirituality, mysticism and non objective art*, dans *Art Journal*, tome 21 (1961-1962), pp. 2-6.

Der Blaue Reiter und sein Kreis, Österreichische Galerie, Vienne et Linz.

Mojniagoun (S. E.), *Abstraktsionnism razrouchénié estétiki* (l'art abstrait comme destruction de l'esthétique), Moscou.

Aust (Günther), *Die Ausstellung des Sonderbundes 1912 in Köln*, dans *Wallraf Richartz Jahrbuch*, tome 23 (1961) pp. 275-292.

1962

GRAY (Camilla), *The Great Experiment : Russian Art 1863-1932*, New York, Londres (réédité en 1971 sous le titre *The Russian Experiment in Art 1863-1922* ; tr. française *L'avant garde russe dans l'art moderne 1863-1922*, Paris, La Cité des Arts).

1963

Lankheit (Klaus), *Bibel Illustrationen des Blauen Reiters*, dans *Anzeiger des Germanischen Nationalmuseums* (Ludwig Grote zum 70 Geburtstag), Nuremberg, 1963, p. 199 sq.

1964
MACKE (August) und MARC (Franz), *Briefwechsel*, Cologne.
Dipinti e Disegni di Arnold Schönberg, XXVII Maggio Fiorentino, Florence, 1964 (catalogue d'exposition, contient en particulier la traduction italienne du texte de Kandinsky sur les tableaux de Schönberg, paru dans le recueil collectif de 1912).

1966
Der Blaue Reiter, Städtische Galerie im Lenbachhaus München, Sammlungskatalog 1 (préface de H. K. Röthel; catalogue des collections, comprenant la très importante donation de G. Münter; nombreux documents cités en particulier, dans son intégralité, le texte de Kandinsky : *Der Blaue Reiter, Rückblick*, paru en 1930), rééd. en 1970 et adaptation angl. 1971 *The Blue Rider*, Londres, Washington, New York, Praeger.

1967
VALLIER (Dora) *L'art abstrait*, Paris, Livre de poche.
ANDERSEN (Troëls) *Moderne Russisk Kunst*, 1910-1930, Copenhague.

1969
QUILICI (Vieri), *L'architettura del costruttivismo*, Bari, 1969 (anthologie de textes traduits en italien, contient en particulier un court fragment du programme de Kandinsky pour l'Inkhouk, pp. 485-486.)

1970
Kuspit (Donald B.), *Utopian protest in early abstract art*, dans *Art Journal*, tome 29 (1969-1970), pp. 430-436.
WILLET (John), *L'expressionnisme dans les arts, 1900-1968* tr. fr., Paris, Hachette.
Mikhailov (A.), *Nezyblemye principy* (Les principes immuables), dans *Tvortchestvo*, tome 14 (1970), n⁰ 6, pp. 5-6 et 22-23 (idéalisme subjectif, de Kandinsky en particulier, contre matérialisme dialectique).

1971
Il Cavaliere Azzuro (Der Blaue Reiter), catalogue de l'exposition de Turin, Galerie civique d'art moderne.
MARCADÉ (Valentine), *Le renouveau de l'art pictural russe 1863-1914*, Lausanne (contient la traduction de quelques documents russes concernant Kandinsky).
L'ANNÉE 1913, Paris, Klincksieck, 2 vol. (réunion d'articles; chronologies, bibliographies; études d'importance et de valeur très inégales).
SEUPHOR (Michel), *L'art abstrait 1910-1918* et *1918-1938*, 2 vols., Paris, Maeght (1971-1972) (réédition du livre de 1949).

1972
L'architecture et l'avant garde artistique en URSS de 1917 à 1934, dans *VH 101*, numéro 7-8, printemps-été (recueil d'articles, les deux premiers concernant la situation en Russie dans les années 1920-1922).

1973
Bouillon (Jean-Paul), *Le Cubisme et l'avant-garde russe*, dans *Le Cubisme*, Saint-Etienne, pp. 153-223.

REGARDS SUR LE PASSÉ
Traduction de Jean-Paul et Elisabeth Bouillon (pour le texte allemand) et Jean Saussay (pour la version russe)

SUR LA QUESTION DE LA FORME
Traduction de Cornélius Heim

DE LA COMPOSITION SCÉNIQUE
Traduction de Jean-Paul et Elisabeth Bouillon

LA SONORITÉ JAUNE
Traduction de Jean-Paul et Elisabeth Bouillon

DE LA COMPRÉHENSION DE L'ART
Traduction de Paulette Soubeyrand

LA PEINTURE EN TANT QU'ART PUR
Traduction de Cornélius Heim

CONFÉRENCE DE COLOGNE
Traduction de Cornélius Heim

POÈMES
Traduction de Jean-Paul et Elisabeth Bouillon

Index des noms